网店客服与管理

隋东旭 李丽娜 杨玉斌 编著

清华大学出版社
北京

内 容 简 介

本书共包括8个项目,分别为网店客服基础知识、网店客服售前服务、网店客服售中服务、网店客服售后服务、智能客服、客户关系管理、网店客服数据分析与应用、科学管理客服人员。本书知识全面、案例丰富、结构合理,注重理论与实践的结合,设计了知识拓展、想一想、课程思政等板块,帮助读者培养实际分析与应用的能力。

本书既可作为高等职业院校市场营销专业、电子商务专业、网络营销与直播电商专业及相关专业的教学用书,也可供对电商客户服务相关知识有兴趣的人士学习、参考。

本书封面贴有清华大学出版社防伪标签,无标签者不得销售。
版权所有,侵权必究。举报:010-62782989,beiqinquan@tup.tsinghua.edu.cn。

图书在版编目(CIP)数据

网店客服与管理 / 隋东旭,李丽娜,杨玉斌编著. — 北京:清华大学出版社,2023.8
ISBN 978-7-302-64016-5

Ⅰ. ①网… Ⅱ. ①隋… ②李… ③杨… Ⅲ. ①网店—商业服务 Ⅳ. ①F713.365.2

中国国家版本馆CIP数据核字(2023)第125637号

责任编辑:吴梦佳
封面设计:常雪影
责任校对:李 梅
责任印制:曹婉颖

出版发行:清华大学出版社
   网　　址:http://www.tup.com.cn,http://www.wqbook.com
   地　　址:北京清华大学学研大厦A座　　　邮　编:100084
   社 总 机:010-83470000　　　　　　　　　邮　购:010-62786544
   投稿与读者服务:010-62776969,c-service@tup.tsinghua.edu.cn
   质量反馈:010-62772015,zhiliang@tup.tsinghua.edu.cn
   课件下载:http://www.tup.com.con,010-83470410
印 装 者:涿州汇美亿浓印刷有限公司
经　　销:全国新华书店
开　　本:185mm×260mm　　印　张:16.25　　字　数:374千字
版　　次:2023年10月第1版　　　　　　　　印　次:2023年10月第1次印刷
定　　价:49.00元

产品编号:100264-01

前　言

本书的编写初衷

党的二十大报告指出，高质量发展是全面建设社会主义现代化国家的首要任务，加快发展数字经济，促进数字经济和实体经济深度融合，打造具有国际竞争力的数字产业集群。优化基础设施布局、结构、功能和系统集成，构建现代化基础设施体系。这是对新时代电商发展提出的新要求。电子商务正在改变人们的生活方式。现在很多人非常热衷于网上购物。为大众所熟知的电商平台有淘宝、京东等，在这些平台上开设网店的商家逐渐意识到，在电商平台上出售的不仅仅是商品，更是服务，网店客服人员越来越受到重视。网店客服是网店经营必不可少的一部分，提高网店客服的服务质量对于提高店铺转化率非常重要。

网店客服人员的工作环境与实体店铺客服人员不同，其岗位要求也有所不同。为培养出优秀的网店客服人员，各大院校的电子商务相关专业也陆续开设了网店客服课程。编者策划并编写本书，除了满足教学的实际需求之外，更希望能够帮助读者快速了解和掌握网店客服工作的相关技能。

本书的内容

本书以电子商务背景下客户关系管理的发展为导向，突出了"以应用为主线，以技能为核心"的编写特点，体现了"导教相融、学做合一"的思想，系统地阐述了电子商务网店客服管理的策略和方法，以"实用、适度、够用"为原则，重点突出"应用"和"能力"的培养。本书采用"学习目标—学习计划表—项目导读—项目讲解—项目实训—复盘反思—项目评价"七段教学法，将学习目标、项目讲解和项目实训进行有机整合，各个环节环环相扣、浑然一体。本书的目标是让读者在了解网店客服岗位要求的基础上，快速掌握网店客服工作的方法、技巧并应用到实践中。本书共包括以下8个项目。

项目1 网店客服基础知识，主要介绍网店客服人员的工作内容和工作目标，以及网店客服人员需具备的理论知识、岗位操作技能和基本素质等。

项目2 网店客服售前服务，主要介绍网店客服售前服务的基础知识、常见的问题及处理方法，以及售前服务的工作流程等。

项目3 网店客服售中服务，主要介绍网店客服售中服务的基础知识、售中服务业务与处理等。

项目4 网店客服售后服务，主要介绍网店客服售后服务的基础知识、售后服务业务与处理等。

项目5智能客服，主要介绍智能客服的基础知识、阿里店小蜜的特点、启用方法和基本功能等。

项目6客户关系管理，主要介绍客户关系管理的基础知识、客户满意度、客户忠诚度，以及客户的流失与挽回等。

项目7网店客服数据分析与应用，主要介绍客服数据的基础知识、客服数据的分析和监控等。

项目8科学管理客服人员，主要介绍客服管理制度、客服人员的招聘与培训、客服人员的激励机制与绩效考核、客服人员的团队管理等。

本书的特色

本书每个项目开篇均设有"学习目标""学习计划表"模块，引导学生有效做好预习；在项目中穿插案例及"想一想"等模块，以提升学生的思考能力和创新能力，同时设置了"知识拓展"模块，引导学生了解企业实际应用案例，并利用理论知识进行深入的分析；每个项目中还增加了"课程思政"模块，融入了思政元素，以加强对电子商务人才素养的培养；在每个项目最后还设有"项目实训""复盘反思""项目评价"等模块，帮助学生提高实践和应用能力，实现"学习目标"。

本书的主要特色如下。

（1）强化实践，注重技能。本书立足于理论与实践的结合，从初识网店客服入手，从易到难，层层深入，详细地介绍了客服人员的工作内容和售前、售中、售后服务的工作技巧，突出了"以实践为主线，以技能为核心"的编写特点，体现了"学做一体"的教学思想。

（2）紧跟时代、内容详尽。本书采用了项目式结构，以充分结合网店客服的理论知识，帮助读者全面掌握网店客服的知识和技能。本书内容紧跟时代的发展潮流，对网店客服的各个环节都进行了深度诠释，帮助读者全面提升网店客服工作能力，解决网店客服工作中的痛点和难点。

（3）案例主导、学以致用。本书列举了大量实际案例，并对一些典型案例进行了深度解析，读者可以从中汲取丰富的经验，快速掌握网店客服的精髓，让读者不仅能"知其然"，还能"知其所以然"。本书传达的核心理念是"懂策略、善执行"。

（4）板块新颖，融入思政。本书在板块设计上努力做到将"学思用贯通"与"知信行统一"相结合，在理论教学及案例中融入先进技术、前沿知识、文化传承、职业道德等思想政治教育的元素，体现"课程思政"，以加强对网络客服人才素养的培养。本书不仅能开阔读者的眼界，还能激发读者的家国情怀和责任意识。

（5）配套微课、提供资源。本书注重易懂性和扩展性，设计了"知识拓展""想一想"等栏目，增强了本书的可读性；在出版社官网上提供丰富的教学资源。

致谢

本书由隋东旭、李丽娜、杨玉斌编著，具体分工如下：杨玉斌编写项目1和项目6；李丽娜编写项目2~项目4；隋东旭编写项目5、项目7和项目8。

本书是2023年度吉林省中华职业教育社改革创新课题（课题编号：2023GGY001）、2022年度吉林省教育厅职业教育与成人教育教学改革研究课题"课程思政背景下高职高专新型活页式教材开发的行动研究——以'网店客服'课程为例"（课题编号：2022ZCY179）和2022年吉林省教育科学"十四五"规划课题"高职院校'岗课赛证'综合育人培养模式设计与实践研究"（课题编号GH22835）的优秀研究成果。从规划到编写经历了很长一段时间，经过多次修改和逐步完善，最终得以出版。在此，衷心感谢对本书的编写、出版给予过指导和帮助的学者、教师。

在本书编写过程中，尽管编者着力打磨内容，精益求精，但由于编者水平有限，书中难免存在不足和疏漏之处，请各位专家与读者不吝赐教。

编 者

2023 年 5 月

目 录

项目 1　网店客服基础知识　/ 1
　　1.1　认知网店客服　/ 2
　　1.2　网店客服的工作内容和工作目标　/ 8
　　1.3　网店客服应具备的素养　/ 12

项目 2　网店客服售前服务　/ 33
　　2.1　认知网店客服售前服务　/ 34
　　2.2　网店客服售前服务常见的问题及处理　/ 40
　　2.3　网店客服售前服务的工作流程　/ 52

项目 3　网店客服售中服务　/ 61
　　3.1　认知网店客服售中服务　/ 62
　　3.2　网店客服售中服务的业务与处理　/ 68

项目 4　网店客服售后服务　/ 85
　　4.1　认知网店客服售后服务　/ 86
　　4.2　网店客服售后服务的业务与处理　/ 92

项目 5　智能客服　/ 117
　　5.1　认知智能客服　/ 118
　　5.2　阿里店小蜜　/ 120

项目 6　客户关系管理　/ 145
　　6.1　认知客户关系管理　/ 146
　　6.2　客户满意度　/ 154
　　6.3　客户忠诚度　/ 172

6.4 客户的流失与挽回　　/　187

项目 7　网店客服数据分析与应用　　/　197

7.1 认知网店客服数据　　/　198
7.2 客服数据的分析　　/　200
7.3 网店客服数据的监控　　/　212

项目 8　科学管理客服人员　　/　221

8.1 客服人员管理制度　　/　222
8.2 客服人员的招聘与培训　　/　227
8.3 客服人员的激励机制与绩效考核　　/　238
8.4 客服人员的团队管理　　/　245

参考文献　　/　252

项目 1
网店客服基础知识

 学习目标

知识目标	• 初识网店客服； • 熟悉客服工作的分类及客服岗位间的对接关系； • 理解网店客服的工作目标； • 熟悉常用的电商平台、平台规则及交易安全等相关知识； • 具备客服人员的基本素质，如语言表达能力、心理素质、响应速度等
能力目标	• 能够学会网店客服的工作内容； • 能够学会所在网店的商品知识； • 能够学会客服人员与客户的交流工具和卖家后台的操作方法； • 能够通过电商平台与客户顺利进行沟通并促成交易
素养目标	• 运用网店客服初体验的相关知识分析问题、解决问题

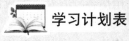 学习计划表

项 目		认知网店客服	网店客服的工作内容和 工作目标	网店客服应 具备的素养
课前预习	预习时间			
	预习结果	1. 难易程度 □偏易（即读即懂）　　□适中（需要思考） □偏难（需查资料）　　□难（不明白） 2. 问题总结		
课后复习	复习时间			
	复习结果	1. 掌握程度 □了解　　□熟悉　　□掌握　　□精通 2. 疑点、难点归纳		

 项目导读

随着网络技术的发展和智能设备的普及，电子商务行业迅猛发展，网店如雨后春笋般涌现，网店客服这一岗位的人才需求量日益增大。想要成为一名网店客服，首先需要建立对该职业的基础认知，了解该岗位的工作内容和基本要求，才能在该职业领域内获得更好的发展。

1.1 认知网店客服

网店客服的兴起源于电子商务行业的高速发展，网络交易平台间的竞争日趋激烈，常用的拼价格、比质量的销售方式已经不能满足客户的猎奇心理。在这样的背景下诞生了"网店客服"这个岗位。随着网络交易的蓬勃发展，网店客服日益成为网店运营中不可或缺的中坚力量。

▶▶ **想一想**

在网店运营与管理中为什么离不开网店客服？

_____
_____

1.1.1 网店客服的定义

网店客服，顾名思义就是以服务为主的一种工作或为客户服务的工作人员（本书主要指岗位）。与传统实体店中的导购人员有所不同，网店客服是通过网店这种新型电子商务平台，充分利用各种网上即时通信工具，如阿里旺旺，为客户提供相关服务的人员。网店客服对网络有较高的依赖性，其所提供的服务类型主要包括客户答疑、促成订单、网店推广、售后服务等多个方面。

在电子商务的发展过程中，网店的经营模式日趋多样化，单打独斗的"独狼"模式日渐式微。尤其是那些商品销量较大的网店，客户咨询人数很多，网店的回复稍有迟缓，就会有客户流失的风险，在这种形势下，网店对客服的需求也就随之提升。不同网店因自身发展的规模，对客服的数量及工作内容的要求是不同的。规模大的网店会根据客服所负责的工作，将客服分为售前客服、售中客服和售后客服，一般由2~6名客服组成专业的客服团队；规模小的网店则不需要使用如此细致的划分方式，1~2名客服即可保证网店的正常运作。

▶▶ **想一想**

你知道网店客服有哪些作用吗？

_____
_____

1.1.2 网店客服的重要性

在电子商务各岗位中，客服是唯一能够跟客户直接沟通的岗位。这种沟通融合了情感，不仅可以给客户带来良好的购物体验，而且能提高店铺的竞争力。服务竞争永远比价格竞争更能打动客户，从而为店铺带来更多的交易量。客服岗位的重要性可具体归纳为以下六点。

1. 优化客户的购物体验

客服作为直接影响客户购物体验的岗位，对网店的整体运营具有重要意义。好的客服人员可以优化客户的购物体验，客服人员通过耐心地询问、认真地倾听，主动为客户提供帮助，让客户有一次体验很好的购物"旅程"。

2. 提高成交率

大多数客户在购物之前都会针对有疑问的内容进行询问。客服人员如果能及时地回复客户的疑问，那么达成交易的概率是很高的。有时客户拍下商品后没有立刻付款购买，此时客服人员就应及时跟进，通过向客户询问付款方式等催促客户及时付款。同时，对于一些犹豫不决的客户，客服人员可以向客户推荐合适的商品，以促成交易。

针对不同的客户，客服人员需要采取不同的沟通方式，这就要求客服人员具备良好的沟通技巧：及时回复，礼貌热情；热心引导，认真倾听；议价时以退为进，促成交易；及时核实，确认信息；热情道谢，欢迎再来。

> **知识拓展**
>
> 一个细心、专业、拥有丰富知识储备的网店客服可以帮助客户选择合适的商品，促成客户的购买；对于没有及时付款的客户，网店客服的跟进沟通和催付，也是店铺提高转化率和成交量的一种方式。

3. 宣传网店品牌

客户通过商品详情页并不能完全了解一个网店的品牌，这时客服人员就是网店品牌的宣传者。客服人员耐心、详细的介绍，将使客户进一步了解其品牌价值，让客户记住该网店和该品牌。如果商品使用效果较好，性价比高，以后客户再有购买需求时就会第一时间想到已经记住的网店。这就是品牌价值所在，同时也体现出了客服的重要作用。

4. 降低网店经营风险

商家在经营中难免会遇到交易纠纷、退换货、退款、客户投诉、平台处罚等问题，为降低经营风险，客服人员应做到以下四个"如果"。

（1）如果客服人员对商品非常熟悉，且能做到精准推荐，就能有效地控制退换货和退款，尽可能地避免交易纠纷。

（2）如果客服人员将平台规则熟记于心，就能够很好地应对客户的各种投诉，并且不破坏平台规则，避免平台对网店的处罚。

（3）如果客服人员积极、良好地与客户沟通，就有可能降低客户给出差评的风险。

（4）如果客服人员具备一定的警惕性，就可以避免网店被少数不良分子恶意敲诈而导致损失情况的发生。

5. 提高网店评分质量

为完善监管，电商平台会对网店的服务质量进行评分。当网店评分不符合标准时，会影响其商品在搜索中的排名及参加活动的资质。因此，商家会尽可能地保证自己网店的服务类评分达标，甚至超过同行业的均值。

客服人员在售前和售后都会与客户有所接触，客服人员服务质量的优劣将会直接影响网店动态评分的分值。图1-1所示为天猫商城店铺动态评分界面，将鼠标指针移至店铺名称上，会自动显示店铺综合评分信息，客户可以通过该评分来判断店铺的经营状况和各项服务指标。

图1-1　天猫商城店铺动态评分界面

同时，天猫商城也会在后台数据中显示网店的综合评分，以此判断该店铺是否被广大客户喜爱，是否值得把店铺推荐给平台的客户。

6. 提高流量价值

随着平台上的竞争越来越激烈，网店的引流成本越来越高，网店的每一个流量对商家来说显得尤为重要，都应该使之产生效益。如何才能将流量转化为商家的效益呢？这有赖于客服人员提供的优质服务。

（1）优质的客户服务有助于增强客户的购买欲望，从而提高客单价，实现单个流量价值的最大化。

（2）优质的客户服务有助于客户二次购买或介绍他人到店铺中购物，从而把单个流量的价值发挥到极致。

1.1.3　网店客服的分类

一般小规模的网店在运营与管理中常常是一人身兼数职，对客服这一岗位的工作就没有进行细分。但对于中大型网店而言，其订单数量多、工作量大，如果客服工作没有进行流程化、系统化的安排，就很容易出错，因此，大多中大型网店对客服进行了明确的分工。

▶▶ 想一想

你知道的常见的网店客服有哪些类型？

_____

_____

中大型网店一般会将网店客服分为售前客服、售中客服、售后客服三种类型，让客服人员各司其职、有条不紊地开展工作。

1. 售前客服

售前客服主要从事引导性的工作，如回答客户对商品的咨询，从客户进店咨询到拍下付款的整个环节都属于售前客服人员的工作范畴。售前客服的工作内容主要包括以下六个方面。

（1）售前准备。售前准备主要包括熟悉商品的相关信息和网店活动、熟练掌握沟通工具的使用方法、了解平台规则和相关注意事项等方面的内容。

（2）接待客户。接待客户贯穿于客服人员的整个工作过程，售前客服应该做好随时接待客户的准备，并在接待客户的过程中时刻保持热情、耐心、周到的服务态度。售前客服的反应要及时，切勿用冰冷的语言回答客户的问题，要多使用语气词来调动气氛。

（3）推荐商品。当客户咨询相关商品时，售前客服要从客户的提问中主动挖掘客户的需求，专业、耐心地解答客户提出的问题，同时主动向客户推荐合适的商品，以商品的卖点激发客户的购物欲望。

课程思政

售前客服了解客户需求，主动站在客户的角度思考问题，用超前的服务意识和优质的产品质量服务客户。

（4）解决问题。当客户遇到疑难问题时，售前客服要运用自己的专业知识进行处理，并始终保持热情和耐心。

（5）引导下单。当客户犹豫不决时，售前客服要通过限量销售、限时打折等活动来提升客户的迫切感，引导客户快速下单。

（6）欢送客户。客户购物完成后，售前客服要向其表示感谢，体现出热情的态度。

2. 售中客服

售中客服的工作集中在客户付款到订单签收的整个时间段。售中客服一定要做好与售前客服的工作交接，防止订单错乱的情况发生。售中客服的工作内容包括以下四个方面。

（1）订单确认及核实。客户下单后，售中客服要第一时间与客户确认订单信息，保证客户填写的信息正确，降低订单出错的概率。若发货后客户才发现收货地址有误，售中客服应第一时间与快递公司联系并修改收货地址，确保商品及时送到客户的手中。

（2）装配商品并打包。核对订单无误后，售中客服应尽快装配商品并打包，做好商品的发货准备工作。打包时要仔细检查商品与包装,同时要细心核对客户信息,特别是客户备注的信息,一定不要遗漏。

(3)发货并跟踪物流。售中客服需要在发货后实时关注商品的物流状态。

(4)提醒客户及时收货。当货物运输到客户所在的城市后,售中客服可以以短信或千牛消息的形式通知客户,商品已经到达其所在城市,将马上进行配送。当快递公司完成配送后,售中客服还要提醒客户及时确认收货,完成交易。

3. 售后客服

售后服务质量是衡量网店服务质量的一个很重要的指标。好的售后客服不仅可以提升网店的形象,还能留住更多的老客户。售后客服的工作内容主要包括以下三个方面。

(1)退换货、投诉处理。当客户提出退换货请求时,售后客服首先要了解客户退换货的原因。若是商品质量方面的原因,要及时同意客户的请求并详细告知客户退换货的流程和注意事项,保证客户利益不受损。当接到客户的投诉时,售后客服不要与客户发生争吵,应先了解客户不满的原因,初步给予客户一个有关处理方案的答复或承诺,给客户吃颗"定心丸",然后查询投诉处理标准,制订处理方案,并及时向客户反馈处理意见。

(2)客户反馈处理。客户收到商品后,在使用商品的过程中可能会出现某些问题,此时客户一般会找到售后客服进行反馈,或直接在评论中进行反馈。若客户直接找到售后客服进行反馈,售后客服一定要认真对待,先安抚客户的情绪,再根据实际情况进行处理,优先考虑客户的利益。

(3)客户回访。售后客服的工作还有一个重要的内容就是回访。回访客户可以增强客户黏性,加深客户对网店的印象。常用的回访方式有短信、邮件、千牛消息等,售后客服还要注意回访的内容,既可以简单告知客户网店的最新活动,也可以邀请客户参加网店的商品质量调查等。

1.1.4 客服与其他岗位的对接关系

一个完整的电商团队一般会安排运营推广、美工、客服及仓储等多个工作岗位,而客服作为电商团队中一个关键基础岗位,跟其他岗位有着紧密联系。

▶▶▶ **想一想**

客服人员之间,以及客服人员与其他人员之间都有着怎样的联系呢?

1. 售前客服与售后客服

售前、售后客服的配合与协作在很大程度上会影响客户的购物体验。例如,当客户收到商品后发现了问题,客户会找购买商品时接待他的售前客服,当客户陈述完自己的问题后，售前客服会把客户转交给售后客服。很多售后客服会再次询问客户，让客户把自己遇到的问题再陈述一遍，由于需要再次陈述自己遇到的麻烦，客户感觉会很不好，从而增加了售后处理的难度。

> **知识拓展**
>
> 售前、售后客服是相互协作的岗位，合理设置售前、售后客服之间的交接流程，以及明确售前、售后客服的权责划分，才能给客户带来更好的购物体验。

2. 网店客服与运营

客服除具有销售和服务功能外，还具有为全店运营服务的功能。客服是全店所有岗位中唯一能与客户直接交流的岗位，对客户信息的收集、问题的反馈、建议的整理都是由客服人员来完成的，这些信息为全店运营提供了重要依据。因此，网店客服和运营经常进行信息的交流和反馈，这样也更有利于对店铺的整体运营方案做出调整。

3. 网店客服与营销推广

在店铺中，营销推广是负责引流的，网店客服则负责流量的询单转化，所以网店客服与营销推广之间有着千丝万缕的联系，网店客服的转化工作在一定程度上可以反映出流量引导的精准程度，也能反映出活动的设置是否合理、是否易于操作、是否有助于提升客户的购物体验。

4. 网店客服与美工

网店客服与美工之间有很多问题可以交流。比如，关于色差的问题，通常网店客服会向客户解释由于拍照光线及显示器的参数设置不同，很难保证实物与图片完全没有色差，但是当店内的某件商品多次被多位客户提出实物与图片色差严重时，网店客服就应该向美工进行反馈，让美工检查在拍照或者修图时是否出现了比较严重的色差问题，以及是否可以调整。如果不能调整，客服就要注意在推荐商品时向客户描述商品图片与实物的色差问题。

5. 网店客服与仓储

网店客服与仓储也是有很多交集的，店铺所出售的商品将由仓储打包、发货，有时客户对包装有特殊要求，这时网店客服要及时与仓储沟通，沟通通常采取订单备注的方式。网店客服在进行订单备注时，要把需要仓储注意的信息放在靠前的位置。当包裹出现缺件、少件、延迟发货的状况时，网店客服要及时与仓储沟通，确认包裹的状况，及时帮助客户解决问题。

6. 网店客服与快递

虽然快递不是店铺中的一个岗位，但是因为快递是连接店铺与客户的纽带，店铺和快递人员的联络相对紧密，所以快递人员的服务质量也会直接影响客户的购物体验。当客户的包裹出现问题时，网店客服需要主动与快递人员取得联系，尽量帮助客户解决问题，以保证客户顺利收到包裹，同时要协调客户与快递人员之间的关系，避免双方的矛盾激化。

示范案例 1-1

"××山货网店"是淘宝网上一家从事土特产销售的网店，该网店把"山中特产"搬到了线上销售。在人们越来越重视食品安全的今天，绿色生态的特产美食十分打动人心。很快，该网店的销售额就开始成倍增长，但随之也出现了问题，因为店主一个人每天需要兼顾接待客户、打包商品、发货等工作，在客户较多的时候，逐渐感到力不从心。于是他打算寻找帮手，很快便通过招聘网站聘请了一名网店客服。自从网店有了客服之后，网店的回头客增加了不少，而且店主的工作也轻松了很多。而这都得益于客服小A的专业服务。

某天，客服小A收到客户B发出的消息，客户B想在店里选购一款土特产送给朋友，于是让小A推荐几款适合的商品。小A收到消息后立刻回复，并与客户B达成了一致意见，很快就促成了这单交易，客户B也成功完成了付款。事后，客户B对小A热情、优质的服务提出了表扬。其原因是客服小A在与客户B沟通的过程中，对客户B提出的问题都耐心、专业、准确地给出回答，让客户B感觉舒服且放心。也正是由于小A的良好服务，"××山货店"的成交率提高了，口碑也得到了提升。

1.2 网店客服的工作内容和工作目标

在网店运营与管理过程中，网店客服是必不可少的重要角色。在电子商务平台中，网店客服是能够跟客户直接沟通的岗位，融洽的沟通可以给客户带来舒适的购物体验；客服还可以帮助网店赢得客户的信赖和支持，为网店带来源源不断的效益。

1.2.1 网店客服的工作内容

客服对店铺中其他岗位的工作有着间接的影响。作为一名客服人员，每天应该做哪些工作来提高店铺的成交额呢？客服岗位的工作内容一般可分为工作任务和辅助性工作两部分。

1. 工作任务

工作任务描述了客服人员的主要工作事宜，包括以下六点。

（1）接待客户。每天通过千牛等聊天工具与客户进行线上沟通，或者通过打电话、发邮件等方式与客户直接交流，帮助客户处理遇到的问题。

> **课程思政**
>
> 客户是企业的根本，尤其是在重视口碑的互联网时代，关爱客户，不仅涉及企业的生存发展问题，对于企业自身品牌建设也大有裨益。

（2）销售商品。根据掌握的商品知识，结合客户的自身需求，运用适当的销售技巧，把商品成功销售给客户。

（3）解决客户咨询。从专业的角度，为客户解决商品问题、支付问题、物流问题，以及在交易过程中遇到的其他各种问题。

（4）进行后台操作。后台操作包括交易管理、物流管理和宝贝管理等与客服工作相关的操作。客服人员可在千牛卖家工作台进行相关操作。

（5）收集客户信息。对客户的一些特征信息进行收集整理，为针对网店老客户的关系维护和营销提供可靠的信息依据。

（6）收集与反馈问题。对客户提出的有关商品及网店服务等方面的意见和建议进行收集整理，并反馈给相关岗位。

2. 辅助性工作

为更好地完成工作任务，客服还需要进行一些相关的辅助性工作，包括但不限于完成每日工作日报、参加销售技能的培训和学习商品知识等。

1.2.2 网店客服的工作目标

学习了网店客服的工作内容后，下面来看看网店客服需要达到的工作目标。

▶▶ **想一想**

假如你是某网店的客服人员，你认为哪些方法可以降低售后成本？

_____

_____

1. 降低售后成本

在电商领域中，开展售后维护工作时会涉及各项成本。解决售后问题涉及的成本与客服人员提出的解决方案有直接的联系。下面列举了客服人员在售后工作中出现的常见问题及提出相应的解决方案。

（1）客户不退货，商家退全款（亏损原始订单金额的100%）。当以这种方式进行售后处理时，商家不仅无法收回已经发出的商品和运输商品的费用，还需将从客户处收取的款项全额退还。这是最干脆利落的解决客户投诉的方法，不需要太多的处理技巧，而且可以有效防止客户留下中、差评或与其产生纠纷等情况的发生。但由于此种方法对商家而言损失太大，长期使用会严重降低整个店铺的利润水平，是实际操作中不鼓励使用的一种方式。

（2）免费重发（亏损原始订单金额的65%～80%）。免费重发是指客户不将第一件有问题的商品退还给商家，商家为了解决客户的问题，免费为其重发一件没有问题的商品。采取这种操作方式时，商家所支付的实际成本由重发商品的进货成本和重发商品的运输成本两部分构成。一般来说，这两项费用的总和占原始订单金额的65%～80%。这个数值也就是采取免费重发方式时商家所需承担的损失。

（3）部分退款或其他补偿（亏损原始订单金额的20%～50%）。当客户提出的商品问题并不严重且并非无法解决时，商家可以与客户商议，通过部分退款的形式或其他方式对客户进行补偿。

（4）主动提供优惠券（亏损原始订单金额的10%～20%）。当某些客户提出的问题并不影响其正常使用商品时，商家可以通过向客户发放一定金额的优惠券来弥补其损失。对客户而言，获得优惠券（特别是无门槛优惠券）与退款无异。而对于商家而言，发放这种优惠券的损失远比全额退款或免费重发小得多；而优惠券可以促使客户再次购物，进而获得新的销售额与利润。店铺优惠券如图1-2所示。

图1-2　店铺优惠券

（5）在技术层面答疑解惑（零亏损）。在所有解决客户提出的问题的方法中，商家最喜欢的方法毫无疑问是零成本的方法。所谓零成本的方法，是指客服人员通过答疑解惑，解决客户关于商品、服务、运输的问题，让客户理解整个服务的过程，并最终消除客户的疑惑。

> **知识拓展**
>
> 在客户提出问题的第一时间，商家应积极提出解决方案，这样不仅能给客户留下专业、负责任的印象，还能最大限度地降低解决问题的成本和难度。商家在提出解决方案时，建议尽量提供两种或两种以上的方案，有多种方案备选可以让客户体会到商家对他们的尊重，也可以防止客户不接受商家的主推方案，转而向平台发起投诉或留下差评的情况发生。

2. 促进二次销售

优质的商品服务不仅是一个品牌的诚信保证，还可以带来二次销售的机会。二次销售通常是指针对网店老客户使用的一些营销方式，也指为留住老客户必须采用的方式。

网店要想促进二次销售，必须保证客户对商品十分满意。下面介绍促进二次销售的技巧与方法，希望客服人员能将其灵活运用到实际工作中。

▶▶ **想一想**

假如你是网店客服，说一说有哪些促进二次销售的技巧与方法。

_____

（1）完美解决客户的疑虑。从网店的成交订单中可以发现一个规律，在网店中多次下单的老客户往往是在最初几次交易中遇到一些问题的客户。当客服人员帮助他们完美地解决问题后，客户对网店的信任度会显著提高，这种信任关系会促使客户在未来的几年中稳定地回购。

（2）设置提示。设置提示主要是针对商品详情页进行设置，比如关于收藏店铺、收藏商品的提示。图1-3所示为客户收藏店铺的提示。设置提示的快捷方式有很多种，常用的有网店二维码、快速收藏等，这些都可以帮助网店获得更多的浏览量，也为二次销售奠定了一定的基础。

图1-3　客户收藏店铺的提示

（3）定时发放优惠券。网店设置的优惠活动往往能吸引客户。商家可以赠送一些下次购买时可以打折的优惠券或者设计针对老客户的回馈活动。

除此之外，商家还可以给优惠券设置一个使用期限，在优惠券到期之前适当提醒客户到店铺中使用。例如，在春季时赠送一些优惠券，把优惠券的时间设置成夏装上新之后，在优惠券快要到期时提醒客户。这样既可获得客户的信赖，又可提高网店的营业额，是促进二次销售的一个不错选择。

（4）定位营销。开展定位营销前，客服人员需要对已成交客户的购买情况进行统计，对那些购买商品较多的客户予以重点关注，并在网店推出新款商品或者有优惠活动时，及时发信息通知这些客户。

对于那些曾经购买过网店商品，但是回购次数不多的客户，客服人员可以通过千牛、手机短信等途径向他们推送网店的优惠信息。除此之外，客服人员也要分析不同客户网购的时间差。例如，客服人员要对一个星期购买一件衣服和一个月购买一件衣服的客户进行不同频率的优惠信息推送，也就是说，要根据不同的消费情况组织不同方式的二次销售。

3. 提高店铺转化率

对网店来说，日常工作中是不能没有客服人员的，客服人员的服务质量的好坏会直接影响店铺转化率。因为在网上购物和在实体店购物有比较大的区别，在实体店购物时会有导购主动介绍，而在网上购物时遇到问题需要主动向客服人员求助。所以，客服人员的服务质量对客户的购买决策起着重要的作用，如果客服人员的服务比较好，客户是非常愿意下单购买的。

客服人员要提高店铺转化率，应做到以下五点。

（1）响应率要高，及时回复是对客服人员的基本要求。现在大多数客户都是利用碎片时间逛网店的，不愿意花太多时间等待，如果客服人员不能快速回复客户，很可能就会丢失一个客户。

（2）沟通要热情、有耐心。客服人员的工作之一就是为客户解决一些疑惑。客服人员应热情主动一些，给客户留下好的印象，这样才能更好地促进成交，提高店铺转化率。如果遇到一些不讲理的客户，客服人员也要用好的心态去服务，不要与客户争辩。

（3）沟通中不要出现错别字。虽然在与客户沟通时有一两个错别字没有很大的影响，但沟通过程中不出现错别字能体现客服人员乃至店铺的专业程度及诚意。

（4）做好关联销售。在客户咨询商品时，如果咨询的商品主图中有店铺里的T恤和牛仔裤，虽然客户咨询的是T恤，但客服人员也可以适当向客户推销牛仔裤。

（5）用真诚的态度处理售后差评问题。店铺难免会有被打差评的时候，这时客服人员应该第一时间去安抚客户，询问客户打差评的原因。

1.3 网店客服应具备的素养

优秀的网店客服不仅能够维护好网店形象，还能及时对客户进行引导，从而为网店带来更多的销量和更高的转化率。那么，一名优秀的网店客服应具备哪些素养呢？

1.3.1 丰富的知识储备

下面总结了网店客服需要具备的理论知识，给初做网店客服的人员一些建议。

▶▶▶ 想一想

假如你是一家网店的客服人员，你认为网店客服应具备哪些理论知识？

_____

_____

1. 商品知识

在与客户沟通的过程中，对话的绝大部分内容都围绕商品本身。客户可能会提一些有关商品信息的专业问题,如果网店客服不能给予恰当的答复,或者一问三不知,无疑会打击客户的购买热情。因此,网店客服应对商品的规格、基本属性、安装及使用方法、保养与维护、关联销售等都有所了解。

> **课程思政**
>
> 客服人员应具备一定的职业道德,只有立足本职、精通业务,按章办事,文明礼貌、诚实守信,才能更好地维护电商环境,给广大客户提供更好的服务,维护社会的健康、稳定发展。

(1)商品的规格。商品的规格是指商品的物理性状,一般包括商品的体积、长度、形状、重量等。有时同一系列的商品会包含多种规格,如服饰类商品的颜色、尺码;数码产品的容量、配置等。网店客服应该熟悉商品的规格,以便在与客户沟通时准确地回复客户的问题。

以服装为例,服装的尺码相对来说比较复杂,一般按照S、M、L、XL来区分,上述尺码依次代表小号、中号、大号、加大号,如图1-4所示。一般来说,设计师会分析服装的目标人群,找出其中最常见的体型来确定M(中号),即均码大小,然后在这个基础上进行缩放,得到其他尺码的大小。

单位:cm

尺码	后中长	肩宽	胸围	腰围	摆围	袖长	袖肥
155/80A/S	103.2	31	92	91.5	136	37.6	38
160/84A/M	105	32	95	94.5	140	38	39
165/88A/L	105.8	33	99	98.5	144.2	38.4	40.4
170/92A/XL	106.6	34	103	102.5	148.4	38.8	41.8

温馨提示:平铺测量尺寸数据可能存在1~2cm误差,敬请谅解!

图1-4 服装尺码

鞋子按脚的长短来确定尺码,一般女鞋中35码、36码、37码属于常见尺码,38码、39码属于偏大的尺码;男鞋中40码、41码、42码属于常见尺码,其他尺码属于偏小的或者偏大的尺码。鞋子尺码如图1-5所示。

(2)商品的基本属性。商品的基本属性包括但不限于生产厂家、材质、适用范围等,这是网店客服必须掌握的,网店客服只有知道了商品的这些基本属性,才能回答客户的简单提问,才能对最基本的问题对答如流。网店客服只有了解商品才能更好地介绍和推销商品,客户是否接受商品在很大程度上取决于网店客服对商品的了解程度。

商品的基本属性在一定程度上代表了该商品与同类商品相比较时的优势,比如面料更透气,可以正反两面穿,羊毛、黑色等。如图1-6所示商品的基本属性是桑蚕丝面料。在客户向网店客服咨询服装材质时,如果网店客服能很准确地说出来,客户就会觉得网店客服具有一定的专业性,值得信任,从而购买该服装。

BUYING YARDAGE GUIDE
选购码数指引

脚部测量方法（实际情况因个人脚型不同而异）

脚长：将脚部放置于白纸上，分别在脚趾最长处和脚后跟处做标记，测量两点之间的距离，然后对照下列表格。

脚宽：在脚部的左右两边做标记，并测量两点之间的距离。

欧式码	33	34	35	36	37	38	39	40
国际码	215	220	225	230	235	240	245	250
脚长/cm	21~21.5	21.5~22	21~22.5	22.5~23	23~23.5	23.5~24	24~24.5	24.5~25

注意：如脚背高，脚型宽肥，建议购买大一码，如脚背平脚型纤瘦，建议购买小一码。

图 1-5 鞋子尺码

100%桑蚕丝连衣裙
气质五分袖+浪漫褶皱设计
彰显女性优雅气质
18姆米轻柔真丝
光泽温润 升级品质感

图 1-6 桑蚕丝面料商品

（3）商品的安装及使用方法。有的商品可能需要客户自己动手安装。对于商品的安装及使用方法，网店客服也要熟练掌握，因为客户可能会在收到商品后因为不会安装而咨询网店客服。商品详情页中可以用文字和图片形式介绍商品的安装及使用方法，这不仅可以让客户在购买商品之前就先了解该商品的安装及使用方法，还可以方便网店客服随时查阅，一旦有客户询问商品的安装及使用方法，网店客服可以直接将该部分内容复制、粘贴给客户，自己也可以再熟悉一次。

（4）商品的保养与维护。对于商品的保养与维护，网店客服应在客户购买商品时就做出相关的说明，以确保客户日后可以对商品进行合理的保养与维护，从而延长商品的使用寿命。在商品详情页中会有一些有关商品的保养与维护的知识，建议网店客服熟知这些知识，并且在交易过程中提示客户。

（5）商品的关联销售。在学习商品知识时，网店客服还应该了解一些可以进行关联销售的商品。这样在销售商品时，网店客服就可以迅速想到关联商品，并尝试进行关联推荐，提高客单价。关联销售可以提高流量利用率、增加访问量、减少跳失率、加深访问深度。在客户进入某一个商品的页面时，可能当前页面展示的这款商品并不能满足客户的需求，这时，网店客服可以向客户推荐其他关联商品。

在给客户推荐关联商品时，网店客服一定要准确说出关联的理由，这样客户才更容易接受。如图1-7所示为商品的关联销售示例。

图1-7 商品的关联销售示例

>> 想一想

网店客服应从哪里了解商品知识呢？

_____

_____

2. 平台知识

在电子商务时代，网络非常发达，越来越多的人选择在网上购物。很多人都想要通过做电商赚钱，但不管在哪个电商平台开店都是有要求的，商家只有了解了平台的规则和要求，做好充分的准备，才能顺利开店。

1）认识平台

为什么客服人员需要认识平台呢？这是因为客服人员在与客户交易、沟通的过程中，有的客户会咨询一些关于平台的问题，比如网店参与的平台活动、活动商品在哪里展示、平台的某些功能及如何使用等。客服人员对平台越了解，对网店商品展示的位置越清楚，也就越能准确地帮助客户找到适合的商品。

目前，主流的电子商务网站平台分为B2B、B2C及C2C三类，跨境电商平台主要有速卖通、亚马逊、eBay及Wish等。下面对主流的电子商务网站平台分别进行介绍。

（1）B2B 类平台。B2B 是 Busines to Business 的缩写，其中文为"商家对商家"，它用于企业与企业之间通过互联网进行商品、服务及信息的交换。常见的 B2B 电子商务平台有"阿里巴巴""慧聪网"。如图 1-8 所示为阿里巴巴首页。

图 1-8　阿里巴巴首页

（2）B2C 类平台。B2C 是 Business to Customer 的缩写，其中文为"商家对客户"，是指电子商务中直接面向客户销售商品和服务的商业零售模式，如企业为个人提供在线服务咨询、在线商品购买等服务。B2C 电子商务网站有天猫、京东、亚马逊、聚美优品、当当网及 1 号店等。如图 1-9 所示为京东首页。

图 1-9　京东首页

（3）C2C 类平台。C2C 是 Customer to Customer 的缩写，其中文为"客户对客户"，

是个人与个人之间的电子商务模式，即通过电子商务网站为买卖双方提供一个在线交易平台，使商家可以在上面发布待出售的物品信息，而客户可以从中选择并进行购买，同时，为便于买卖双方的交易，平台还会提供交易所需的一系列配套服务。C2C 网站有淘宝等。如图 1-10 所示为淘宝首页。

图 1-10　淘宝首页

知识拓展

要想通过电商平台进行交易，首先用户需要进行电商平台的注册。各大电商平台的注册方式基本相同。以京东网为例，单击首页左上角的"免费注册"按钮，进入个人用户注册流程页面，根据提示信息进行注册即可。如果是企业用户，则需要在首页单击"企业用户注册"按钮，在打开的注册页面中按照注册要求进行企业注册。

2）平台规则

网店在运营过程中要遵守国家的法律法规和平台规则。国家的法律法规和平台规则可起到保护商家和消费合法权益、营造公平诚信交易环境、保障交易安全及促进电子商务快速发展的作用。网店客服应该从商家的角度来了解平台规则，从而更好地把握自己与客户交谈的分寸。店铺在运营的过程中首先要遵守国家的法律法规，其次要遵守平台规则。

▶▶ 想一想

你知道应从哪些渠道了解电商平台的规则？

在网店客服的日常工作中，经常涉及与规则相关的页面如下。

淘宝网规则首页：登录淘宝首页后，单击页面右上角的"卖家中心"按钮，在打开的页面中单击导航栏上的"更多"按钮,然后在打开的下拉列表中选择"规则中心"选项,即可进入淘宝网规则首页,如图1-11所示。该页面主要有淘宝规则、解读说明、规则动态及协议专区四大板块。

图1-11 淘宝网规则首页

京东平台规则首页:登录京东首页后,将鼠标指针移至导航栏中的"客户服务"按钮上,在打开的下拉列表中选择"商户"栏中的"规则平台"选项,即可进入京东平台规则首页,如图1-12所示。该页面主要有招商合作、平台秩序、营销推广及消费者保障四大板块。

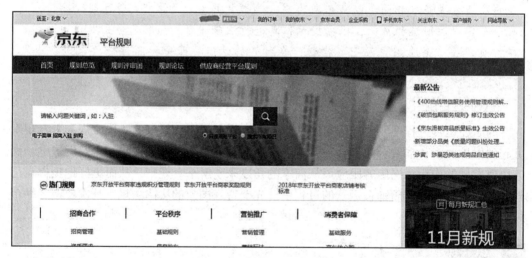

图1-12 京东平台规则首页

下面以淘宝网规则为例,分别介绍客服人员需要学习的规则。

(1)商品如实描述。商品如实描述是商家的基本义务,是指商家在商品描述页面、网店页面及阿里旺旺等所有淘宝提供的渠道中,对商品的基本属性、成色和瑕疵等必须说明的信息进行真实、完整的描述。商家应保证其出售的商品在合理期限内可以正常使用,包括商品不存在危及人身、财产安全的危险,符合商品或其包装上注明采用的标准，具备商品应当具备的使用性能等。

客服人员利用阿里旺旺与客户进行沟通时，一定要准确描述商品的基本属性、成色和瑕疵等内容。

（2）评价规则。为确保评价体系的公正、客观和真实，淘宝平台将遵循《淘宝网评价规则》的规定，对违规交易评价、恶意评价、不当评价或异常评价等破坏淘宝信用评价体系、侵犯客户知情权的行为予以坚决打击，但屏蔽评论内容、删除评价、评价不计分和限制评价等市场管理措施除外。

针对该规则，客服人员在给客户进行评价及评价解释时要实事求是，不得使用污言秽语，更不能泄露客户的隐私。

（3）泄露他人信息。泄露他人信息是指未经允许发布、传递他人隐私信息，涉嫌侵犯他人隐私权的行为。淘宝会对泄露他人信息的商家进行扣6分/次的处罚，对于情节严重的，每次扣48分。

针对该规则，客服人员注意不能有意或者无意地泄露客户的个人信息和订单信息。例如，在成交以后与客户核对订单信息时，客服人员务必只与拍下商品的旺旺号（即淘宝ID、登录名）进行核对。

（4）违背承诺。违背承诺是指商家未按照约定向客户提供承诺的服务，妨害客户权益的行为。违背承诺的，商家须履行客户保障服务规定的如实描述、退货、换货和赔付等承诺，或商家须按实际交易价款向客户或淘宝提供发票，或商家须向客户支付因违背发货时间承诺而产生的违约金。

针对该规则，客服通过旺旺与客户交流时，不要轻许承诺，一旦向客户做出承诺就必须严格履行。例如，客服人员向客户承诺，对于运输过程中造成的商品损坏，网店将承担寄回运费，如果未能履行，则客户可以以违背承诺为由进行投诉。

（5）骚扰他人。骚扰他人是指商家对他人实施骚扰、侮辱及恐吓等妨害他人合法权益的行为。骚扰他人可分为一般情形、严重情形和特别严重情形三种情况。

① 一般情形。骚扰他人的一般情形包括但不限于通过电话、短信、阿里旺旺或邮件等方式向他人发送垃圾信息（如不明验证码等）；联系频次异常，造成他人反感的行为。

② 严重情形。骚扰他人的严重情形包括但不限于多次在深夜、凌晨等不适宜交流的时间段内联系他人，影响他人正常生活的行为；通过短信、阿里旺旺或邮件等方式或在评论、交易留言板中对他人实施侮辱、恐吓的行为。

③ 特别严重情形。骚扰他人的特别严重情形包括但不限于严重影响他人正常生活，给他人身心造成极大伤害，或造成严重恶劣影响的行为。

骚扰他人情节一般的，对网店做屏蔽7天的处罚；骚扰他人情节严重的，对网店每次扣12分；骚扰他人情节特别严重的，视为严重违规行为，对网店每次扣48分。

针对该规则，客服人员在处理与客户之间的纠纷或者客户的异议时，一定不要频繁地联系客户，应该在客户方便的时间，以客户能接受的方式与之取得联系，以免影响客户的正常生活与工作。在无法说服客户时，客服人员也不得以骚扰的方式迫使客户妥协，要做到有礼有节。

除此之外，还有一些规则需要客服人员熟知，如开具发票、虚假交易及出售假冒商品的处理方式等规则。这些规则都可以在相应平台的规则中心首页进行搜索并查看。在天猫规则首页的搜索栏中输入"虚假交易"后，单击"搜索"按钮，搜索到的所有与虚假交易规则相关的内容如图1-13所示。

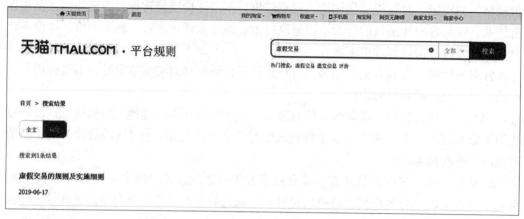

图1-13　搜索并查看与虚假交易规则相关的内容

> **知识拓展**
>
> 　　遵守规则对于网店的正常运营至关重要，网店一旦违规就会被扣分等，在一定时间期限内限制发布商品、进行交易及参加平台营销等活动，严重的会被查封账户。因此，客服人员在上岗前一定要对规则了如指掌，必要时网店可以将一些容易犯错误的规则制作成文档，以便客服人员在工作中随时查询。

3. 物流知识

网店客服还应该了解一些物流知识。

（1）了解不同物流的运作模式。

① 中国邮政邮寄，邮寄分为平邮（国内普通包裹）、EMS，最好还能了解国际邮（包括空运、陆运、水运）。

② 民营快递公司，市场上主要的民营快递公司有顺丰速运、圆通快递、申通快递、韵达快递、中通快递等。

③ 物流货运，分为汽运和铁路运输等。

（2）了解不同物流方式的价格、如何计价、价格的还价余地等。

（3）了解不同物流方式的速度。

（4）了解不同物流方式的联系方式。准备一份包含各物流公司电话的清单，了解如何查询各物流公司的网点，了解各物流公司的邮政编码、邮费查询方式。

（5）了解不同物流方式应如何办理查询业务。

（6）了解不同物流方式的包裹撤回、地址更改、状态查询、保价、问题件退回、代收货款、索赔的处理等事项。

1.3.2 熟练的岗位操作技能

客服人员最主要的工作职责是帮助客户顺利完成交易。因此，在交易过程中，客服人员需要运用平台提供的聊天工具（如千牛、京麦等）与客户进行交流，帮助客户选择商品，回答客户的问题。除此之外，客服人员还需要通过后台操作进行备注，帮助客户修改价格、跟踪订单等。因此，熟练使用聊天工具、进行后台操作是客服人员必须掌握的操作技能。

1. 工具的使用

目前，网购聊天工具有多种，其中最常用的就是千牛和京麦了。这两款软件的功能和使用方法类似，下面以千牛为例来介绍聊天工具的下载安装和使用方法。千牛是淘宝客服人员使用的最重要的沟通工具，不仅具有聊天、接单功能，客服人员还可以通过千牛进行交易管理、商品管理及评价管理等。因此，客服人员必须熟练使用千牛与客户进行交流。千牛聊天记录是淘宝网官方在处理买卖双方纠纷时认可的申诉证据之一。

1）下载与安装

现在网店越来越多，客服人员也随之不断增加，千牛聊天工具的使用也越来越普及。下面详细介绍千牛的下载与安装方法，其具体操作如下。

（1）打开 IE 浏览器，在百度搜索引擎的搜索栏中输入"千牛"，然后按 Enter 键，如图 1-14 所示。

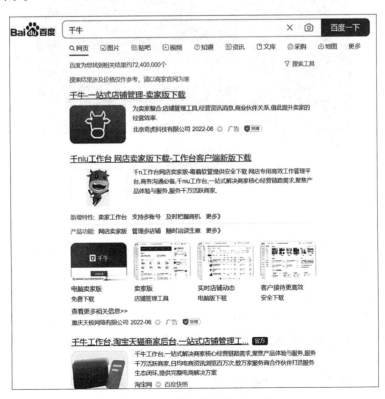

图 1-14 搜索千牛聊天工具

（2）在打开的搜索结果页面中单击第 3 个超链接，进入千牛主页面；单击导航栏中的"下载使用"按钮，跳转至下载页面，其中显示了不同系统的客户端选项，这里单击 Windows 按钮，下载千牛计算机版客户端，如图 1-15 所示。

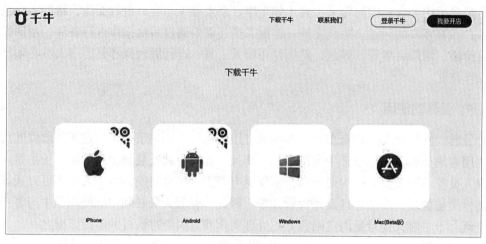

图 1-15　下载千牛计算机版客户端

（3）下载完成后单击"运行"按钮，此时将自动打开"千牛－卖家工作台"安装向导对话框，单击"立即安装"按钮，如图 1-16 所示。

图 1-16　安装千牛软件

（4）软件开始自动安装，安装完成后，立即运行千牛工作台，如图 1-17 所示。在界面中输入申请的淘宝账号和密码，即可登录千牛工作台开始工作。

2）功能说明

Windows 版千牛工作台主要由接待中心、消息中心、工作台及搜索四部分组成，如图 1-18 所示。下面重点介绍客服人员接触最多的"接待中心"的常用功能。

（1）接待中心。单击工具条上的"接待中心"按钮，将打开聊天界面，客服人员就是通过该界面与客户进行交流沟通的。接待中心由联系人窗格、聊天窗格和信息窗格三部分组成。

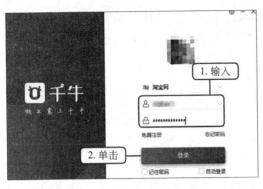

图1-17 运行千牛工作台　　　　　图1-18 桌面工具条

① 联系人窗格。该窗格上方一排按钮从左至右依次为"联系中"按钮、"最近联系"按钮、"我的好友"按钮、"我的群"按钮及"我的团队"按钮，使用这些按钮可以方便客服人员有针对性地找到联系人。找到联系人后，可在右侧的"聊天窗格"中与客户进行聊天。

② 聊天窗格。该窗格显示客服人员与客户的聊天记录。窗格右上方一排按钮从左至右依次为"转发消息给团队成员"按钮、"新建任务"按钮及"视频聊天"按钮；窗格下方一排按钮从左至右依次为"选择表情"按钮、"设置字体"按钮、"发送图片"按钮、"发送文件"按钮、"屏幕截图"按钮、"发送震屏"按钮、"提醒客服评价"按钮、"计算器"按钮、"发红包"按钮、"快捷短语"按钮及"查看消息记录"按钮。该窗格中常用按钮的功能总结如表1-1所示。

表1-1 聊天窗格中常用按钮的功能总结

常用按钮	主 要 功 能
转发消息给团队成员	当客服需要把消费者交接给团队内其他客服接待时，可单击该按钮在打开的提示对话框中选择要交接的客服
新建任务	单击该按钮将打开"新建任务"对话框，在其中可以添加与消费者相关的任务，该任务会在千牛工作台待办事项模块中显示，并且团队中其他子账号在相同位置也有显示，可单击查询
视频聊天	单击该按钮可以与当前聊天对象进行语音聊天或视频聊天
选择表情	单击该按钮将弹出旺旺系统表情，客服与消费者沟通时可以合理选择这些表情，创造和谐轻松的聊天氛围
设置字体	单击该按钮，可以在显示的工具栏中对字体、字号和颜色进行设置。客服在选择字体颜色时，应尽量避免使用一些夸张的颜色，以免让消费者反感
发送图片	单击该按钮，可以进行图片传送操作
发送文件	单击该按钮，可以进行文件或文件夹的传送操作
快捷短语	单击该按钮，将在右侧显示快捷短语窗格，在其中可以进行快捷短语的新建、导入、导出以及分组操作。客服在上岗前，需要按店铺要求统一设置快捷短语，这样就可以减少出错、缩短消费者的等待时间
查看消息记录	单击该按钮，将在右侧显示与当前聊天对象的聊天记录，包括文字和文件内容；也可以单击聊天记录窗格左下角的"打开消息管理器"按钮，在打开的对话框中查看其他成员与消费者的聊天记录

③ 信息窗格。该窗格主要显示客户的基本信息，包括昵称、买家信誉、最近交易及客单价等信息。如果该客户正在浏览当前网店中的商品，那么在该信息窗格中还会显示当前客户的浏览足迹、关注的商品等信息。

> **知识拓展**
>
> 　　进店咨询的客户，第一次都是以陌生人的身份与客服人员进行聊天的。为方便对客户进行管理，客服人员可以将陌生人添加为好友，再进行分组管理。添加好友的方法：单击聊天窗格上方的"加为我的好友"按钮，在打开的提示对话框中设置好友的显示名和所在分组后，单击"完成"按钮，即可成功添加好友到指定分组。

（2）消息中心。单击工具条中的"消息中心"按钮，可打开图1-19所示的"消息中心"界面，其中显示接收到的各种系统消息，如商品消息、千牛消息、旺旺系统消息、售后服务及网店管理消息等。

（3）工作台。单击工具条中的"工作台"按钮，可打开如图1-20所示的"千牛卖家工作台"界面。该工作台界面有网店数据（如店铺管理、宝贝管理、物流管理及插件）的显示。作为客服人员，掌握工作台界面中与交易相关的一些功能是必要的。

图1-19　"消息中心"界面

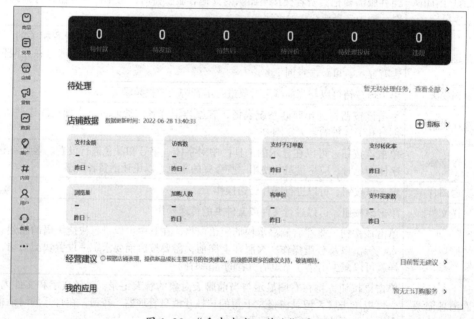

图1-20　"千牛卖家工作台"界面

（4）搜索栏。单击工具条中的"搜索"按钮便可打开搜索栏，在其中可以对常用功能、网址和应用程序等进行查找并快速打开。如图 1-21 所示为通过搜索栏快速打开"商品发布"界面的效果。

图 1-21　通过搜索栏快速打开"商品发布"界面的效果

2. 后台操作

后台是指卖家中心。商家所有关于网店后台经营的操作（如物流管理、宝贝管理及店铺管理等）都通过卖家中心来完成。因此，作为一名客服人员，掌握后台操作方法是必不可少的。但后台操作内容较多，客服人员只需掌握常用的几项操作即可，如营销推广、查询订单、订单改价、备注买家信息、修改买家信息及退款等。

▶▶ 想一想

说一说网店客服需要掌握哪些后台操作。

_____

_____

1）报名参加营销活动

为吸引客户的注意和提高店铺的销量，网店客服可以报名参加一些营销活动，如淘宝官方营销活动，包括聚划算、淘抢购、无线手淘、淘宝群等。淘宝的营销活动有很多种，淘宝平台的活动入口大致可以分为以下两种。

（1）进入"淘宝商家营销活动中心"，单击左侧的"活动报名"选项，就会出现一系列营销活动。

（2）进入卖家中心，选择左侧"营销中心"中的"我要推广"选项，这里也有很多营销活动。

2）查询订单

查询订单是客服人员日常工作中最常用的操作。查询订单的方法很简单，可通过商品名称、买家昵称或订单编号等条件进行查询。下面介绍利用订单编号进行订单查询的方法，其具体操作如下。

（1）输入账号和密码，登录千牛工作台，然后单击页面顶端工具条中的"工作台"按钮。

（2）进入"千牛卖家工作台"首页，在该页面的顶端，集中显示了一排网店基础数据管理与运营的按钮。单击这些按钮，便可进入相应的网页进行交易管理、宝贝管理或物流管理等操作。

（3）单击左侧列表中"交易管理"栏中的"已卖出的宝贝"按钮。

（4）打开"已卖出的宝贝"页面，在其中输入宝贝名称、买家昵称、订单编号等查询条件。这里在"订单编号"文本框中输入要查询的订单编号，然后单击"搜索订单"按钮，便可在"近三个月订单"选项卡中看到搜索结果。

3）订单改价

在网上和在实体店卖东西都一样，经常会遇到讨价还价的客户，这时可以修改最初设定的价格，达到客户的预期，从而完成宝贝的交易，具体操作步骤如下。

（1）登录"我的淘宝"，进入千牛卖家工作台，单击"已卖出的宝贝"按钮，进入"已卖出的宝贝"界面。单击宝贝价格下方的"修改价格"按钮。

（2）在弹出的列表框中修改宝贝的价格，输入折扣，或者单击"免运费"按钮，都可以修改宝贝价格，然后单击"确定"按钮。

（3）宝贝价格修改成功。

4）备注买家信息

在交易过程中，如果客服人员与客户有特殊约定，如赠送小礼物、写祝福卡片等，则可以为订单添加备注。其方法是：在"已卖出的宝贝"页面中，单击订单右上角的灰色"旗帜"按钮，在打开的"编辑标记"页面中进行添加标记操作。选择标记颜色，输入标记内容，添加完毕后单击"确定"按钮进行保存。

5）修改买家信息

在买家拍下商品并完成付款后，有时可能会遇到一些特殊情况，需要修改订单相关信息。此时，就需要客服人员通过后台进行修改，其具体操作步骤如下。

（1）进入千牛卖家工作后台，打开"已卖出的宝贝"页面，在其中找到需要修改的订单，然后单击该订单对应的"详情"按钮。

（2）打开"交易详情"页面，其中显示了当前订单的状态信息，单击"修改收货地址"按钮。

（3）在打开的"修改收货地址"页面中可以对买家的收货地址、收货人姓名及联系电话进行重新设置，最后单击"确定"按钮完成修改。

（4）返回"交易详情"页面，在页面底部的"订单信息"选项卡中单击"修改订单属性"按钮。

（5）在打开的"卖家修改订单属性"页面中可对商品的颜色和尺码进行修改。

（6）成功修改订单属性后，返回"交易详情"页面，此时宝贝属性栏中显示的便是修改后的商品信息。

6）退款

当客户收到商品后不满意要求退货，或者因为商品有瑕疵等原因要求退款时，会发起退货或退款申请。此时，客服人员需要在卖家中心的"交易管理"模块中进行退款操作，其具体操作如下。

（1）进入千牛卖家工作台后，在"交易管理"模块中单击"已卖出宝贝"按钮，进入"已卖出的宝贝"页面。其中显示了最近三个月的订单情况，若出现退款或退货情况的订单，在该订单中会突出显示"售后"按钮，单击该按钮。

（2）进入"退款售后管理"页面，其中显示了退款的原因、金额及货物状态等信息。如果同意退货，直接单击"同意退货"按钮。

（3）在打开的页面中显示了提供给买家的退货地址，确认无误后，商家可以输入退货说明"不影响二次销售"，然后单击"同意退货"按钮。

（4）稍后，系统会出现提示信息，待买家退货成功后，客服人员便可单击"已收到货，同意退款"按钮。

（5）在打开的页面中输入支付宝支付密码和校验码后，单击"确定"按钮。

（6）稍后将会出现退款成功的消息提示。

> **知识拓展**
>
> 商家利用千牛卖家工作台除可以进行交易管理外，还可以进行宝贝管理、店铺管理及物流管理等。其中，宝贝管理主要是对商品进行发布和编辑，店铺管理主要是设置店铺版面、公告及个性动态店标等，物流管理则主要是查看并跟踪订单物流信息。上述这些管理内容的操作方法与交易管理基本相同，如发布商品时，单击"宝贝管理"模块中的"发布宝贝"按钮即可。

1.3.3 不可或缺的基本素质

一个合格的网店客服除要具备理论知识和岗位操作技能外，还需要具备一些基本素质。

1. 良好的语言沟通能力

网店客服首先要有良好的语言沟通能力。因为其不仅需要对客户进行引导，更多的是要让客户有良好的购物体验，所以需要注意一些基本言语技巧方面的事项。在与客户交流的过程中，不要轻易用"肯定""保证""绝对"等词语。因为每个人在购买商品的时候都会对商品有一种期望，如果无法保证绝对满足客户的期望，那么使用这些词语就会使客户失望。

知识拓展

例如，因为每个人的肤质不同，所以售卖护肤品的商家不能保证自己售出的商品在几天或一个月内一定能达到客户的期望；同样，商家也不能保证快递不会误期、丢失或损坏。为不让客户失望，最好不要轻易对客户许诺，用"尽量""努力""争取"等词语的效果会更好。这样既能给客户多一点真诚，也能给自己留一点余地。

网店客服与客户沟通时要创造一种亲切感，而这种亲切感首先来源于称呼。因此，网店客服在与客户沟通时要常用"咱们"之类的词。例如，介绍商品时说"咱们这款商品"，出现纠纷时说"咱们一起来解决"等。这种表述方式会让客户感觉网店客服是自己人，如此就能轻松地促成商品交易，或者能较容易地解决纠纷问题。

知识拓展
常见的话术

（1）任何一个客户进入店铺询问时，第一句话可以是"您好！××欢迎您，很高兴为您效劳！"。

（2）当客户遇到问题时，可以说"您好！请不要着急！我们会帮您解决处理好的！"。

（3）当客户要求改价付款时，可以说"请稍等，我马上帮您改！"。

（4）当价格改好通知客户付款时，可以说"让您久等了，价格已改好，付款后我们会尽快安排发货！"。

（5）当客户完成付款时，可以发送"合作愉快"图片和"再见"图片。

示范案例1-2

客户：您好，我要为我家宝宝买一件羽绒服，麻烦您给我一些推荐。

客服小王：亲，很高兴为您服务！我们店里有多款羽绒服适合您的宝宝，我可以为您介绍一下。

客户：好的，麻烦了！

客服小王：宝宝御寒能力差，咱们要为宝宝选择保暖效果好的，是吧，亲？

客户：是啊，冬天就怕孩子冻着了。

客服小王：您说得太对了，别担心，亲！咱们店里的这款羽绒服是纯鸭绒的，并且是加厚的，能够保证宝宝穿上十分暖和。除此之外，这款羽绒服面料较好，能保证宝宝穿起来感到舒适。亲，您要不要考虑一下？

客户：好的，我下单了。

客服小王：非常感谢您对小店的支持！我们将继续努力，为您提供高质量的商品、优质的服务，欢迎您再次光临！

客服小王在与客户沟通时，选择与买家站在相同的角度，与买家产生了共鸣，最终成功促使客户下单。

2. 良好的心理素质

网店客服的工作内容就是不断与客户进行接触和沟通，在接触和沟通的过程中可能会遇到各种各样的人或问题，这就要求网店客服拥有良好的心理素质。良好的心理素质能够帮助网店客服始终保持高度的工作热情，通过积极的方式来化解矛盾、解决问题。网店客服可以通过以下五种方式来提高自己的心理素质。

（1）善于反思。遇到问题时，网店客服应首先反思自己有什么做得不周到的地方，诚恳地向客户检讨自己的不足，不要指责客户。比如，有些内容在商品说明中写了可是客户没有看到，这时不要指责客户不好好看商品说明，而是应该反思自己没有及时提醒客户。

当网店客服不理解客户的想法时，不妨多问问客户是怎么想的，然后从客户的角度去思考问题。

（2）自我调整。网店客服在工作时需要不断地调整自己的心态，遇到困难和挫折时都不能轻言放弃。网店客服需要有积极进取的心态，主动与团队交流和沟通，学会自我调整。网店客服的宗旨是为客户服务，给客户创造好的购物体验，从而提高客户的满意度。

（3）自我掌控情绪。网店客服每天接待的客户很多，如果遇到一个态度不好的客户，其情绪就可能变得很低落，其他客户询问的时候也会变得不积极、不热情，把不好的一面展现给其他客户，但这是不对的。网店客服需要掌控好自己的情绪，要做到对待每一个咨询的客户时都保持乐观积极的态度，热情耐心地为每一个客户解答问题。

（4）要有较强的应变能力。网店客服在遇到突发事件或与客户意见不合、发生冲突时，一定要保持冷静，要客观有效地控制事件的发展，不要给客户留下不好的印象。网店客服有时会遇到一些蛮不讲理的客户，需要网店客服具备一定的应变能力，特别是在收到一些客户的恶意投诉时，要处变不惊、稳妥处理。

（5）有足够的耐心与热情。在线服务客户时，需要网店客服有足够的耐心。有些客户喜欢问比较多、比较具体的问题，喜欢"打破砂锅问到底"，这也是因为客户有疑虑或比较细心，这时需要网店客服有足够的耐心和热情，细心地回复客户的问题，消除客户的疑虑，满足客户的需要，从而让客户对网店客服产生信任感。

3. 较快的响应速度

客服人员响应时间长短是客服人员是否在线、是否以最佳状态迎接客户的最有力证据。较快的响应速度是网店客服必备的基本素质，客户咨询商品时，是带着问题来的，是想要通过咨询解除疑惑的，所以希望提出问题后立即得到回答。如果等待时间过长，性子急的客户可能直接就走了。网店客服最好在20秒之内回复客户，这样才能及时解决客户的问题，才不会丢失客户、失去生意。

想提高客服人员的响应速度，可以通过加快打字速度和设置快捷回复两种方式来实现。

1）加快打字速度

客服人员一般不需要掌握太高深的计算机技能，但需要熟悉基本的计算机操作，包括熟悉 Windows 系统，会操作 Word 和 Excel 软件，会发送电子邮件，会进行简单的电子文件管理，以及能够熟练地进行网上搜索和查找需要的资料。

在文字录入方面，客服人员至少应该熟练掌握一种输入法，能够实现盲打，并且录入速度不能太慢，一般在 80 字 / 分钟以上，更高级别的客服人员需要每分钟输入 120 个字左右。

2）设置快捷回复

快捷回复包括自动回复和快捷短语回复两种类型。

（1）自动回复设置。如果客服暂时不在座位上，可以设置"自动回复"，不至于让客户觉得自己好像没人搭理。也可以在自动回复中加上一些自己的话语，这样能起到更好的效果。

例如，"您好，我是客服×××，很高兴为您服务，有什么可以为您效劳？""您好，欢迎光临××旗舰店，客服×××竭诚为您服务。"

（2）快捷短语回复设置。提前将常用的句子保存起来，这样在多名客户在线咨询时可以快速地回复。在千牛聊天窗格（图 1-22）中单击"快捷短语"按钮，客服人员便可把客户经常提出的问题答案编辑成短语保存起来，待客户咨询时，通过直接发送快捷短语进行回复。

图 1-22　千牛聊天窗格

项目实训

（1）采用分组的方式进行实训，每 3～5 人为一组，设立负责人一名，负责整个任务的统筹工作。

（2）打开计算机版千牛，在系统设置中设置常用功能的快捷键。

（3）进入"消息中心"界面，查看各种系统消息，如阿里商家零距离、千牛头条及商家营销等。

（4）使用千牛添加联系人，并与客户聊天。

（5）设置自动回复内容，当客服人员不在时可以自动回复客户。

（6）形成实训报告上交教师，教师给予评价。

复盘反思

经过本项目的实施和相关知识点的学习，对比自己总结的内容与知识讲解部分内容是否契合，填写下表完成项目评测，并进行复盘反思。

姓名		班级	
学号		日期	
知识盘点	通过对本项目的学习，你掌握了哪些知识？请画出思维导图：		
任务完成自评	□优秀	做得好的地方：	
	□良好	需改进的地方：	
	□较差	做得差的地方：	
任务完成情况	按照服务类型分类	□熟练掌握，能够口述	□有所了解，能够通过资料进行总结
	按照商务形式分类	□熟练掌握，能够口述总结	□有所了解，能够通过相关信息进行总结

项目评价

经过本项目的分组实训演练,按实训项目评价指标进行学生自评与小组成员互评(按优秀为 5 分、良好为 4 分、一般为 3 分、合格为 2 分、不合格为 1 分五个等级进行评价),并填写下表完成实训项目评测,最后教师给出综合评价。

	评 价 指 标	得分
自评	团队合作精神和协作能力:能与小组成员合作完成项目	
	交流沟通能力:能良好表达自己的观点,善于倾听他人的观点	
	信息素养和学习能力:善于收集并借鉴有用资讯和好的思路想法	
	独立思考和创新能力:能提出新的想法、建议和策略	
组员 1	团队合作精神和协作能力:能与小组成员合作完成项目	
	交流沟通能力:能良好表达自己的观点,善于倾听他人的观点	
	信息素养和学习能力:善于收集并借鉴有用资讯和好的思路想法	
	独立思考和创新能力:能提出新的想法、建议和策略	
组员 2	团队合作精神和协作能力:能与小组成员合作完成项目	
	交流沟通能力:能良好表达自己的观点,善于倾听他人的观点	
	信息素养和学习能力:善于收集并借鉴有用资讯和好的思路想法	
	独立思考和创新能力:能提出新的想法、建议和策略	
组员 3	团队合作精神和协作能力:能与小组成员合作完成项目	
	交流沟通能力:能良好表达自己的观点,善于倾听他人的观点	
	信息素养和学习能力:善于收集并借鉴有用资讯和好的思路想法	
	独立思考和创新能力:能提出新的想法、建议和策略	
教师综合评价	优秀之处: 不足之处:	

项目 2
网店客服售前服务

 **学习目标**

知识目标	• 熟悉售前与客户沟通的原则； • 掌握处理客户咨询的流程； • 掌握打消客户疑虑的方法； • 掌握打消客户对商品的顾虑的方法； • 掌握售前服务的流程
能力目标	• 能够灵活运用沟通技巧和专业知识来解答客户的疑问； • 通过良好的服务态度和充分的售前准备引导客户并最终促成订单
素养目标	• 运用网店客服售前服务的相关知识分析问题、解决问题

 学习计划表

项 目		认知网店客服售前服务	网店客服售前服务常见的问题及处理	网店客服售前服务的工作流程
课前预习	预习时间			
	预习结果	1. 难易程度 □偏易（即读即懂） □适中（需要思考） □偏难（需查资料） □难（不明白） 2. 问题总结		
课后复习	复习时间			
	复习结果	1. 掌握程度 □了解 □熟悉 □掌握 □精通 2. 疑点、难点归纳		

 **项目导读**

  随着互联网时代的发展，在消费市场领域，网店客服行业的价值观也从"以商品为中心"迅速转化为"以客户为中心"，网店将客户体验放在越来越重要的位置。售前体验涵盖了客户选购商品的各个环节，使客户能在整个购物过程中感受到自身的重要性。一次好的售前体验，既能提高客户的满意感，又能培养客户的忠诚度。

2.1 认知网店客服售前服务

售前客服主要从事引导性的服务，如回答客户（包括潜在客户）对商品各个方面的咨询等。客服在售前服务工作中不仅要服务于客户，解答客户的疑问，为客户出谋划策，还要做好营销推广工作，提高商品销量，传递品牌信息，提升客户认同感，使新客户变成回头客，老客户变成高频购买客户。

要想做好这些售前服务工作，首先应树立正确的售前服务理念，熟悉商品信息、促销信息及网店客服售前工作的流程。只有在工作理念和业务知识方面都做好准备，才能在售前工作中做出好成绩。

▶▶ **想一想**

分小组讨论网店客户售前服务的基本要求。

_____

_____

2.1.1 树立售前工作理念

一名合格的客服，首先应理解售前工作的理念，以此理念指导自己的工作。这就像"术"与"道"的关系，"术"是具体的方法，"道"是高屋建瓴的理念，用"道"来指导"术"的方向，才能更好地做事。

1. 树立服务至上的理念

无论是线上还是线下，优质服务都能为企业带来好评和回头客。客服在售前工作中应该树立服务至上的理念，多为客户着想，在客户消费前就提供优质的服务，才能打动客户，让客户愿意下单购物。

例如，家用电器类目中的空调，因空调本身体积较大且安装困难，所以客户不只是关心商品的质量，还会关心是否有送货上门并进行安装的服务。尤其是在网上购买时，客户通常会对送货、安装与售后服务进行反复确认，直到得到满意的答复后才会付款。所以在电商平台中经营大家电类目的电商企业，不仅会在详情页中标注"全国联保、送货入户"等信息，客服还会在售前交流中向客户强调这点，这就是"服务至上"理念在客服工作中的具体体现。

> **课程思政**
>
> 一名优秀的客服人员首先应具备强烈的爱岗敬业精神、饱满的工作热情和认真的工作态度，而后练就善于倾听客户、了解客户、沟通客户的扎实基本功，同时应修炼良好的心理素质，有较强的沟通协调力、洞察判断力、坚忍执着力和自制自控力。

示范案例 2-1

客户： 你们这款空调好评挺多，我也觉得还可以，我想了解一些具体情况。

客服： 亲，您眼光真好，一来就选到我们家的爆款商品。这款空调无论外观、功能，还是服务方面都有亮点。就针对服务来讲，我们在全国各大城市均设有售后服务网点，无论是配送、安装还是维修，都有师傅上门为您服务，而且维修方面还可以做到上午申报、下午上门，下午申报、第二天上门，非常方便的。

客户： 那上门维修还另收钱吗？

客服： 这款空调我们既然敢保修5年，就说明出现功能性问题的可能性很小，只要正确使用，一般不会出现什么问题。当然，如果真的出现了功能性问题，属于我们的责任，维修时是不会收取您任何费用的。不过，如果故障是由于人为操作不当引起的，那么师傅上门维修时需收取一定的成本费用。

客户： 嗯，这很合理。那好的，我现在下单，你们早点发货吧。

客服： 谢谢理解。您下单，我们这边尽量安排今日发货。

再如，销售节日礼品时，客服可以多为客户考虑，推出贴心服务。例如，某客户在七夕节的前几天进店购花，希望按照指定时间送到女朋友手中，此时客服就应该在不违反电商企业规则的前提下，尽量予以方便。

示范案例 2-2

客户： 在吗？亲，这款鲜花是同城配送吧？

客服： 您好，我们花店的地址在××街，支持同城配送、支持快递，也支持上门自提哟。您可以根据您的地址来选择配送方式。

客户： 哦，我也在××街附近。想买花送女朋友，但又怕七夕节那天忘记下单。

客服： 哇，您真浪漫，您的女朋友肯定很幸福，在此提前祝您七夕节快乐。您不用担心七夕节忘记下单，我们店特推出了指定日期配送服务。您可以在七夕节的前几天下单，备注好配送日期，我们定时为您配送。

客户： 你们这个服务好，我今天就下单，你们按照我的配送日期进行配送吧。

即使电商企业没有提供指定时间送货的服务，网店客服也可以记下客户的账号，在客户指定的时间打电话提醒客户下单。这样的服务可以让客户感受到客服的贴心，自然愿意下单和回购。

2. 传递品牌文化

客服在销售过程中应适当宣传自己电商企业的品牌文化、品牌宗旨，这样能让客户对电商企业印象更为深刻。品牌商品的调性、特色及与其他品牌的差异等信息，也可通过客服来传递。

客服可在恰当的时机主动传递品牌信息。例如，客户在询问某款保温杯的保温性能后，客服可以与客户聊聊品牌文化、创业故事等，让客户在了解商品的同时，也了解电商企业的深层内涵，增加客户对电商企业的认同感。

示范案例2-3

客户：（拍下保温杯以后）对了，你们的保温杯品牌为什么叫作××呢？感觉好像女孩子的名字。

客服：（发送一个大拇指表情）您的直觉真准，其实我们品牌名就是我们老板女儿的名字。当时老板正在创业，女儿出生的时候他正在外地厂家那里联系货源，无法赶回来看望妻子和女儿，觉得非常内疚，于是就用女儿的名字作为保温杯的品牌名。老板另外还有一个电商企业，是专门做女士外套的，品牌名是他妻子名字的谐音。可以说我们老板是挺有温情的一个男人。

客户：原来是这样，挺有意思的！

客服：是的，好多客户都这么说呢！对了，您要去我们老板的那个女装店逛逛吗？

客户：好，我去看看他的女装店品牌叫什么名字。

客服：好的，我把名字发给您。

客户听了品牌故事以后产生了认同感，因此，客服抓住时机向客户成功推荐了该电商企业同一品牌的另一个电商企业。这就是充分利用电商企业的品牌故事打动客户，推广品牌或品牌文化的实例。

2.1.2 售前与客户沟通的原则

在网店经营与管理的过程中，客服人员虽然不能面对面与客户沟通，但是在与客户网上沟通的过程中，必须同样注意与客户沟通的原则。

▶▶ 想一想

想一想客服人员与客户沟通时要注意哪些原则？

_____

_____

1. 理性沟通原则

不管与何种类型的客户沟通，客服人员都应保持理性和冷静，不要与客户发生争辩。在网店运营的过程中会遇到各种各样的客户，例如，有的过于挑剔，问几天也问不完；有的对客服人员不太尊重，连提问都采用质问的方式，这些都有可能在沟通过程中让客服人员感到不满。如果客户的行为真的很让人

> **知识拓展**
>
> 在有情绪时不要做出决定，因为在有情绪的沟通过程中常常无好话，既厘不清，又讲不明，也很容易让人做出情绪化、冲动的决定，导致事情发展到不可挽回的地步，从而丢失客户，令人后悔。

生气，那么客服人员需要的就是理性与冷静。不理性只会产生争执，不会有结果，更不会有好结果。

客服人员需要记住，与客户沟通不是参加辩论会，与客户争辩解决不了任何问题，只会使客户增加反感。如果不同意客户的观点就刻意地反驳争论，即使客服人员的观点是正确的，在争论中占尽上风，最终还是会失去客户的。所以客服人员要允许客户发表不同的意见，而不要刻意地和客户发生激烈的争论。客服人员要耐心倾听客户的意见，以诚实、宽容的态度面对这些客户，这样的沟通才能获得良好的效果。

2. 为客户着想原则

在为客户服务时，客服人员应设身处地为客户着想，从客户的角度来看待商品的用途、种类及各项服务等。客服人员首先要考虑如何为客户提供好的服务。事实上，许多客服人员并不了解客户的需要和期望，不了解客户迫切需要的是什么，所以服务质量往往并不理想。

例如，若非自己失误，客户买到的商品不如期望的那么好或者不合适，此时客服人员也应为客户着想，买到一件不适合自己或不太喜欢的商品谁都高兴不起来，因此客服人员不应理直气壮地与客户争论，否则有可能导致客户情绪激动，进而退款或给差评甚至投诉。如果客服人员此时能引导客户，让客户说出症结并给予其合理的建议，相信客户也能心平气和地接受现实。

3. 尊重客户原则

只有尊重客户，永远真诚地视客户为朋友，给客户以可靠的帮助和贴心的关怀，才是面对客户的正确心态，才能让客户满意。得到别人的尊重的需求在人的需求层次中属于较高层次的需求，客户购买商品的过程是一个在消费中寻求尊重的过程。客户对于

> **知识拓展**
>
> 客服人员用耐心、真心、诚心打动客户，同时认真热情、细心周到地服务客户，可以让客户感到温暖愉悦，从而再次光顾店铺。

网上购物活动的参与程度和积极性，在很大程度上取决于客服人员对客户的尊重程度。

客服人员要想让客户满意，就不能只是被动地解决客户的问题，更要对客户的需要、期望和态度进行充分的了解，把对客户的关怀纳入自己的工作和生活，发挥主动性，为客户提供量身定做的服务，使客户得到自我价值感，不仅要让客户满意，还要让客户超乎预期地满意。

4. 信任原则

客服人员在与客户沟通时，最重要的是取得客户的信任。社会心理学家认为，信任是人际沟通的"过滤器"。只有对方信任你，才会理解你的动机；否则，即使你说服他的动机是友好的，也会经过"不信任"的"过滤器"而发生变化。因此，在说服客户时取得客户的信任，对客服人员来说是非常重要的。

信任是客服人员说服客户的关键,只要取得了客户的信任,说服工作就会事半功倍;相反,如果没有取得客户的信任,说服就是无效的。

客服人员从客户的角度出发,站在客户的立场上考虑问题是取得客户信任的前提,只有这样才能想客户之所想,急客户之所急。

> **知识拓展**
>
> 　　在沟通过程中,客服人员友善的态度、高度的热情也能在一定程度上帮助其取得客户的信任。客服人员要注意和客户保持长期的关系,积累信任感,这样有利于以后工作的开展。

2.1.3 售前沟通技巧

对于一个网店来说,售前客服对促成订单起关键作用。售前客服人员除要了解商品外,还要掌握良好的沟通技巧。下面总结出了七种常用的售前沟通技巧。

▶▶ **想一想**

想一想售前客服人员需要掌握哪些沟通技巧,才能让客户愿意购买自家的商品呢?

_____

_____

1. 假设法

当客户有购买商品的意向,但又拿不定主意时,客服人员可以尝试使用"二选一"的技巧。这种推动式的问话技巧,表面上是让客户二选其一,实际上是客服人员在帮客户拿主意,催促客户下决心购买。例如,在线客服人员可以进行如下回复。

参考示例1:"请问您是要那件粉色大衣还是纯白色大衣呢?"

参考示例2:"请问您购买的商品是在周末还是工作日送到您家里呢?"

2. 反问式的回答

反问式的回答就是将问题回抛给客户。当客户问到的某种商品正好缺货时,如果客服人员直接回答客户"没有货了",会让客户感到失望和不满,转而搜索其他店铺的商品,这时客服人员可以运用反问式的回答,不仅可以化解客户的失望,还可能促成订单。

例如,当客户问"你们这款手机有白色的吗",在线客服人员可参考如下示例进行回复。

参考示例1:"抱歉,我们现在只有棕色、蓝色和粉色3种颜色。这几种颜色里,您比较喜欢哪一种呢?"

参考示例2:"您对棕色、蓝色和粉色不满意吗?我们店暂时只有这3种颜色哟,实物比图片更漂亮呢!"

这种向客户回问的方式，会让客户更多地去考虑店铺现有的一些货品资源，从而能够挽留一部分客户。

3. 站位法

有很多客户即使中意某商品，也不会立马下单，就商品颜色、规格及发货日期不停地询问。此时，在线客服人员可以稍微改变一下销售策略，先忽略下单的问题，针对商品的颜色、规格及发货日期等一一进行解答，解决了这些问题后，订单自然而然就落实了。

4. 尝试购买法

当客户想要买某商品，但又担心质量等问题时，客服可以建议客户先买一点试试，有效果再来。当然，前提是客服对自己所售商品有足够的信心，可能刚开始订单数量会很少，但是当客户试用满意后，就有可能促成大订单了。利用这种"试试看"的技巧可以帮助多数客户做出下单的决定。

5. 利用"怕买不到"的心理

大多数客户都有一种心理，那就是对于越是得不到、买不到的商品，他们就越想得到它、买到它。此时，网店客服就可以利用客户这种"怕买不到"的心理来促成订单。比如，客服人员可以这样回复客户。

参考示例1："亲，您好！宝贝折扣最后2小时，喜欢的话抓紧拍下哦！请不要错过机会，2小时后就没有这种折扣价了。"

参考示例2："这种商品只剩最后一个了，短期内不再进货，您不买就没有了。"

参考示例3："我们很少进行这样划算的促销活动，这次机会您一定要把握住哦。"

6. 拒绝让价

有的客户即便知道价格已经很低了，但讨价还价已经成了一种习惯。这些客户除了想实惠地买到商品外，也在享受还价带来的那种成就感。那么，当客服遇到客户议价的情况时，如何在保证售价不变的前提下成功促成订单？下面提供了几种客服人员回复的方式，供大家参考。

参考示例1："非常感谢亲对小店的惠顾！不过，初次交易我们都是这个价格哟！当然，交易成功后您就是我们的老客户了，那么以后不论是您再次购买还是介绍朋友购买，我们都会根据不同金额给予优惠的。"

参考示例2："亲，我们都知道好货不便宜，便宜没好货。其实，我们可以换一个角度来看，最好的商品往往是最便宜的，因为您第一次就把东西买对了，以后不用再花冤枉钱，而且用的时间久，带给您的价值也高，您说是吗？"

参考示例3："亲，同样的东西也是有区别的哦，比如都是汽车，QQ只要几万元，而法拉利要几百万元呢。就算是同档次的东西，也会因为品牌、进货渠道等的不同而有所区别。我不否认您说的价格，但那个价格我们这个品牌真没法做，我也不介意您再多比较一下。如果您最终选择我们，我们会在力所能及的范围内给您提供最优惠的价格和最优质的服务。"

7. 欲擒故纵

有些准客户优柔寡断，虽然对店铺的商品很感兴趣，可是拖拖拉拉，迟迟不做决定。此时，客服可做以下回复，促使对方下决心购买。

参考示例1："亲，您可以再考虑一下哟，也可以搜索其他网店的同类商品进行比较，如果您还有什么问题可以再联系我。"

参考示例2："抱歉呀，亲，现在询单的客户太多了，您可以再考虑一下，有任何问题都可以再找我，我一定为您耐心解答！"

2.2 网店客服售前服务常见的问题及处理

接待客户是售前客服最重要也是最主要的工作。在与客户沟通的过程中，客服人员需要对客户进店后的每一个环节进行把握，让客户在各个环节都能享受到专业、贴心的服务。

2.2.1 处理客户咨询

客服人员在日常工作中遇到最多的就是客户的咨询。尽管客户在咨询时不会像投诉时情绪那么激动，但客服人员仍要小心应对，不仅要用专业的业务知识熟练地解答客户的疑问，而且要注意遵守工作程序和善用沟通技巧，为客户提供高效的服务，否则也会引起客户的不满。

▶▶ 想一想

当客户进店咨询的时候，处理客户咨询的基本技巧有哪些？

_____

_____

1. 记录问题

客户提出问题时，客服人员一般要对问题进行记录，原因在于两个方面：一方面，不一定马上就能解答出这些问题，需要研究后再回复客户；另一方面，记录下来的问题的答案还可以丰富快捷回复用语，为以后解答类似问题奠定基础。

下面是客服人员在面对客户提问但不确定答案时采用的先将问题记录下来，然后回复客户的方式的案例。

> **示范案例 2-4**

客户：您好，这件"现代套装组合皮布沙发"怎么样？

客服：您好，这件商品卖得很好，您可以放心购买。

客户：那就好。我想问一下，这件商品有多高、多宽？怎么安装？运输过程中会不会出问题？快递能否送货上门？

（客户连续问了好几个问题，客服人员因为对其中一些问题的答案不是十分确定，于是马上答复：非常抱歉，我是新来的，不太了解具体情况，我3分钟后回复您，可以吗？）

（3分钟后……）

客服：您好，您问的几个问题的答案是这样的……

（客服人员一次性回答完客户的所有问题。）

客户：谢谢你。

在与客户沟通交流的过程中，养成及时记录的习惯很有必要。因为客服人员不可能做到过目不忘，如果忘了，再次求证可能会引起客户的不满意，所以及时记录客户的问题，客服人员就不会有所遗漏，从而能够有效避免再次求证让客户感到不满意的情况发生。在记录的过程中，对不理解的地方要及时向客户询问和确认。

2. 分析问题

客服人员可能会遇到客户提出的各种各样的问题，因此必须具备一定的问题分析能力。客服人员只有准确把握问题的实质，才能给出客户想要的答案。

客服人员只有准确分析客户的问题，对症下药，才会对提高客户满意度起到非常重要的作用。分析问题首先要准确理解客户的语意，客户经常会表达不清或者说的并不是问题的实质，客服人员要仔细分析。

下面是客服人员在回答客户问题时分析客户问题的案例。

> **示范案例 2-5**

客服：您好，请问有什么可以帮助您的吗？

客户：你好，我从你们店里买的电热咖啡壶怎么不保温，而且煮出来的咖啡也不香呢？

（客服人员心想：我们的电热咖啡壶的质量很好，一般不会出现不保温的情况，可能是客户操作不当引起的，于是开始询问客户。）

客服：这样啊，请问您把水放入电热咖啡壶后，有没有持续通电呢？

客户：哦，这时候还要通电呀，那我明白了，可我煮的咖啡怎么不香呢？

（客服人员心想：导致咖啡不香的原因比较复杂，可能是所用原材料的问题，也可能是客户煮咖啡的方法不对，还可能是客户的口味独特，但和我们的电热咖啡壶一般不会有太大的关系，这是一个客户期望过高的问题，我不能给他提供可行的解决方法，只能让他高兴一点，以免给他留下不好的印象。）

客服：哦，请问您用的是什么咖啡豆？

客户：我用的是从牙买加进口的蓝山咖啡豆，很好的！

客服：嗯，看来您确实很喜欢咖啡，建议您将咖啡豆磨得更细一些，味道可能会好点，您有没有尝试过速溶咖啡？

客户：嗯，煮出来的速溶咖啡的味道倒是挺好的。

客服：哦，速溶咖啡固然好喝，但是用自己磨出来的咖啡豆煮的咖啡喝起来可能更有成就感，您有时间可以在网上查找一些相关资料以获得更好的煮咖啡的技巧，因为我对煮咖啡也不是特别在行，这里也不能给您提供更多的建议了，不好意思。

客户：哈哈，没关系，已经很感谢你了。

3. 立即回答

如果客户咨询的问题是立即就能够回答的，这时客服人员就不要含糊其辞，应尽快告诉客户他所需要的信息。

在下面的案例中，客户咨询的是一个比较简单的关于商品的问题，客服人员立即回答了，且达到了客户的预期。能够当场回答的问题，客服人员应热情、高效地回答客户。客服人员回答问题时应注意自己的表达方式，要尽量将答案说清楚，让客户听明白。

示范案例2-6

客服：好，这里是×××店，请问您有什么需要帮助的吗？

客户：你好，我有个问题想要请教一下。

客服：请教不敢当，您有什么问题就直说吧，很高兴为您服务。

客户：我买了一套你们的家电，现在安装完成了，我想问一下这种电器需要磨合吗？

客服：需要的。

客户：磨合期是怎么算的呢？

客服：我们这种电器对磨合的要求不是那么严格，您只需要在前期的使用过程中适当注意就可以了，磨合期大概在一星期以内，在磨合期不要高功率运行，也不要突然关机，尽量保持平稳匀速运转。

客户：哦，我明白了，这种电器的前期磨合对后期使用的影响不大吧？

客服：不会特别大，但也有一定影响，我建议您还是尽量按照说明书来操作。

客户：好的，我明白了，谢谢！

客服：不客气。

4. 配合处理

在某些情况下，客户咨询的问题是客服人员一个人无法答复或客服人员的回答是无法让客户满意的，可能需要同事或者上级的帮助，这时客服人员就应向同事或上级积极求助，共同解答客户的问题。

有时候客户因不信任客服人员，执意要与此客服人员的领导沟通，客服人员应极力劝说客户相信自己，如果实在无能为力再寻求上级的帮助。

> **知识拓展**
> 客服人员完成为客户提供咨询服务的工作后，还要注意客户对结果的满意程度。不要不顾客户的感受自说自话，一定要确保客户听明白了自己所讲的内容，获得了他想要的信息。

下面是客服人员配合处理客户问题的案例。

示范案例 2-7

客服：您好，我们是×××家居店，请问有什么需要帮助的吗？
客户：你好，我想咨询一下，购买你们家具的程序是我们先下订单，然后你们生产吗？
客服：是的，我们将根据客户的订单生产、加工家具。
客户：那要是按我们设计好的样式呢，也能生产吗？
客服：这正是我们店的最大特色之一，我们可以生产出客户想要的家具。
客户：这样挺好，那你们是不是也会承接来料加工的业务呢？
客服：对不起，这个我需要问一下领导才能给您答复，请您耐心等待一下好吗？

客服人员向领导咨询完后再给客户答复。客服工作是以使客户满意为标准开展的，咨询服务更不例外，因此客服人员在服务即将结束时不能忘记询问客户的感受。

5. 整理记录

客服人员在处理客户咨询时，最后一项工作就是整理记录，对于客户提出的一些比较新颖的问题，无论能否给予比较完美的回答，都应整理记录并将问题的答案归入快捷回复用语，以便以后共同研究对策或供下次遇到类似问题时借鉴。

> **课程思政**
> 作为客服人员，职业道德是从事电子商务行业的最高行业准则，应主动坦诚、关爱客户，具备值得信赖的职业修养和创新进取的超越意识是电商企业人的最高素养。

客户经常会咨询一些在客服人员看来比较怪异的问题，但这些问题可能对客户来说很重要，如果客服人员不能回答就可能面临客户的流失。所以客服人员要把这些问题记录下来，寻求答案以备下次借鉴。

2.2.2 商品推介

客服人员应熟悉自己的商品，了解商品的优缺点，巧妙地利用商品本身的优点去推荐该商品，而对于商品的缺点只需进行温馨提醒即可，这样才能销售更多的商品。

此外，客服还应熟悉店内、店外的各种促销活动，如店内的满减、满赠活动，平台的聚划算、免费试用等活动，在适当的时候告诉客户，这样可以增加商品的销量或提高客单价。

1. 熟悉商品信息

商品相关的专业知识是一个客服应该掌握的最基本知识，否则解答不了客户的疑问，客户是不会下单购买的。

客服需要了解的商品专业知识不仅包括商品本身的信息，还包括商品周边的一些信息。

（1）商品本身的信息。客服应当对商品的种类、材质、尺寸、用途、使用注意事项等都有所了解，最好还应了解行业的有关知识、商品的使用方法及修理方法等。例如，客户询问某款呢子衣服会不会起球，客服不能想当然地回答"会"或"不会"，正确的做法是按照电商企业下发的资料来说明"会"或"不会"。如果会起球，还需向客户讲明是什么成分、什么原因导致起球，起球后应该如何处理等。

（2）商品周边的信息。商品周边的信息也很重要，如某些商品可能不适合部分人群，或者某些商品是以发明人的名字或与商品有关的故事情节、历史背景等来命名的，客服都应该向客户适时解释清楚，这样更能获得客户的认同。例如，某款玩具因为体积较小，可能会被幼儿吞咽而造成危险，故不适合 5 岁以下的幼儿玩耍；某款商品的发明过程中有怎样的趣事，等等。这些商品周边的信息也会增加客户对商品、品牌或电商企业服务的认同感。

为帮助客服巩固对商品知识的记忆，客服主管可以对客服进行月考，重点考查商品本身的信息，如颜色、尺寸、编码、卖点等内容，并对成绩优秀者进行适当的奖励，以激励客服自主自发地熟悉商品的信息。

2. 熟悉促销活动

为提高客单价和电商企业整体的销量，客服应熟悉店内的促销活动，在必要时向客户传递最近的商品促销信息，促使客户下单。例如，每年的"618""双 11""双 12"等节日，电商企业一般都会参加平台的促销活动，在电商企业的周年庆也会开展一些优惠活动。虽然在电商企业首页或详情页里会有具体的促销信息，但部分客户可能仍然会忽略。所以在客户询单时，客服可视情况将促销信息告知客户，提高客户下单的可能性。

例如，蜂王浆虽然营养价值极高，但其口感较为特殊，如果直接服用，不少人都感觉不太适应；如果混合蜂蜜服用，则可改善口感。如果客户询问蜂王浆的信息，客服就可以改善口感为由将店内促销的一款蜂蜜推荐给客户。

示范案例 2-8

客户：你好，你们的这款蜂王浆好不好？

客服：您好，欢迎光临小店，我是客服×××。我们的这款蜂王浆是野生且新鲜提取的，颜色和光泽都非常好。您如果懂行，是很容易鉴别出我们的蜂王浆与一些工业高产蜂王浆的区别的。

客户：嗯，图片和视频看着都还可以。

客服：而且我们店内还有一款野生蜂蜜，是新品，最近在做活动，购买店内的任意商品就可以5折价购买新品蜂蜜哟！您如果常吃蜂王浆，应该知道蜂王浆虽然营养价值极高，但口感比较特殊，有的客户表示吃不习惯。如果将这款新品蜂蜜与蜂王浆混合服用，口感会改善很多呢！

客户：我之前也买了蜂蜜混着蜂王浆吃，是要比单吃蜂王浆好多了。那你把新品蜂蜜的资料发给我看看吧！

客服：好的，我马上把链接发给您。

2.2.3 打消客户疑虑

在购买商品的过程中，大多数客户经常会心存疑虑。这时，客服人员应该主动发现并打消客户的疑虑。在交易过程中，打消客户疑虑是至关重要的，只有当客户对商品或服务完全信任，没有任何疑虑时，沟通才算是成功的。

▶▶ 想一想

你知道客户在下单之前一般有哪些疑虑？

---

1. 打消客户对售后的疑虑

将店铺运营好的关键，不仅是出售高品质的商品，更重要的是提供超一流的售后服务。每个店铺卖的东西不一样，但是或多或少都会涉及售后服务。客户可能在购买商品的过程中对售后存在疑虑，客服人员可以采取有吸引力的售后保证措施，打消客户的疑虑。采取售前信息告知的方式可以打消客户对售后的疑虑，这种方式分为以下两种。

第一种售前信息告知方式是，在沟通的时候将售后信息直接告知客户。大部分客户在决定购买一件商品前总会有一些疑虑，一般会通过向客服人员咨询来打消疑虑。在这个过程中，客服人员向客户传达店铺的售后信息，客户会更容易接受，如图2-1所示。

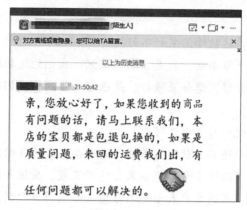

图 2-1 将售后信息直接告知客户

图 2-1 中的回答看似简单,却传达了很多信息:首先说明了买卖双方应该在什么情况下承担什么责任,其次明确告诉了客户任何质量问题都可以解决。

第二种售前信息告知方式是,在商品描述页面或店铺的其他页面中将售后信息公布出来。在店铺中公布售后信息,不仅可以传达给客户一则信息——店铺有健全的售后制度,让客户对店铺产生信任感,而且这则信息也会随着交易的达成而成为一种承诺,让客户进一步对店铺产生信赖感,如图 2-2 所示。

| 保修售后 | 物流发货 | 关于发票 | 注意事项 |

小狗的产品都可以享受中央维修服务!中央维修有两种方式:一种我们安排顺丰上门取件,维修好后给您发出;另一种是针对简易情况,给您补寄配件,您按照小狗专业的拆装视频自主更换配件。两种维修方式您都只需拨打 4006-×××-××× 即可。

保修分类	国家保修标准	小狗中央维修标准
整机	1年	2年
电机	3年	3年
电池	6个月	2年
尘袋、过滤网类	非保修内容	非保修内容
保修要求	非人为损坏	不区分责任

中央维修是什么?
是小狗首创的售后保修模式,并于2014年10月15日在盘古七星举办大型发布会,中央维修具备如下特点:
双向物流费、维修费、零部件费等在保修期内,一切费用全免。
人为损坏,照样免费修,不区分责任。
一切解释权归用户所有,用户说了算。

如何订购机器配件?
保修期内将为您免费寄出在保配件,您可以直接联系小狗吸尘器全国售后电话
4006111××× (热线服务时间:9:00 — 20:00),将有专人为您处理;
购买非保修或保修期外配件,您可直接关注"小狗吸尘器"公众号联系在线客服为您提供专业解答。

图 2-2 售后信息

2. 打消客户对包装的疑虑

▶▶ 想一想

怎样打消客户对包装的疑虑?

_____

_____

网上购物需要通过物流运输,客户才能拿到商品。包装是物流运输中必不可少的环节,商品在运输途中难免会磕碰,质量差的包装容易在运输过程中破裂而导致商品损坏,所以会有很多客户对这一环节极不放心。如图2-3所示,在商品描述页面中,商家添加了包装信息,清楚地说明了商品的包装与运输过程,以及防压的包装设计,打消了客户对包装的疑虑。

图2-3 打消客户对包装的疑虑

当客户拿到商品时,最先看到的是包装,所以要给客户留下一个非常好的印象,减少他们挑毛病的机会,首先就要包装好商品。

知识拓展

美观、细致的包装不但能够保护商品安全到达客户手中,而且能够赢得客户的信任和喜爱。

3. 打消客户对物流的疑虑

▶▶ 想一想

怎样打消客户对物流的疑虑?

_____

_____

选择一家好的物流公司对店铺来说很重要，选择物流公司是新网店成长路上重要的一步。不管采用什么运输方式，都要更多地考虑安全方面的问题，不管是买方还是卖方，都希望通过一种安全的运输方式来运输商品。如果运输方式的安全性没有保障，就会引发一连串的问题，并且还会影响网店的生意和信誉。

如何选择一家令客户放心的物流公司呢？可以直接使用淘宝网推荐的物流服务商。目前与淘宝网合作的物流公司有申通快递、国通快递、中通快递、顺丰速运、韵达快递、全峰快递、中国邮政等。

将物流信息传达给客户，解决客户最关心的一些问题，这样的信息可以很好地打消客户对物流的疑虑。

如今选择方便快捷的物流公司已经成为众多店铺发货时的首选，不过在享受便捷服务的同时，快递费也成了网店经营中一笔不小的开支。在商品质量和价格相同的情况下，客户肯定会选择快递费相对较低的网店。

4. 打消客户对质量的疑虑

当客服人员向客户销售商品时，许多客户会抱怨商品的价格过高。首先，客服人员要对店铺的商品有充分的了解。客服人员应广泛收集与商品相关的资料，如其他客户的购买记录、客户对该商品的评价，以及商品获得的各项荣誉和专利技术证书等，从而让客户觉得商品的质量有保证。

▶▶ **想一想**

怎样打消客户对商品的顾虑？

_____

_____

客户有时会对商品质量有所顾虑，不愿下单。客户表面上是怀疑商品的质量，但实际上是对网店和客服人员不信任，所以处理好这个问题的关键是要取得客户的信任，让客户相信客服人员。客服人员只用简单空洞的语言向客户介绍商品，是难以真正取得客户信任的。以下方式都是不合适的。

例如，"您放心吧，质量都是一样的""都是同一批货，不会有问题的""都是一样的东西，不会有问题的""都是同一个品牌，没有问题"。

客服人员应坦诚地告诉客户商品特价的真正原因，以事实说服客户，同时以特价商品实惠、划算的特点作为引导客户立即购买的催化剂。当客服人员行为坦诚、语言真诚，并且表现得敢于负责的时候，往往很容易取得客户的信任。

客服人员这时可以采用如下语言来打消客户对商品质量的顾虑。

例如，"我能理解您的这种想法，不过我可以负责任地告诉您，这些特价商品确实都是正品，我们只是为了回馈老客户而进行特价促销，但其质量和正价商品是一模一样的，您完全可以放心挑选"。

又如，"您有这样的想法可以理解，不过我可以负责任地告诉您，这些促销商品都是品牌正品，只是因为这个款式已经断码，所以才成了特价促销商品，但其质量和正价商品是一模一样的。您完全可以放心地拍下，商品的质量请您放心"。

5. 打消客户对价格的疑虑

网店运营一定要充分利用老客户资源，老客户回购在网店整体销量中占的比例直接反映了该店铺的竞争力水平。如果确实不能再降低价格，而老客户还强烈要求价格优惠，为留住老客户，可以通过会员制营销、包邮、赠送小礼品等方式来达到维护老客户的目的。

客户只有感到满意，才有可能回购，这种"满意"在更大程度上取决于客户消费时的感受和体验。如果在消费过程中客户的感受是美好的，那么客户就会有重复消费的可能。客服人员的最终目的应该是把客户对网店和商品的信任一起卖给客户，让客户成为网店的长期支持者，形成属于自己的老客户群，并且通过老客户的介绍为网店带来更多的新客户。

当老客户要求价格再优惠点时，客服人员可以采用如下语言来回复。

例如，"亲，真的很谢谢您这么长时间以来对本店的一贯厚爱与支持。作为老客户，我想您一定知道我们的价格一直是非常实在的，并且我们的商品面料精细、做工精良，售后服务等方面也都非常完善，其实这也是本店赢得很多像您这样的老客户厚爱的重要原因。毕竟价格只是决定您是否购买的一部分因素，如果东西您自己不喜欢的话，我想再便宜您也不会考虑，您说是吗"。

又如，"谢谢您这么多年来对我们的支持，其实您也知道每家公司打折的原因都不一样，我们更关注的是能够提供什么品质的商品和服务给客户，毕竟价格只是决定您是否购买的一部分因素，如果东西您自己不喜欢，我想再便宜您也不会考虑，您说是吗？像您看上的这款商品就非常适合您。要不我们再赠送一个实用的小礼品给您吧。"

如果遇到客户买多件商品要求打折的情况，客服人员可以首先认同对方的感受，然后通过商品的不同之处、优越性及有力的质量保证等来说服客户，让客户知道物有所值。如果对方还是不依不饶，则可以向店主申请或者以附加赠品等方式达成交易。客服人员一定要让客户感觉到自己已经在尽力帮助他解决这个问题了，并且语气要真诚、态度要诚恳，这样即使最后没有做出任何实质性的让步，客户也会明白客服人员确实已经尽力了。很多客户其实并不一定就是为了得到折扣，关键是他要有一个购买的理由。因此可以采用以下语言来回复客户。

例如，"您好，我可以理解您的这种心情。如果我是您，我也会认为多买几件就应该得到一些折扣。不过我们店的商品价格都是实实在在的，所以还要请您多理解和支持我的工作。不过考虑到您的情况，这样吧，我送您一个很实用的赠品，您看行吗？"

2.2.4 熟知第三方平台规则

为更好地维护电商平台的交易秩序，有效地保障电商企业和客户双方的利益，促进平台的良性发展，各个电商平台都制定了相应的规则，以约束交易双方的行为。客服作为直接与客户联系的电商企业工作人员，只有熟练掌握平台规则，才能促进电商企业在平台上安全健康地发展。

各个电商平台都有自己的规则，如电商企业入驻规则、商品发布规则、商品交易规则、物流规则等。客服应该熟悉自己负责的平台的规则，不然既无法指导新客户进行下单或付款，又可能会因为不了解规则而触犯规则，为电商企业带来不必要的麻烦。

▶▶ **想一想**

客服需要了解电商平台哪些规则？

_____

_____

具体而言，客服应了解的平台基本规则包括电商企业入驻、开店上新、交易规则、物流规则、评论规则。这些规则没有轻重缓急之分，都很重要。作为一名客服，尤其需要熟悉交易规则，才能快速地为客户解决购物疑问，也避免自己在工作过程中出错。

1. 发布规则

在发布商品时，需要进行选择类目、设置关键词、描述商品等操作。电商企业应该严格按照平台规则操作，不能为了吸引流量而违规操作。具体而言，发布规则中应注意以下三个事项。

（1）正确选择类目。电商平台规定，所有商品应设置正确的分类，便于平台管理与展示，也便于客户按类浏览。商品的详细分类有很多，如女装、男装、日用品等。部分电商企业会为了让商品有更多的展示机会，而将商品错误地设置为一些热门类目。实际上，这种方法不可取，因为一旦被平台发现，会受到平台的处罚，得不偿失。

（2）商品关键词设置要合理。关键词对商品名称的意义重大，并且直接影响商品搜索排名，这让很多电商企业不得不深入研究关键词的设置技巧。但是，有的电商企业因为急于求成，为商品名称添加了一些不合理的关键词，反而影响了搜索效果。这里的不合理一方面是指违反平台规则，用违规关键词；另一方面是指挑选了错误的关键词。常见的关键词使用误区包括最高陈述词、生搬硬套关键词及频繁修改商品标题等。例如，平台中如果没有完整的标准来衡量最高等级，一般就不允许电商企业在关键词中加入最高陈述词，类似"最好""最适用""最舒适"等词汇。

（3）描述要与商品实物一致。电商企业所发布的商品的标题、图片、价格、描述等信息缺乏，或者多种信息与实物不一致，都会被平台判断为"标题、图片、价格、描述等不一致商品"，电商企业也会受到相应的处罚。

2. 交易规则

如果电商企业为提升商品排名使用虚假交易、重复电商企业或更换商品等违反平台规则的方法，被平台发现后电商企业会被处罚，轻则扣分、强制下架商品，重则降权甚至封店，因此电商企业一定要对平台的交易规则，尤其是禁止的作弊行为有所了解，才能避免被处罚。交易规则中的重点注意事项包括虚假交易、换商品、价格不符等，如表 2-1 所示。

表 2-1 交易规则中的重点注意事项

规则名称	定 义	举 例
虚假交易	虚假交易是指电商企业通过虚构或隐瞒交易事实、规避或恶意利用信用记录规则、干扰或妨害信用记录秩序等不正当方式获取虚假的商品销量、电商企业评分、信用积分或商品评论等不当利益的行为	➢ 电商企业注册多个账号，用其中一个账号在另一个账号电商企业中购物 ➢ 为提高销量进行不发货的虚假交易等
换商品	换商品是指通过编辑商品类目、品牌、型号等关键属性，使其成为另一款商品的商品要素变更。很多电商企业发现，某些商品的关键词搜索排名靠前，被搜索到的概率也比其他商品大。但是鉴于自己电商企业中没有该商品，于是直接用热门商品信息替换为另一种商品继续销售，其目的是让这个替换的商品获得更高的搜索权重，这种行为被平台发现后，电商企业会受到处罚	➢ 将商品 A 修改为完全不同品类的商品 B ➢ 将商品 A 修改为完全不同品牌的商品 B ➢ 将商品 A 修改为完全不同型号的商品 B，或将翻新机换成全新机
价格不符	价格不符是指发布的商品的定价不符合市场规律或所属行业标准，滥用网络搜索方式实现其发布的商品排名靠前，影响平台正常的运营秩序	➢ 利用远低于市场价的价格发布某件商品 ➢ 一口价与描述价格严重不符 ➢ 以批发价作为一口价发布，且该一口价并不能真正购买到单个商品

除以上规则外，还有物流规则、活动规则等，电商企业在加入一个新平台时要注意阅读该平台的规则，并且要严格执行。

尤其不容忽视的是，各个电商平台都有相应的规则页面，电商企业在入驻一个新平台之前，应该仔细阅读该平台的规则，并督促负责该平台的客服熟悉相关规则。

> **知识拓展**
>
> 不同电商平台的规则不同，客服在查看规则时，可主要查看与商品交易相关的规则，避免在工作中失误，给电商企业造成损失。例如，部分平台规定不能提及其他平台信息。如果客服没有注意到，在与客户交流时谈到其他平台，可能会给电商企业带来不必要的损失。

作为一名合格的客服，应该将各平台的规则页面收藏起来并定时阅读，一方面是为复习规则；另一方面也是为能够在平台更新规则时，第一时间了解并学习。

2.3 网店客服售前服务的工作流程

> ▶▶ **想一想**
>
> 说一说你所知道的网店客服售前服务的工作流程包括哪些内容?
>
> _____
>
> _____

售前客服的接待流程大致包括9个环节:礼貌问好、答疑推荐、关联推荐、推动下单、催促付款、订单确认、正面评价引导、备注交接、礼貌告别。其中,关联推荐、推动下单和催促付款是最为重要的环节,也是最有难度的环节,客服需要重点掌握。

2.3.1 礼貌问好

第一印象在人与人之间的交往中有很大的影响,有时候第一印象会终生存在于两个人的交往中。在电商企业交易中也是这样,当新客户第一次进店咨询客服时,如果客服给他(她)留下了礼貌热情、尽心尽责的正面印象,那么他(她)就有很大可能会变成回头客。对于老客户而言,如果每次进店咨询都能受到热情的接待,自然也会增加对电商企业的黏度。

在客户咨询时,向对方礼貌问好是客服给客户留下第一印象的最好时机。礼貌问好要注意以下几点。

1. 礼貌热情

礼貌热情的招呼会让客户感到心情舒畅,从而增加客户下单的可能性,这是因为客户在受到热情招待以后,就会减少抵触心理和逆反心理,比较容易接受客服的推荐。客服切忌死气沉沉、问三答一,有的客服甚至习惯使用一两个字来回答客户,这样会给客户留下非常不好的印象。

有一些资深客服曾经总结出这样一个经验:在客户进行购前咨询时,客服回答客户的文字数量最好等于或者超过客户问题文字的数量,这样会让客户在潜意识中觉得自己受到了重视。

> **示范案例 2-9** ▶
>
> **客户:** 你们店里的招财猫挺有意思的,请问一下是充电型的还是插电型的,或是太阳能型的?
>
> **客服:** 亲,我们店里的招财猫都是充电型的,电池为 2 000 毫安,充一次可以用两三周呢,非常方便哦!

客户面对这样的回答，一般来说都是比较满意的。如果客服只是简短地回答"亲，是充电型的"，给客户的印象就大不一样了，客户会觉得受到了冷遇，很可能就会流失。

而在客户重点阐述问题时，客服最好不要再回应较多的文字，而应以简短的文字鼓励客户继续说下去。

2. 服务用语统一

如果电商企业中客服较多，应事先统一服务用语。实践证明，多使用"您""咱们"等词汇可以有效地拉近双方的距离。另外，统一的服务用语也有利于给客户留下电商企业管理规范、客服训练有素的良好印象。

3. 风格独特

在电商企业竞争日益激烈的今天，如何给客户留下独特的印象也成了一个重要的研究课题。在电商企业的整体装修、详情页的精心布局之外，客服独特的说话风格也可以给客户留下深刻的印象。

一般的客服都是用一种彬彬有礼的语气与客户交谈，这种风格本身没有什么问题，但因为大家都在使用，所以难以给人留下深刻的印象。下面总结几种独特的谈话风格，供参考。

（1）卖萌型。卖萌是一种比较受年轻网友喜欢的交谈风格，一般都能够迅速博取客户的好感。例如，"亲，在的呢""好哒""嗯嗯""明白了"等词句就能起到卖萌的作用。

注意：卖萌要有度，过度卖萌会引起客户的反感。此外，在交谈中使用一些表情符号也能起到卖萌的作用。

（2）江湖型。武侠文化在中国人的意识中可谓根深蒂固，因此，具有武侠风味的交谈风格也很容易被客户接受。例如，称呼客户为"客官""大侠"，客服自称"小二""小女子""本姑娘"等，称呼自己的电商企业为"小店""鄙店"等，让客户觉得有趣，自然也就给客户留下了深刻的印象。

（3）幽默型。幽默的人总能给他人留下深刻的印象。不过要保持幽默的交谈风格，对客服的个人素质要求较高，较难通过培训达到目的。可以说幽默的客服是可遇而不可求的。

这里只讲解了一些比较常见的有趣的交谈风格，店主应该鼓励客服自行创造各种有意思的交谈风格，以便给客户留下深刻的印象，前提是一定要把握好度。

2.3.2 答疑推荐

客户到店中进行询问，一般是因为以下两种原因：一种是客户已经看中了一件商品，需要找客服了解更多的情况，或者有一些疑问需要客服进行解答；另一种是看中了店内的某类商品，需要客服帮助从中选择。

1. 为客户答疑

一般来说，客户在通过商品详情页了解了商品后，仍然会存在一些疑问，需客服详细解答。在一些电商平台中,当客户浏览过某商品后再联系客服,系统就会发送一个该商品的链接和商品缩略图。客服可根据该链接与缩略图了解客户关心的是哪件商品,在回答问题时就可以做到心中有数。

> **知识拓展**
>
> 　　客服人员可以依据浏览足迹分析需求,在千牛接待中心的信息展示区单击"商品"按钮,在展开列表的"足迹"选项卡中查看客户浏览过的商品,以此了解客户的喜好。另外,客服人员在向客户推荐商品时,一次推荐几款更有利于成交,因为推荐一款商品是买与不买的问题,而推荐几款商品则是买哪个的问题。此外,客服人员在推荐商品时,要注意安排商品的顺序。

　　客服在回答客户关于商品的问题时,要抓住关键词进行详尽而不啰唆的回答,具体应注意以下两点。

　　(1)多条排序。当答案包含好几个点时,可以用数字序号将它们分开排序,这样会显得有条有理,便于客户阅读和理解。如果不分开排序,看上去就是一堆文字,不利于客户阅读。

> **知识拓展**
>
> 　　优秀的客服人员会对客户做到有问必答,在解答客户提出的疑问时,会对客户进行一定的引导,同时了解客户内心存在的其他想法。

　　(2)长文分段。当答案太长时,可以适当分段,观感会好很多。而不分段则是一大堆文字,客户看到可能会感到厌烦。

2. 为客户推荐商品

　　有些客户进店询问时,并没有看上特定的商品,而是看上了店里某类商品,需要了解这类商品的细节,或者需要客服帮助选择。下面是某客户想要购买防晒霜,进店咨询客服的案例。

示范案例2-10

　　客户:老板,请问一下去高原旅游买哪款防晒霜合适啊?

　　客服:亲,高原紫外线强烈,建议您选购防晒系数较高的防晒霜。推荐您看看×××这一款,防晒系数为100,而且防水防汗,双重抗紫外线,适合去高原、海边和长时间户外运动的人使用。在我们店买过的客户反馈都很好呢!

　　(客服发送一张好评截图)

　　客户:那行,就这一款吧!

　　客服要切实地站在客户的角度进行考虑,还可以将其他客户长期使用的反馈信息告诉客户,尽量帮助客户将选择范围缩小。如果客户不太挑剔,也可以直接帮客户确定商品。

2.3.3 关联推荐

关联推荐是指向客户推荐与客户所要购买的商品有一定联系的其他商品,以提高客单价。例如,当客户在实体服装店购买西装时,导购人员通常会询问客户要不要购买衬衣和领带,此时,衬衣和领带就是西装的关联商品;当客户购买奶瓶时,导购人员也会给客户推荐奶瓶刷、备用奶嘴等商品,此时,奶瓶刷、备用奶嘴就是奶瓶的关联商品。

由此可见,关联商品对客户购买的主商品有补充、辅助的作用,同时关联商品的价值和作用不能高于主商品。例如,客户购买手机时,手机套可以作为关联商品向客户推荐,但当客户购买手机套时,向客户推荐手机是不合适的,而推荐手机贴膜就是合适的。

客服在回答完客户关于商品的疑问,或者帮助客户挑选商品以后,可以视具体情况向客户推荐关联商品。

推荐关联商品不仅可以极大地扩大电商企业商品的销量,提高电商企业的盈利额,而且可以使客服获得更多销售提成的机会。

但要注意,关联商品搭配主商品销售时,在价格上应该有一定的优惠。例如,客户单买一件冬衣的价格是 200 元,单买围巾的价格是 65 元,当客服将二者搭配销售时,总价格可适当优惠到 245 元。还有一种情况是,单买主商品可能不包邮,但购买了价格并不高的关联商品后,两件商品都可以包邮,这就是常见的"关联商品优惠法"。

▶▶ 想一想

网络客户服务的内容与实体店售货员的工作有什么区别?

_____

_____

2.3.4 推动下单

当客户确定要购买商品但又迟迟没有下单时,客服可以用适当的语言技巧推动客户下单。例如,告知客户促销活动时间即将结束,"这个活动仅此一天,过了凌晨 12 点就恢复原价啦""今天是优惠的最后一天,明天就没有优惠了"。

如果当时并没有促销活动,也可以告知对方商品热销,数量不多,请及时购买。例如,"这件衣服卖得特别好,现在还剩最后 3 件了,您再不下手可就没有了,因为这款衣服是绝版,卖完就补不到货了""这个手办是限量发售的,只有 200 件,非常珍贵,先到先得,再犹豫就没有了"。

推动客户下单的语言技巧还有很多,总的原则是要给客户制造一定的紧迫感。使用语言技巧的时机要掌握好,在客户对商品表现出一定兴趣但又犹豫不决的时候,使用语言技巧是最有效的。

2.3.5 催促付款

客户拍下商品后却迟迟没有付款，这是很常见的情况。此时客服就要催促客户进行付款。催付工作能够有效提高询单转化率，对促进电商企业的销量有很重要的作用，应当引起客服的重视。

那么，当客服催付时，应该采用什么方式、选择什么时间、使用什么语言，才能达到最好的效果呢？

1. 催付方式

常用的催付方式有电话、短信和阿里旺旺三种。如果客户已经和电商企业建立微信或QQ上的联系，还可以通过微信或QQ进行催付。从统计效果来看，电话催付的效果是最明显的，其次是阿里旺旺和短信。如果能够通过微信或QQ催付，效果也是很好的。

无论使用哪种催付方式，一定要掌握好频率，催付过于频繁会让客户反感，客户不仅不会付款，还会在心里将电商企业拉入黑名单，可能以后再也不会到店消费了。

2. 催付时间

一些没有经验的客服在看到客户下单后却长时间没有付款，本能地就想要催促付款，其实见单就催不是一个很好的习惯，催付也是要把握好时间的，以免引起客户反感，导致客户流失。

> **知识拓展**
>
> 一线客服总结的根据订单时间进行催付的合适时间段如下：上午的订单最佳催付时间为11:00—12:00；下午的订单最佳催付时间为16:00—17:00；当晚的订单最佳催付时间为次日11:00—12:00。

3. 催付内容

催付时要注意语气，不要让客户感到不快，而要让客户感受到客服的热情与克制。热情是指要让客户感到客服对客户本人的热情，而不是对订单的热情；克制是指不要表现出迫切想要客户付款的心情，而要让客户觉得轻松自然，没有心理压力。

总而言之，催付工作的原则就是在不让客户反感的情况下敦促客户付款。

2.3.6 订单确认

为避免出现不必要的售后问题，售前客服需要对每一笔付款订单进行再次确认。在订单确认过程中，客服人员可以分以下两步来执行。

1. 核对商品信息

个别客户在购买商品时只看了商品的大致信息，忽略了其他因素，只选择看似相同的便宜商品，收货后才发现并非是自己所要购买的商品。针对这一情况，客服人员一定要对客户购买的商品信息进行再次确认,同时对附带的赠品、承诺的事项等进行确认。这样既可避免因客户疏忽、购买出现差错而造成的退换货情况的发生,又可提醒客服人员所承诺的内容是否已备注,以免产生"违背承诺"的情况。

2. 核对收货地址

促成订单后,售前客服人员会对客户的地址信息进行核对,确保客户所选择的物流或网店推荐的物流可以到达客户指定的收货地址。如果在核对地址的过程中客户提出对收货地址进行变更,客服人员除接受地址变更要求,及时进行信息修改外,还应更加仔细地核对更换后的收货人姓名和电话号码,以免出现差错而延误投递。

2.3.7 正面评价引导

在网络交易中,当交易完成后,就会进入交易双方相互评价的环节。客户可以对店铺的服务、商品品质和物流等方面的满意度进行评价;而店铺也可以对客户进行评价,体现店铺对客户的重视程度,如图2-4所示。

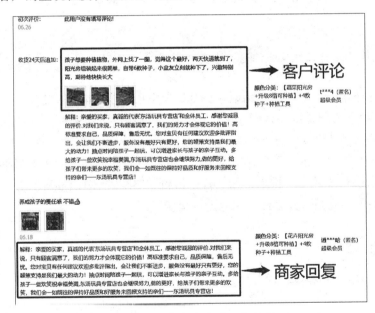

图2-4 网店和客户的互相评价

评价可能会出现好评和差评。为避免店铺评分过低而导致的客户流失,需要客服对客户的评价内容进行正面引导,如提醒客户对商品、服务和物流等满意度给予五星好评。若出现不满意的情况,第一时间与客户联系进行处理,力争做到让客户满意。

客服人员还可以单击"聊天窗格"界面中的"提醒客户评价"按钮,邀请客户对客服人员的服务进行评价,这样可以真实地反映客户对客服人员的服务满意度,帮助客服人员在日后工作中更好地提高服务水平。

当客服人员收到满意的评价内容后,可以继续保持这样的服务态度、方式及热情,同时，可以精进自己的服务水平，让自身的工作能力和服务意识有更大的提升。

当客服人员收到负面评价时，首先需要进行自查。如果客户反映的情况客观存在，那么客服人员在往后的工作中就应当尽量避免或改正；如果客户反映的问题不在工作范畴内，那么客服人员就需要反馈到相应的部门，同时做好评价解释。

2.3.8 备注交接

在备注交接这一环节，客服只需牢记"及时"两字就行了。如当客户需要备注的时候，一定要在及时备注信息后再去接待其他客户，避免遗漏。除此之外，备注后需要登记表格的，需要跟售后、仓储留言的等也要记得及时做到位。

2.3.9 礼貌告别

客户购买商品后，客服人员要主动与客户告别，这样不仅可以给客户留下好印象，还能够使客服尽快结束当前的谈话进程，为更多的客户服务。

> **课程思政**
> 客服人员应该与客户真诚沟通，全力以赴为每一位客户提供服务。

告别内容通常是一些感谢的话语。例如，"感谢您购买本店的商品，欢迎您下次再来""感谢您对小店的支持，客服×××祝您生活愉快，工作顺利"等话语向客户明确表达本次交易已经结束的信息。

在告别客户之后，还可添加客户为好友，并做好备注。当客户再次光临时，可以通过查看备注知道对方的一些特点，如"善于讲价""化妆品知识丰富"等，这样能有效避免一些交易上的麻烦，并有针对性地进行交谈。

项目实训

（1）采用分组的形式进行实训，每3~5人为一组，设立负责人一名，负责整个任务的统筹工作。

（2）做好售前服务，编写出常见的迎接问好范本、常见问题解答范本、促成订单范本。

（3）为做好打消客户疑虑的准备，编写常见的售后疑虑答复范本、包装疑虑答复范本、物流疑虑答复范本。

（4）团队成员通过各种渠道进行信息收集整理（尽量让每个成员从不同的渠道收集信息，以避免信息的重复搜索），最终汇总到团队负责人。

（5）团队成员对收集的资料进行整理、分析，采用头脑风暴的方式，总结出电子商务客服售前服务成功案例的启示。

（6）形成实训报告上交教师，教师给予评价。

> 复盘反思

经过本项目的实施和相关知识点的学习，对比自己总结的内容与知识讲解部分内容是否契合，填写下表完成项目评测，并进行复盘反思。

姓名		班级	
学号		日期	
知识盘点	通过对本项目的学习，你掌握了哪些知识？请画出思维导图：		
任务完成自评	□优秀	做得好的地方：	
	□良好	需改进的地方：	
	□较差	做得差的地方：	
任务完成情况	按照服务类型分类	□熟练掌握，能够口述	□有所了解，能够通过资料进行总结
	按照商务形式分类	□熟练掌握，能够口述总结	□有所了解，能够通过相关信息进行总结

项目评价

经过本项目的分组实训演练,按实训项目评价指标进行学生自评与小组成员互评(按优秀为 5 分、良好为 4 分、一般为 3 分、合格为 2 分、不合格为 1 分五个等级进行评价),并填写下表实训项目评测,最后教师给出综合评价。

	评 价 指 标	得分
自评	团队合作精神和协作能力:能与小组成员合作完成项目	
	交流沟通能力:能良好表达自己的观点,善于倾听他人的观点	
	信息素养和学习能力:善于收集并借鉴有用资讯和好的思路想法	
	独立思考和创新能力:能提出新的想法、建议和策略	
组员 1	团队合作精神和协作能力:能与小组成员合作完成项目	
	交流沟通能力:能良好表达自己的观点,善于倾听他人的观点	
	信息素养和学习能力:善于收集并借鉴有用资讯和好的思路想法	
	独立思考和创新能力:能提出新的想法、建议和策略	
组员 2	团队合作精神和协作能力:能与小组成员合作完成项目	
	交流沟通能力:能良好表达自己的观点,善于倾听他人的观点	
	信息素养和学习能力:善于收集并借鉴有用资讯和好的思路想法	
	独立思考和创新能力:能提出新的想法、建议和策略	
组员 3	团队合作精神和协作能力:能与小组成员合作完成项目	
	交流沟通能力:能良好表达自己的观点,善于倾听他人的观点	
	信息素养和学习能力:善于收集并借鉴有用资讯和好的思路想法	
	独立思考和创新能力:能提出新的想法、建议和策略	
教师综合评价	优秀之处: 不足之处:	

项目 3
网店客服售中服务

 **学习目标**

知识目标	• 熟悉说服各种类型客户的方法； • 掌握说服客户下单的方法； • 学会挑选未付款订单，并分析其原因； • 掌握订单相关的催付策略； • 掌握订单处理与物流跟踪的方法
能力目标	• 能够运用相应的催付技巧，让消费者完成订单的付款操作； • 针对不同的订单类型，采用正确的方法进行处理； • 正确打包商品，并为消费者提供实时物流信息
素养目标	• 运用网店客服售中服务的相关知识分析问题、解决问题

 学习计划表

项目		认知网店客服售中服务	网店客服售中服务的业务与处理
课前预习	预习时间		
	预习结果	1. 难易程度 □偏易（即读即懂）　　　　□适中（需要思考） □偏难（需查资料）　　　　□难（不明白） 2. 问题总结	
课后复习	复习时间		
	复习结果	1. 掌握程度 □了解　　　□熟悉　　　□掌握　　　□精通 2. 疑点、难点归纳	

 **项目导读**

　　客户的售前体验只是网店客服工作的开始，紧随其后的还有售中服务，售中服务的好坏也会对网店的成交量产生影响。一般情况下，好的售中服务可以让用户买得称心。由此可见，客服的售中工作不但要认真做，而且要做好，这就要求客服在不断的实践中积累经验，以提升自己的服务技能。

3.1 认知网店客服售中服务

网店客服售中服务是指在产品交易过程中销售者向购买者提供的服务。目前对大多数网络卖家而言,客服一般都只分为售前和售后,售中和售前并没有特别明显的区分。售中服务是对有效订单的处理,是指从客户在网上拍下宝贝到确认收货的过程的服务,主要包括引导客户付款、核对订单信息、添加备注、礼貌道别、下单发货、物流配送和客户确认收货等。售中服务是促进商品成交的核心环节,其实质是企业采取各种必要手段维持与客户良好的商业关系。

要想做好这些售中服务工作,首先应对售中服务的工作目标、工作内容和工作意义有所了解。只有在工作理念和业务知识方面都做好准备,才能在售中工作中做出好成绩。

3.1.1 售中服务的工作目标

售中服务的工作目标是通过与客户进行充分沟通,深入了解客户的需求,为客户提供最合适的产品或最优的解决方案。针对客户的售中服务主要体现为销售过程管理和销售管理。销售过程管理是以销售机会为主线,围绕着销售机会的产生、控制和跟踪合同签订、价值交付等一个完整销售周期而展开的,既是满足客户购买商品欲望的服务行为,又是不断满足客户心理需要的服务行为。而销售管理则是指为实现销售目标、完成销售任务而进行的计划、组织、指挥、协调和控制的综合性活动。

3.1.2 售中服务的工作内容

售前客服解答客户的各种询单问题后,客户拍下订单即初步表示有意愿购买。客户下单后,售中客服需要做哪些工作呢?

买家提交订单后,卖方后台交易状态有未付款/已付款、待发货/已发货、确认收货/退换货、交易完成、评价。售中客服的工作职责是跟进订单,直到客户确认收货,完成交易。售中客服的工作内容根据后台交易状态不同主要有以下四种。

(1)对于未付款订单,客服要与客户进行沟通,了解未付款的原因,也就是常说的催付;当因邮费或其他原因需要修改价格时,客服修改价格后要做好备注。

(2)对于已付款的订单,客服要与客户核对订单信息,然后礼貌道别。

(3)订单确认后进入发货环节,一般大型公司的发货由仓库工作人员完成,小公司的发货要由客服网上单击发货,填写、打印快递单,并输入相应的快递单号。

(4)在客户确认收货前,可能会对快递情况进行询问,一般物流跟踪系统会清晰显示物流状态,大部分的买家会自己查看,少数新手买家会进行咨询,客服查看告知即可。若遇特殊情况,客服需要进官方网站进行查询,或电话给快递公司询问具体情况,然后通知客户。

3.1.3 售中服务的工作意义

售中服务的工作意义在于以下三个方面。

1. 有助于企业树立良好的口碑

售中服务是在商品销售过程中开展的一系列加深顾客的良好印象、强化顾客的购买欲望的服务工作。售中服务与顾客的实际行动相伴随,是促进成交的核心环节。客服留给顾客一个完美的服务形象,不但能让对方加深对产品的印象,无形中也为公司赢得了良好的口碑。

2. 有利于增强企业竞争力

售中服务是企业整体营销计划中的重要一环,对于增强企业的竞争能力、扩大商品销售和提高企业经济效益具有极其重要的作用。

3. 有助于企业树立服务品牌

客服在沟通过程中要注意自身的言语和形象,用良好的言行来吸引和留住顾客。从某种意义上来讲,客服的良好言行就是公司的"窗口",顾客就是通过"窗口"来看待公司的。

3.1.4 售中服务常用的说服方法

客服需要强化顾客购买欲望,在沟通中也会和不同类型的客户接触,因此掌握说服各类型客户的方法是尤为重要的。

1. 常见的客户类型与说服方法

客户受性别、年龄、性格等因素的影响,对相同商品的反应不尽相同。因此,客服人员应该有区别地对待客户。

(1)优柔寡断型客户。优柔寡断型客户在客服人员对商品进行解释说明后仍然犹豫不决,迟迟不能做出购买决定。

面对这类客户,客服人员要极具耐心并且多角度地强调商品的优势。在沟通过程中,客服人员要做到有理有据、有说服力。如果客户犹豫不决,客服人员可以下"最后通牒",比如"店里的优惠活动马上就要结束

> **课程思政**
>
> 客户服务的对象千差万别,服务过程要细致入微,服务要追求尽善尽美。客服工作人员不仅需要高超的职业技能,更需要有较高的道德修养及高尚的思想情操。

了""这种商品所剩不多"等,给客户一种紧迫感,从而让他下决心购买。

(2)理智型客户。理智型客户的购买行为是在理性购买的动机支配下形成的。这类客户的头脑冷静、清醒,买东西有原则,很少受外界环境的干扰。他们购买商品时,很少受广告宣传、商标及包装的影响,一般最关心商品本身的优缺点及自己是否需要。

面对这类客户，客服人员需要用自己的专业知识分析商品的优缺点，帮助他们确定购买。强行推销宣传容易引起这类客户的反感，而且如果无法以理性的态度进行推销，客户会认为该客服人员的专业性不够，从而对其产生不信任感。对待这类客户，客服人员应详细介绍商品的各种特性和优点。

（3）稳重谨慎型客户。稳重谨慎型客户注意细节、思考缜密并且个性沉稳、不急躁。另外，还有些客户生来就十分谨慎，挑选商品时动作缓慢，左右比较拿不定主意，还可能因犹豫而中断购买，甚至购买后还会疑心自己是否上当受骗。

面对这类客户，客服人员无论如何一定要想办法让客户自己说服自己，否则他是不会做出购买决定的。不过，一旦客服人员赢得了他们的信任，他们就会非常坦诚。

> **知识拓展**
>
> 在淘宝网上，客户看不到客服人员的笑脸，但是在沟通过程中，客服人员一定要让客户"感觉"到自己的笑脸。客服人员可以寻求自己与客户之间的共同点，让客户把自己当成朋友，从而缓解客户的紧张情绪，尽量让客户放松下来。然后中肯地介绍自己的商品，注意不要过于夸大其词，否则会适得其反。另外，也可以通过一些有力的证据向客户证明店铺的实力，如有的商家会把自己的进货单和发货单的照片放在店铺的相关页面中。

（4）从众型客户。从众型客户的购买行为常受他人意见的影响，他们不仅关心商品本身，还关心有多少人买了这个商品，以及别人是怎么看待这个商品的。

面对这类客户，客服人员要用积极的态度给予客户强有力的正面暗示。客服人员不仅可以把商品的功能、宣传广告全都展示给客户，而且可以把商品的好评也展示出来，如图3-1所示。

图3-1　将好评展示出来吸引从众型客户

（5）挑剔型客户。挑剔型客户在购物时善于对产品或服务的细节方面发现毛病和缺点，并以此对客服人员采取苛刻、强硬的态度。面对这类客户，客服人员不要对其观点加以反驳，不应抱有反感情绪，要耐心地与他们沟通。面对难缠的客户，不应"对抗"，而应"消除、解决和合作"，将最难缠的客户转化为最忠实的客户。应对这类客户的方法是展示优点、扬长避短。客服人员可以这样说："虽然您不喜欢这件商品的款式，但是比起外观，功能才是最重要的，不是吗？"

（6）冲动型客户。冲动型客户在购物时完全被冲动战胜理智，经常买一些自己用不上的东西，广告及周围人的意见都会影响他们的购买决定。这类客户在买东西时完全凭借着一种无计划的、瞬间产生的强烈的购买渴望，以直观感觉为主要判断依据，新商品、新服务项目对他们来说吸引力较大，年轻客户在这类客户中占很大的比例。这类客户一旦接触到一件合适的商品就会立即买下，而不愿反复进行比较和选择，因此他们能很快做出购买决定。

由于此类客户在选购商品时易受商品外观和广告宣传的影响，所以面对这类客户，做好商品描述和店铺装修就成了重头戏。人有80%的信息量来自视觉，就算不是冲动型客户，其他客户也喜欢逛装修漂亮的店铺。

面对这类客户，客服人员首先要提醒这些客户注意看清商品的描述。在发布商品时，一定要在商品的描述中写清楚商品图片是否与实物有差距。

2. 说服客户下单的方法

对网店来说，客服人员是促成订单的关键。下面介绍几种说服客户下单的方法。

▶▶ 想一想

假如你是网店客服人员，你会怎样说服客户下单呢？

_____

_____

（1）优惠成交法。优惠成交法又称让步成交法，是指通过提供优惠条件促使客户立即购买的一种方法。该方法主要利用客户购买商品的求利心理，通过让利促成订单。这种方法能够增强客户的购买欲望，加深买卖双方的关系，有利于双方的长期合作。

在使用优惠成交法时，客服人员要让客户感到自己是特别的，优惠似乎只针对他一个人。同时，客服人员千万不要随便给予优惠，否则客户会提出进一步的要求，甚至是客服人员不能接受的要求。

在使用优惠成交法与客户沟通时，要表现出自己的权力有限，需要向领导请示。例如，"对不起，在我的处理权限内，我只能给您这个价格。不过，因为您是我的老客户，我可以向经理请示，看能不能给您一些额外的优惠。但这种优惠很难申请到，我也只能尽力而为。"

如果这样，客户的期望不会太高，即使得不到优惠，也会感到客服人员已经尽力，而不会埋怨客服人员。

（2）保证成交法。保证成交法是指客服人员直接向客户提供保证来促成订单的一种方法。

针对客户的疑虑，客服人员通过提供各种保证来增强客户的信心，既有助于客户迅速做出购买决定，也有利于客服人员有针对性地消除客户异议，有效促成交易。但采用此法必须做到"言必信，行必果"，否则势必会失去客户的信任。

在如下对话中，客服人员就使用了保证成交法与客户进行沟通。

> **知识拓展**
>
> 使用保证成交法可以消除客户的心理障碍，增强客户购买的信心，有利于客服人员妥善处理与成交有关的异议。

示范案例 3-1

客户：如果我买了这件商品以后出现了问题，比如质量问题，应该怎么办呢？
客服：这款商品的生产过程是非常严谨的，如果出现问题，我们将马上给您更换。

（3）从众成交法。从众成交法是指客服人员利用客户的从众心理，促使客户购买商品的一种成交方法。运用此方法前，客服人员必须分析客户的类型和购物心理，有针对性地适时采用，积极促使客户购买。

使用从众成交法时出示的有关文件、数据必须真实可信，采用的各种营销方式必须以事实为依据，不能凭空捏造、欺骗客户，否则，受从众效应的影响，不但不能促成交易，反而会影响店铺的信誉。例如，客户看中了一台豆浆机却没有购买，这时客服人员可以告诉客户"您真有眼光，这是目前最为热销的豆浆机，平均每天卖出200多台，旺季还需预订"。

如果客户还在犹豫，客服人员可以说："我们员工也都在用这种豆浆机，都说方便实惠。"这样，客户很容易就能做出购买决定了。此外，还可以发给客户真实的成交记录和客户评价。

（4）机不可失法。机不可失法主要利用客户"怕买不到"的购物心理。越是得不到、买不到的东西，客户就越想得到、买到。一旦客户意识到此时是难得的购买这种商品的良机，那么他就会立即采取行动。机不可失法正是采用了客户"得之以喜，失之以苦"的心理，通过给客户施加一定的压力来敦促其及时做出购买决定。

当一个人真正想要得到某件东西的时候，会因为担心自己无法得到而不由自主地产生一种紧迫感，在这种心理的作用下，他就会积极地采取行动。针对这种心理，客服人员在与客户沟通时，要善于恰当地制造一些悬念，如"优惠活动只有5天""已经有人订购了"等，让客户产生一种紧迫感，甚至觉得再不买可能以后就没有机会买到了，从而促使客户迅速做出购买决定，使交易能够迅速达成。

在如下对话中，客服人员就使用了机不可失法与客户进行沟通。例如，"本品牌国庆期间全部商品8折出售，今天是最后一天了，过了今天就不打折了""这种商品，今天是最后一天卖这个价格了，马上又要涨价了"。

（5）赞美肯定法。赞美肯定法是客服人员以肯定的赞语坚定客户的购买决定，从而促成交易的一种方法。肯定的赞语对客户而言是一种动力，可以使犹豫的客户变得果断，内心拒绝的客户无法拒绝，从而使客户下决心下单付款。

客服人员在与客户的沟通过程中,可以运用一些赞美的小技巧,让客户在购物的过程中不仅能买到自己中意的商品,还能收获一份好心情。更重要的是,这会让客户更加喜欢店铺,加深对店铺的印象。如果客户对商品很满意,那么他最终会成为店铺忠实的客户。

当一位女客户因为上衣的颜色而犹豫不决时,客服人员可采用赞美肯定法。例如,"您真是独具慧眼,您挑的鞋是今年最流行的款式"。

> **知识拓展**
>
> 　　客服人员由衷的赞美是对客户的最大鼓励,能有效促进客户做出购买决定,有利于提高效率。但是这种方法如果运用得不好,则会有强加于人之感,可能会遭到拒绝,难以继续进行深入的洽谈。

客服人员采用赞美肯定法前,必须确认客户对商品已产生浓厚的兴趣。赞扬客户时一定要发自内心,态度要诚恳,语言要实在,不能夸夸其谈,更不能欺骗客户。

(6)步步为营法。步步为营法需要客服人员牢牢"抓住"客户所说的话来促成订单。这种成交技巧对成交有很大的好处,客服人员要一步一步地解决客户提出的问题,尽量围绕客户的问题展开。

如果客户说:"你这里的商品还不错,价格也实惠,但是我希望买到一款经济实惠、款式时尚、功能齐全的商品,你这里好像没有这样的商品。"这时,客服人员可以马上回复:"我给您推荐另一款满足您需求的商品,并且价格同样很实惠,您看可以吗?"

下面是一位客户进入店铺买手机,要求客服人员给他推荐一款手机的案例。

示范案例 3-2

客服:这部手机不错,您看怎么样?

客户:颜色不怎么样,我喜欢黑色的。

客服:我为您找一款黑色的,您看这部怎么样?

客户:哎呀,是不是太贵啦,我没有那么多钱啊,我的预算是800元!

客服:您别急,我问问老板,最低需要多少钱,如果降到差不多的价格,您买吗?

步步为营法的本质是一环套一环,这种方法的技巧就是牢牢"抓住"客户所说的,来促成订单。如果运用这种方法,一般成功的可能性比较大。

(7)用途示范法。用途示范法是指对商品的用途进行演示,增强客户对商品的信任感,从而促成交易。例如,通过摄像头示范或者拍摄一些视频短片,往往会加深客户对商品的印象,如果客户早已对商品心动,又体会到了商品的特点,那么他就会毫不犹豫地购买了。图3-2所示为玩具的视频演示。

图 3-2　玩具的视频演示

3.2 网店客服售中服务的业务与处理

从客户进店拍下商品开始,会出现多个订单状态。订单状态分为等待客户付款、客户已付款、卖家已发货、交易成功4个环节,每一个环节都需要客服做相应的工作。网店客服售中服务的内容主要是从客户付款环节开始的,主要包括订单催付、订单确认及核实、联系快递公司、商品打包、及时发货并跟踪物流,以及短信及时通知发货、配送、签收等方面。

3.2.1 订单催付

在常规交易中,当客户拍下商品后,如果24小时内没有付款,那么这笔订单将自动关闭,订单关闭也就意味着客服人员没有成功卖出商品,对店铺来说就是销售额上的损失。

对于一些下了单还没有付款的客户,客服人员应该在适当的时机催促客户付款。不管是对店铺还是对客服人员,只要有效地进行了催付,就可以大幅降低销售额的损失。催付是提高转化率最直接、最有效的方法之一。

1. 挑选订单

在催付之前,首先要知道在哪里可以看到这些即将关闭的订单,这里介绍两种方法:第一种是后台查看;第二种是导出后台订单数据。

(1)后台查看。进入千牛卖家工作台,依次选择"交易"—"已卖出的宝贝"—"等待买家付款",如图3-3所示,这里的订单都是客户拍下后未付款的订单。

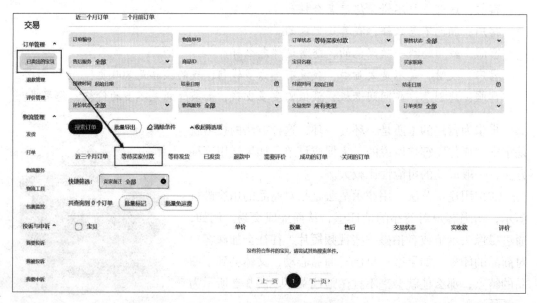

图3-3 后台查看未付款的订单

（2）导出后台订单数据。当订单较多时，还可以导出后台订单数据，报表生成后，单击"下载订单报表"按钮即可下载订单，如图3-4所示。

下载完毕，打开文档。买家会员名、应付货款、订单时间、联系电话、收货地址等都会显示在表格中，客服人员可以根据订单信息来进行催付。

图3-4 导出后台订单数据

2. 分析未付款的原因

得到了未付款的订单信息之后，客服人员首先要想一下，客户在下单后为什么迟迟没有付款。未付款的原因可以看作客户遇到的问题，这些问题都需要客服人员去思考。想让客户付款，客服人员要做的事情是解决客户的问题，也就是对症下药。如果只是一味地盲目催客户付款，会适得其反。

客服人员看到未付款的订单信息后，首先要做的事情就是了解客户遇到的问题。所有问题都需要客服人员与客户沟通，知道问题所在后再去帮助客户解决问题。

▶▶ 想一想

你认为客户没有付款的原因有哪些？

_____

_____

1）客观原因

客观原因主要包括操作不熟练、忘记支付密码、支付宝余额不足等，针对这些客观原因，客服人员可以采取相应的应对措施。

（1）操作不熟练。一些新手客户对购物流程不熟悉，一般会遇到各种问题，如忘记下载插件、混淆密码等，最终导致订单支付失败。客服人员可以积极、主动地询问客户未付款的原因，并担当起辅导员的角色，引导客户一步一步完成支付。客服人员要熟悉购物流程，并且善用千牛的截图功能，这样可以更加直观地解决这个问题。

（2）忘记支付密码。有些客户会忘记支付密码，并且不知道具体应该怎么操作，因此客服人员需要熟悉重置密码的方法，帮助客户找回支付密码，最终完成付款的操作。

（3）支付宝余额不足。当客户说支付宝余额不足，不能付款时，客服人员可以建议客户使用其他付款方式支付。在付款页面中，选择"其他付款方式"，如图3-5所示。

在弹出的付款方式中可以选择银行卡支付、花呗支付等。

图 3-5　选择"其他付款方式"

2）主观原因

除了客观原因外，还有主观原因，常见的主观原因有以下三类。

（1）议价不成功。客户和客服人员对于商品的价格无法达成一致，客户对店铺的商品价格不认可，会导致最终交易无法完成。客服人员可以采用赠送小礼品或将客户升级为店铺会员来提高催付的成功率。

（2）客户对商品持怀疑态度，对商品不信任导致不敢买。客服人员应该打消客户的疑虑，催促其尽快付款。

（3）另寻商家。客服人员可以从商品本身以及服务上寻找差距，将这些差距展现给客户，为本店商品加分，促使客户付款。

知识拓展

除以上原因外，还有其他原因，比如拍错了、拍下后商品价格或运费需要修改等。不管出于什么原因，客服人员都要想办法帮客户解决。

▶▶ **想一想**

怎样对客户进行催付，说说经常使用的催付工具有哪些？

_____

_____

3. 应对未付款的方式

客户没有付款的原因我们基本上都已经了解了，但是每个客户未付款的原因是不一样的，如何知道客户未付款的原因是什么呢？首先，可以从客服人员与客户沟通中发现原因；其次，对从聊天记录中找不出答案或静默下单的客户，客服人员可以用主动出击的方式来找到客户未付款的原因，从而采用前文讲到的方法来促使客户付款。

1）查看聊天记录

在之前的聊天记录中看看能否找到客户当时未付款的原因，如果能找到原因，客服人员就应对这个原因做出反应。

2）主动出击

当客户拍下商品没有付款并且也没有聊天记录时，客服人员就需要主动出击了，主动出击要靠客服人员主动与客户沟通。客服人员主动沟通时说的第一句话有很大的讲究，很多客服人员找到订单后会直接跟客户说："您好，您在我们店里拍下的商品还没有付款呢，请您尽快付款哦。"或者说："您好，您在我们店铺购买的商品还没有付款，请问是什么原因呢？"这样说的效果是不好的，客户可能根本就不会理会客服人员。那么客服人员应该怎样说才会对客户产生吸引力呢？下面列举了与客户沟通的方法和技巧。

（1）制造紧迫感。制造紧迫感是指客服人员告诉客户，如果他们现在不付款，可能会失去某些利益，这样必然会使客户产生或多或少的紧迫感，从而快速付款。

客服人员可以用发货时间来促使客户付款，如"您好，亲，您在我家拍下的商品，在下午5点前付款，当天就可以发货哦，我看您的收货地址就在本省，这样最快明天就可以收到并使用了哦。"很多客户都希望能早点收到商品，这样一来，就给客户制造了一种紧迫感，从而促使客户付款。

除了发货时间，还可以用库存告急来促使客户付款，如"恭喜亲抢到了我家宝贝，但是您选择的这款宝贝现在库存不多了，如果不尽快付款的话，宝贝很可能会被别人抢走哦"。在很多情况下，客户会因为担心买不到自己选好的商品而立刻付款。

另外，还可以使用活动截止时间来提醒客户尽快付款，如"亲，您拍下的宝贝是我们年终感恩回馈的活动商品，活动将在明天结束，届时商品都将恢复原价哦"。

（2）享受特权。享受特权是指让客户享有某些优惠，从而促使客户快速付款。

很多时候，客户都是第一次来店铺购物，客服人员可以用首次购物优惠或者赠送礼品的方法来催付，如"亲，您是第一次在本店购物，我们给每一位新朋友都准备了一份精美的礼品哦"。在这里不用提付款一事，客户看到了自然会想起这笔订单还未付款。

也可以使用第几位客户享受优惠的方式，如"亲，您是本店本月第300位客户哦，我们店逢百的客户会享受一定的优惠，机会不容错过哦"。在这种情况下，客户会觉得自己运气好，不想错过这次机会，从而快速付款。

此外，如果是光顾店铺两次以上的客户，也可以为其准备老客户专享赠品，如"您好，亲，感谢您再次光顾我们小店，我们为您准备了一份礼品，这是我们的一点心意"。这样不但起到了催付的作用，而且加深了客户对店铺的印象。

（3）进行信息核对。信息核对是指在发货前，客服人员需要与客户进行订单信息的核对，这个动作也可以在客户拍下商品付款前进行，这样不仅可以核对信息，还有提醒客户付款的作用。

很多客户在淘宝购物时会有多个收货地址，在不同的购买时间或者购买不同的商品时会使用不同的收货地址，这样一来就会发生客户拍下商品后没有选择正确的收货地址的情况。如果不进行信息核对，等货物发出去后，客户不能顺利签收，就会严重影响客户的购物体验，还会出现更多的售后问题。

> **课程思政**
>
> 在我国传统文化中，"利他"思想占据重要的地位。"利他"与个人的修养有密切联系，如果一个人能把"利"给予没有血缘关系的陌生人，那他就具备了很高的道德修养。

客户拍下商品后，除了收货地址会选错外，拍下的商品型号也可能选错，如果没有及时发现，同样会产生不必要的麻烦与损失。因此客服人员可以采用信息核对的方法提醒客户付款，如"亲，您在我们店拍下了一件 XL 码的红色短裙，地址是×××，请您核实一下哦"。只要客户回复了，催付的第一步就成功了。

4. 使用工具催付

客服人员与客户进行沟通，了解客户未付款的原因后，对客户进行催付时，可以选择使用相应的催付工具，以取得事半功倍的效果。以淘宝为例，客服人员常用的催付工具有三种：千牛、短信和电话。

1）千牛

千牛是客服人员最常用的工具，客服人员使用千牛和客户沟通是完全免费的。使用千牛不但成本低，而且操作方便。最重要的一点是，客户可以在另一端即时付款。

> **知识拓展**
>
> 客服人员在使用千牛软件催付时，除了可以使用客服人员针对不同客户编辑的话术外，千牛软件还自带了一些催付话术，方便客服人员使用。使用自带催付话术的方法：在千牛软件中打开与客户沟通的聊天口，然后单击"显示"窗格中的"订单"按钮，在展开的列表中单击"未完成"按钮，此时显示了"改价""备注""买家留言""地址"和"催付"五个按钮。单击"催付"按钮，在展开的列表中便显示了系统自带的催付话术，选择其中一条发送给未付款的客户即可。

客服人员在使用千牛软件进行催付时，催付时机一定要恰当。因为客户不是随时在线，当客户不在线时，发送的信息就不能保证客户能够及时收到。所以，当客户不在线时，客服人员可以选择给客户留言或使用短信和电话。

2）短信

通常短信是网店客服人员发送给客户的，而且客户很少回复短信，因此，客服人员在编辑短信内容时一定要全面，令人一看就懂。另外，由于短信字数的限制，要在少量的文字里面包含大量的信息。最好的催付短信内容应包含以下四个要素。

（1）店铺。首先需要让客户知道是谁发的短信，客户不一定只在一家店里买了东西，如果短信里连店铺名称都没有，就很难保证客户看到消息后知道是哪一家店铺在提醒他，可能还会"为他人做嫁衣"。另外，加入店铺名称还会起到宣传店铺的作用。

（2）商品。有时即使说了网店名称，也不一定能让客户想起自己在网上所购的商品，此时就需要在短信内容中加入客户所购商品的名称，涉及隐私的特殊商品应另做考虑。

（3）时间。让客户知道自己是在什么时候购买的商品，进一步唤醒客户购买时的记忆。

（4）技巧。短信中要使用一些话术技巧，如增强紧迫感、享受特权及信息核对等。

示范案例3-3

客服：您好，×××，今天您在×××店拍下的婴幼儿配方奶粉，我们已经为您准备就绪，就等您付款后第一时间发出了。祝亲购物愉快！如有打扰，敬请原谅。

客服：亲，非常抱歉打扰到您，方便的时候尽快为您上午在本店精心挑选的华为C199手机壳付款哦！活动期间赠品有限，欲购从速，付款后我们会在第一时间给您发货哦！"××旗舰店"。

3）电话

除千牛软件和短信外，电话也是不可或缺的催付工具。对订单总额较大的客户一般推荐使用电话方式，因为电话沟通效果比较好，且客户的体验比较好。其缺点是，电话的时间成本比较高，所以一般建议针对大额订单和老客户使用。

电话催付话术同样需要具有短信内容中的四个要素。除此之外，电话催付时应注意以下三点：

> **知识拓展**
>
> 这里需要提醒的一点是，在客户拍下商品付款前，在千牛卖家工作台是看不到客户完整的收货信息的。但客户的电话号码可以在与客户沟通交流的窗口中查看，单击窗口中的"订单"按钮，在显示的未完成订单中单击"地址"按钮即可查看。

（1）自我介绍。一定要自报家门，让客户知道你是谁，为什么打这个电话，让客户接受你，愿意接听电话。

（2）礼貌、亲切。电话交谈中，以客户为中心，不能一味地催促客户付款，并且要保证打电话不会影响到客户的日常生活。

（3）口齿清晰。控制语速，让客户能够听清楚你说的内容，如果客户听不清楚你说的内容就会影响通话质量。

示范案例3-4

客服：好！请问是李女士吗？

客户：嗯，你是？

客服：您好，我是×××旗舰店客服人员小曼，我看到您昨天在我们店拍下的宝贝还没有付款，现在我们店的洗发水套装是有优惠活动的，建议您不要错过这个时机。如果您在支付中遇到了什么问题，都可以向我咨询。

客户： 哦，我知道了。这几天比较忙，拍下后忙其他事情就忘记支付了，我等下会上线支付的。你们送的小礼品还有吗？

客服： 赠送的小礼品我这边已经在订单里特别备注了的，请您放心。不过礼品有限，您付款越早，拿到礼品的机会就越大。

客户： 好，我等下就去付款。

客服： 好的，感谢您对本店的支持！祝您购物愉快，再见。

5. 催付策略

在催付过程中，如果客服人员可以运用相应的策略，可能会起到事半功倍的效果。催付时告知客户付款后的好处，这是最常用的策略。此外，客服人员在催付时还可采用以下策略。

（1）强调发货。比如，"亲，我们已经在安排发货了，看到您的订单还没有支付，提醒您现在付款我们会优先发货，您可以很快收到包裹哦"。

（2）强调库存。比如，"亲，看到您在活动中抢到了我们的宝贝，真的很幸运呢。但您这边还没有付款，不知道遇到了什么问题，再过一会儿就要自动关闭交易了，那您就失去这次机会了"。

（3）强调售后。比如，"亲，看到您这边没有付款，我们支持7天无理由退换货，还帮您购买了运费险，收到包裹后包您满意，如果不满意也不会有后顾之忧的"。

6. 催付的禁忌

在催付过程中有几个禁忌，客服人员一定要注意，不然会适得其反。

（1）时间。一般情况下是越早催付越好，但不一定是客户拍下商品后越快催付越好，具体问题需要具体分析，如果客服人员没有注意催付时间，则很有可能会给交易带来影响。

催付参照时间表如表3-1所示。比如，当天挑选订单时发现有11点前未付款的订单，那么客服人员可以先等待，在15点前进行催付，因为客户可能比较忙，要给客户一点时间去完成付款，在发货时间前付款成功即可。再如15点前未付款的订单，这时一般是发货时间临界点，客服人员可以及时提醒客户，付款后当天就可以发货。对于22点前未付款的订单，建议第二天进行催付，不建议在晚上打扰客户。

表3-1 催付参照时间表

下单时间	催付时间
11点前	当日15点前
15点前	当日发货（时间临界点前）
22点前	次日中午前（下午上班前）
零点以后	次日12点以后
购买两次以上的客户	拍下48小时后

另外，对于购买两次以上的客户，他们的特殊性在于他们信任店铺、了解商品，所以客服人员不必太着急地去催促这类客户付款，如果是日常交易，建议在关闭交易前24小时内催付。催促这类客户时使用的话术最好带有一点感情，可以问一下客户对之前购买的商品使用感受等，再次提升客户黏性。

（2）频率。不要用同一种方法重复催付，并且催付的频率不要太高，要把握分寸，如果客户实在是不想购买，那就给客户留下一个好印象，等待客户下次光临，有时候撤退也是有价值的。每次催付的过程和催付过程中遇到的问题都要记录下来，以便之后对催付方式进行调整和优化。

3.2.2 订单处理

订单处理是商家的一项核心业务，其内容包括查找订单、确定订单处理的方式、备注订单等。

1. 查找订单

进入千牛卖家工作台，依次选择"交易管理"—"已卖出的宝贝"—"等待买家付款"后，出现的结果都是等待付款的订单，这是第一种查找订单的方法。但是在订单特别多的情况下，如果使用这种方法查找某个客户的订单，就会非常不方便。

在客服人员的日常工作中，经常会使用第二种方法查找订单。例如，有时客户会提出这样的问题："我之前在你家买过一个麦克风，现在还想再买一个，但是链接找不到了，不知还在卖吗？"

这时客服人员首先需要知道客户之前买的是哪款麦克风，最快速的方法就是通过查找客户的历史订单，在订单中找到答案。

在千牛卖家工作台中，可以根据商品ID、宝贝名称、买家昵称、订单编号、成交时间、订单状态等关键词查找订单。

找到客户的历史订单后，客服人员就可以回复客户："您好，亲，您之前购买的那款商品我找到了，我把链接发给您。"

在日常工作中还会有很多种情况需要客服人员查找订单，客服人员应根据客户的需求选择查找订单的方法。

2. 确定订单处理的方式

从客户进店拍下商品开始，会产生很多个订单节点，我们称为订单状态，每种状态下的订单都需要客服人员完成一定的工作。

（1）等待买家付款的订单状态。客户成功提交订单但没有完成支付，这是等待买家付款的订单状态。前文已详细介绍客服人员需要完成的催付工作，这里不再赘述。

（2）等待发货的订单状态。客户付款后，接下来等待客服人员确认发货。

在交易中，有不少订单因为客户地址留错或者商品拍错而出现退换货的情况，所以在发货前，客服人员一定要跟客户核对订单信息，包括收货地址信息及商品信息。

示范案例3-5

小媛刚刚接待了一名客户，这位客户想送朋友礼物，但又有诸多条件。看着客户下单、付款，小媛悬着的心总算落下了。随后，小媛便向同事吹嘘自己是如何应对这个客户的。然而，一周后这位客户又找到小媛，质问她：怎么还没收到商品就已经签收了？小媛找到订单和客户核对信息，发现原来客户这次填写的地址是其朋友的，而客户不小心写错了电话号码，导致快递人员将商品送给了别人。即便是这样，客户还是一直责问小媛为什么工作不能做到位，不与他及时核对订单。虽然这的确是由于客户不小心填错导致的，但是小媛一时疏忽，没有及时发现这个问题，双方都有责任。最后经过协商，双方各负一半的责任，小媛也因此被记过。

售中客服与客户确认订单信息的方法很简单，直接在千牛卖家工作台中与客户交流即可。若有需要修改的信息，可直接在千牛卖家工作台中进行操作，修改后再次进行确认，无误后即可进入后续的流程。一般情况下，客户付款后，千牛卖家工作台后台会自动发送核对订单的消息给客户；而在客户提交订单但尚未付款时，则需要客服手动发送消息给客户来进行确认。

（3）已发货的订单状态。客服人员只需要单击"发货"按钮，订单就会进入下一状态，即已发货的状态。

付款后，有的客户会来询问"发货没有""快递到哪儿了"这类问题。如果已经发货且已经在后台录入单号了，那么客服人员就可以单击"查看物流"按钮，这时将会出现这笔订单的物流信息，客服人员查看后再将物流信息告知客户。

发货后，在一定时间内如果客户没有单击"确认收货"，淘宝会自动帮客户确认收货，如果未及时送达，则会出现客户还没有收到货，但是系统已收货的情况，这时在与客户协商后，客服人员可以延长收货时间，让客户有更多的时间来确认收货。

（4）交易成功的订单状态。订单签收后，客户会主动确认收货，或者系统自动确认收货，交易状态会变为交易成功。

交易成功不代表交易结束，这时客服人员可以对客户进行回访，如询问客户在使用商品时是否有不懂的地方、对商品是否有不满意的地方等来体现对客户的关怀，以此提升客户的购物体验，提高店铺回购率及口碑。

（5）交易关闭的订单状态。因为卖家缺货、少货或者客户对服务不满意、不想购买、订单超时未支付、退款等，订单都有可能变为"交易关闭"状态。

与客户直接接触的客服人员需要分析交易为何关闭，并且在必要的时候把问题告知店长，一起找出交易关闭的原因，优化商品和服务，降低交易关闭率。当已经有解决方案时，客服人员需要积极地促使客户重新下单。

3. 备注订单

客服人员在与客户的沟通中，有时需要对客户的情况做一些记录，这些记录可以是给其他同事看的，也可以是给自己看的。订单备注在任何订单状态下都可以添加和修改,如发货前客户指定发顺丰快递,客服人员就可以在这个订单上备注"发顺丰",在仓库打包发货时,相关人员看到该备注就不会发错快递,从而避免出现问题。

订单备注可以在两个地方进行:一是千牛客户对话窗口;二是千牛卖家工作台。

(1)千牛客户对话窗口。在客户对话窗口的右侧,可以对该订单进行备注。

(2)千牛卖家工作台。在千牛卖家工作台的"已卖出的宝贝"页面,每个订单的右上角都有一个默认的灰色旗子。单击灰色旗子,将进入备注页面,填写备注的内容,选择旗子的颜色,单击"确定"按钮即可。

3.2.3 商品打包

商品打包是指将商品包装后交给取件的快递员的工作,其重点是商品包装。商品包装不仅要方便物流运输,同时也是对商品在物流运输过程中的一种保护。商品包装一般需要根据实际情况而定,不同类型的商品,其包装要求也不同。客服在打包商品时,要先了解商品打包的原则,并掌握常见的商品包装的方法。

1. 商品打包的原则

不易拆封、无损商品、礼貌提示是商品打包的基本原则,下面分别进行介绍。

(1)不易拆封原则。为减少商品在运输过程中因碰撞、甩撞引起损毁的情况,商品的打包需要使用硬质、抗撕裂、抗戳穿的外包装,如纸箱、文件封、包装胶袋等。使用了这样的材质作为外包装之后,需要用胶带对其进行密封。在密封过程中,客服要将胶带缠于箱子的所有开口位置,这样能避免商品在运输途中掉出箱外,也能预防一些素质较低的快递员私自拆封。商品的密封包装如图3-6所示。

图3-6 商品的密封包装

(2)无损商品原则。商品在运输过程中可能会损坏,尤其是一些易碎商品,客服在对商品进行包装时就要预防商品在运输途中被损坏。因此,客服需要学习内包装的包裹方法,在包装盒内放置一些具有缓冲效能的填充物,如珍珠棉、泡沫、纸卡等,让商品在包装盒内能够基本保持固定,如图3-7所示。

(3)礼貌提示原则。快递工作是环环相扣的,客服想对运输商品的所有快递员的工作进行追踪是不可能的,那么如何将网店的要求传递给他们呢?此时,可以在外包装上贴上一些礼貌的温馨提示贴纸,如"加急""易碎品""辛苦您了"等话语,不仅可以让快递员感受到网店的诚意,还能将网店的需要第一时间传递给负责商品运输的快递员。

 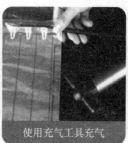  

| 绿色箭头提示找到充气口 | 使用充气工具充气 | 即可完成充气 | 放入纸箱包装即可 |

图 3-7　商品的内包装

2. 商品包装的形式

商品包装反映着商品的综合品质。商品包装一般分为内包装、中层包装和外包装三个层次。下面分别进行介绍。

（1）内包装。内包装即直接包装商品的包装材料，主要有 OPP 自封袋、PE 自封袋和热收缩膜等。一般商品厂家已经进行了商品的内包装，如图 3-8 所示。

图 3-8　内包装

（2）中层包装。中层包装通常是指商品与外包装盒之间的填充材料，主要用于保护商品，防止在运输过程中损坏商品，报纸、纸板、气泡膜、珍珠棉及海绵等都可以用作中层包装。在选择中层包装材料时，客服可根据实际情况灵活使用各种填充材料，如包装水果用网格棉，如图 3-9 所示。

（3）外包装。外包装即商品最外层的包装，通常以包装袋、编织袋、复合气泡袋、包装盒、包装箱、包装纸等为主，如图 3-10 所示。

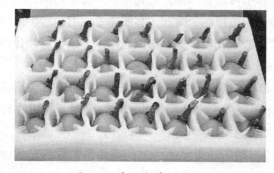 

图 3-9　中层包装　　　　　　　图 3-10　外包装

3. 不同类型商品的包装技巧

>> 想一想

不同类型的商品,包装时应该注意哪些问题?

_____

_____

不同商品的包装方式不同,客服在包装时要根据具体的商品选择对应的包装方式。下面列举一些常见类型的商品,对其包装方式进行简单的介绍。

(1)服饰类商品。服饰类商品在包装时一般需要折叠,多用包装袋进行包装,为防止商品起皱,可用一些小别针来固定服饰,或使用硬纸板来进行支撑,为了防水,还可在服饰外包装一层塑料膜,如图3-11所示。

(2)首饰类商品。首饰类商品一般直接用大小合适的首饰盒进行包装,如果是易碎、易刮花的首饰,还可以使用一些保护材料对首饰单独进行包裹,如图3-12所示。

图3-11 服饰类商品的包装

图3-12 首饰类商品的包装

(3)液体类商品。化妆品、酒水等液体类商品大多属于易碎品,要注意防震和防漏,必须严格检查商品的包装质量。在包装液体类商品时,可使用塑料袋或胶带封住瓶口防止液体泄漏,用气泡膜包裹液体瓶子或在瓶子与外包装之间进行填充,如图3-13所示。

(4)数码类商品。数码类商品一般价格较昂贵,因此一定要注意包装安全,一般需要使用气泡膜、珍珠棉或海绵等对商品进行包裹。同时还需使用抗压性较好的包装盒进行包装,避免在运输过程中被挤压损坏,建议对数码商品进行保价,并提醒客户验货后再确认签收,如图3-14所示。

(5)食品类商品。食品类商品包装必须注意包装材料的安全,即包装袋和包装盒必须清洁、干净且无毒。部分食品保质期较短,对温度要求也较高,包装这类商品时要注意包装的密封性,也可抽真空后再进行包装,如图3-15所示。对于食品类商品,客服在收到订单后应尽快发货,尽量缩短物流时间。

(6)书籍类商品。书籍类商品的防震、防压性都比较好,主要需注意防水、防潮的处理,一般可使用包装袋或气泡袋进行封装,再使用牛皮纸或纸箱进行打包,并选择恰当的填充材料，以防止商品在运输过程中受损，如图3-16所示。

图3-13 液体类商品的包装

图3-14 数码类商品的包装

图3-15 食品类商品的包装

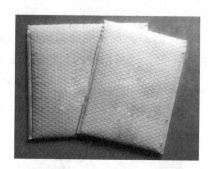

图3-16 书籍类商品的包装

（7）特殊商品。对于某些特殊的商品，如海鲜、植物、肉类、水果、奶类商品及医药化学类商品，需要为其保鲜。此外，这类商品对包装和运输的环境要求十分苛刻。这些商品一般会交予专业的快递员进行包装，以保证商品的使用价值。一般情况下，会采用可使商品保持在指定温度范围内的冷冻材料来进行包装，如果商品需冷藏于0~16℃，会使用啫喱状冷冻剂；若需冷冻商品，会使用干冰。同时，还会使用防漏塑料袋和塑料包装箱等重新加固，保证商品运输的安全。

3.2.4 物流跟踪

联系好物流公司并打包好商品后，待快递员取货成功，即意味着商品已进入物流运输阶段。在电商平台中购买的实物商品，一般都要通过邮寄的方式送达客户手中，因此快递是最重要的商品交流渠道。作为电商客服，应详细了解各种邮寄方式，才能根据自身需要选择合适的快递公司。

1. 快递公司的选择

选择好的快递公司才能保证自己日常的经营活动更顺畅，因为如果只根据费用高低来选择物流公司，那么商品在运输途中出现问题的可能性就会更大，最终造成客户不满意而流失，因此，选择一两家好的快递公司非常重要。

在选择快递公司时,需要从以下四个方面进行考虑。

(1)送货速度。客户在下单付款后一般都想要尽可能快地收到自己购买的商品,因此电商企业在选择快递公司时,应该多选择几家快递公司,并对其送货速度进行比较,从中选择送货速度较快的那一家。

(2)快递价格。在选择快递公司时,快递价格也是电商企业需要考虑的因素之一。电商企业可以先大致了解每家快递公司的收费情况,锁定几家比较合心意的快递公司,向其咨询具体的价格,最后通过比较选择适合自己的快递公司。需要注意的是,在选择快递公司时,并不是快递的邮寄价格越低越好,因为价格较低的快递公司在送货速度、服务质量等方面往往不尽如人意。

(3)快递服务。选择一家服务态度好的快递公司,有利于提高客户的忠诚度。因此,在送货速度和快递价格都相当的情况下,电商企业就应当考虑哪家快递公司的服务更好。在选择时,电商企业一定要注意确认快递公司是否提供送货上门服务。

(4)快递员。一些经验较少、工作态度较差的快递员在收发快递的时候,常常出现快递损坏或遗失的现象,这也会给电商企业和客户带来很多不必要的麻烦。因此,在选择快递公司时,电商企业还应当考虑快递公司中快递员工作的熟练程度与工作态度。

电商企业除选择一家靠谱的快递公司作为长期合作的对象外,还可以多选两家作为备用的快递公司,以防止长期合作的快递公司因有特殊情况而无法正常收发快递。

2. 跟踪商品物流

有时客户会询问发货进度,在客户不方便查看时,客服就可以通过发货单号来跟踪货物的运输进度并告知客户。因此,通过任意一种物流方式发货后,客服都必须将发货单保存好,以便跟踪物流进度,也便于处理发货后期出现的纠纷。

(1)在线跟踪物流进度。目前,基本所有的物流公司都提供了在线跟踪运输进度的服务,当用户通过快递公司发货后,可以登录快递公司网站方便地跟踪货物运输进度。通过快递公司发货后,可以从快递单中获取发货单号(也称运单号)。不同快递公司的运单号位置可能略有不同,但一般都位于快递单上方的条码位置或快递单下方的突出位置。有了运单号以后,就可以登录到相应的快递公司网站中跟踪货物运输进度。

(2)通过百度网站快速查询物流进度。百度网站提供了很多有用的服务,其中一项是可以在其页面上直接查询快递的物流进度,而无须登录到快递公司的网站上。在百度快递查询页面上,不仅可以搜索国内快递(图 3-17),还可以搜索大宗物流及国际快递,只需单击网站中的"物流查询"或"国际货运"选项卡即可进入相应页面进行查询。

3. 短信通知发货、配送及签收

客服人员完成商品的发货后,不能忽略对订单的跟踪。物流信息有三个重要方面,分别是订单发货信息、订单配送信息及订单签收信息,客服人员需要将这三个方面的信息及时告知客户。客服人员应该选择哪一种方式进行信息传送呢?手机是大家普遍使用的,在接收信息的便捷性与时效性上都具有优势,客服人员可以选择以短信的方式及时告知客户商品的物流信息,如图 3-18 所示。

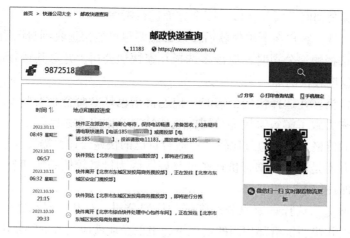

图 3-17　邮政快递查询

图 3-18　短信及时通知客户商品的物流信息

项目实训

（1）采用分组的形式进行实训，每 3～5 人为一组，设立负责人一名，负责整个任务的统筹工作。

（2）登录千牛卖家工作台，依次选择"交易管理"—"已卖出的宝贝"—"等待买家付款"，查看未付款的订单，并与客户沟通，分析未付款的原因。

（3）使用不同的催付工具，如千牛、短信和电话。使用千牛自带的催付话术，并编辑催付话术。对于订单总金额较大的客户，一般推荐使用打电话的方式进行催付。

（4）再次进入千牛卖家工作台，在"已卖出的宝贝"中可以根据商品 ID、宝贝名称、买家昵称、订单编号、成交时间、订单状态等关键词查找订单。

（5）处理"等待买家付款""等待发货""已发货""交易成功""交易关闭"等状态的订单，并分别在千牛客户对话窗口和千牛卖家工作台中进行订单备注。

（6）团队成员将各自实训的信息最终汇总给团队负责人。

（7）团队成员对资料进行整理、分析，采用头脑风暴的方式总结出电子商务客服售中服务成功案例的启示。

（8）形成实训报告上交教师，由教师给予评价。

复盘反思

经过本项目的实施和相关知识点的学习,对比自己总结的内容与知识讲解部分内容是否契合,填写下表完成项目评测,并进行复盘反思。

姓名		班级	
学号		日期	
知识盘点	通过对本项目的学习,你掌握了哪些知识?请画出思维导图:		
任务完成自评	□优秀	做得好的地方:	
	□良好	需改进的地方:	
	□较差	做得差的地方:	
任务完成情况	按照服务类型分类	□熟练掌握,能够口述	□有所了解,能够通过资料进行总结
	按照商务形式分类	□熟练掌握,能够口述总结	□有所了解,能够通过相关信息进行总结

项目评价

经过本项目的分组实训演练，按实训项目评价指标进行学生自评与小组成员互评（按优秀为 5 分、良好为 4 分、一般为 3 分、合格为 2 分、不合格为 1 分五个等级进行评价），并填写下表完成实训项目评测，最后由教师给出综合评价。

	评 价 指 标	得分
自评	团队合作精神和协作能力：能与小组成员合作完成项目	
	交流沟通能力：能良好表达自己的观点，善于倾听他人的观点	
	信息素养和学习能力：善于收集并借鉴有用资讯和好的思路想法	
	独立思考和创新能力：能提出新的想法、建议和策略	
组员 1	团队合作精神和协作能力：能与小组成员合作完成项目	
	交流沟通能力：能良好表达自己的观点，善于倾听他人的观点	
	信息素养和学习能力：善于收集并借鉴有用资讯和好的思路想法	
	独立思考和创新能力：能提出新的想法、建议和策略	
组员 2	团队合作精神和协作能力：能与小组成员合作完成项目	
	交流沟通能力：能良好表达自己的观点，善于倾听他人的观点	
	信息素养和学习能力：善于收集并借鉴有用资讯和好的思路想法	
	独立思考和创新能力：能提出新的想法、建议和策略	
组员 3	团队合作精神和协作能力：能与小组成员合作完成项目	
	交流沟通能力：能良好表达自己的观点，善于倾听他人的观点	
	信息素养和学习能力：善于收集并借鉴有用资讯和好的思路想法	
	独立思考和创新能力：能提出新的想法、建议和策略	
教师综合评价	优秀之处：	
	不足之处：	

项目 4
网店客服售后服务

 **学习目标**

知识目标	• 熟悉售后服务的作用； • 了解售后问题处理方法的要点与禁忌； • 掌握不同售后问题的处理； • 掌握处理客户投诉的技巧； • 掌握评价管理的要点
能力目标	• 能够及时处理好消费者提出的售后问题； • 针对不同类型的纠纷，能够采用不同的技巧进行处理； • 对中、差评进行处理，能够引导消费者将中差评改为好评
素养目标	• 运用网店客服售后服务的相关知识分析问题、解决问题

 学习计划表

项　　目		认知网店客服售后服务	网店客服售后服务的业务与处理
课前预习	预习时间		
	预习结果	1. 难易程度 □偏易（即读即懂）　　　　　□适中（需要思考） □偏难（需查资料）　　　　　□难（不明白） 2. 问题总结	
课后复习	复习时间		
	复习结果	1. 掌握程度 □了解　　　　□熟悉　　　　□掌握　　　　□精通 2. 疑点、难点归纳	

 项目导读

　　在电商平台中，售后客服的工作相对比较烦琐，又非常重要，因为客户对商品属性的问题、对用法的疑问等都要靠售后客服来解决和解答。由此可见，售后客服工作关系到客户对店铺的满意度，关系到客户是会回购还是流失。为做好售后工作，售后客服应了解售后工作的相关理念及工作内容，并掌握各种具体工作的处理技能。

4.1 认知网店客服售后服务

售后是客服工作中很重要的一个环节，也是最能影响客户体验的一个环节。要想做好售后工作，不仅要妥善处理问题，还要通过售后问题整理及数据分析，提前做好售后问题预防的工作，让售后问题能够得到根本解决。售后工作的目标就是通过总结售后问题，找出问题产生的原因并从源头防范，从而不断减少售后问题。

4.1.1 售后服务的作用

售后服务是整个交易过程的重点之一。售后服务和商品的质量同等重要，售后服务增加了客服人员与客户交流的机会，同时拉近了店铺与客户之间的距离，增强了客户对店铺的信任。

▶▶ 想一想

网店客服售后服务有哪些作用？

_____

_____

1. 提高客户的满意度

良好的售后服务会在无形之中提高客户的满意度，客服人员提供售后服务的目的是让客户满意，从而最终成为店铺的忠诚客户。

随着商品经济的发展，市场竞争日益激烈，客户的维权意识不断提高，消费观念也在变化。客户在选购商品时，不仅会注意商品本身，而且在商品的质量和性能相似的情况下，会更加重视商品的售后服务。在网上交易的整个过程中，售后服务这一环节越来越重要。

> **知识拓展**
>
> 从品牌层面来看，好的售后服务是维护客户对品牌价值的统一认识的重要措施。在网上购物的过程中，在将商品交付给客户之前，客户只能感知到商品的价值，而对商品价值的体验和确认却发生在交付商品之后，这时售后服务就承担着对客户体验进行跟踪反馈的责任。

在网上交易的过程中难免会发生纠纷，如果售后服务不到位，直接反映出来的就是卖家服务评级系统（detail seller rating，DSR）评分的降低、店铺的负面评价增加，严重的会影响到店铺的形象。售后服务做得好，客户满意度高，DSR评分也就比较高，如图4-1所示。如果客户在店铺内想要购买商品时发现该店铺的DSR评分比较低，肯定会对客户的心态造成影响。

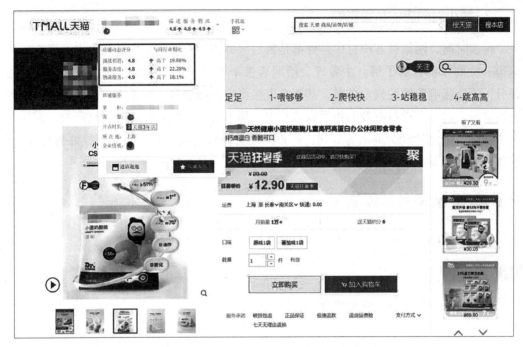

图 4-1　满意度高的店铺的 DSR 评分

2. 提高客户的重复购买率

如果有的客户首次购买时有不满意的体验，那么他就不会重复购买，甚至会将其不满意的体验进行传播。在网络交易的过程中，客户如果遭遇了不满意的体验，一般来说，首先想到的是联系客服人员，这时，售后服务就起到了至关重要的作用。售后服务做得好，不仅能解决前期产生的不愉快，而且能和客户有更深入的接触，甚至能把对店铺有过不满情绪的客户转化成店铺的长期重要客户。因此，做好售后服务可以提高客户的重复购买率，如图 4-2 所示。

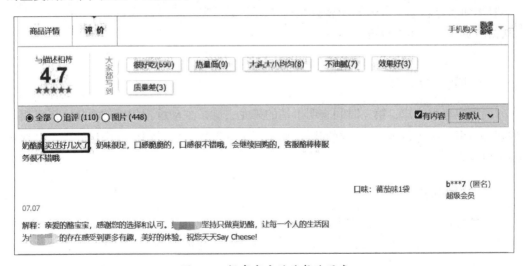

图 4-2　提高客户的重复购买率

3. 减少对网店的负面影响

很多时候，网店被客户打中差评都是售后服务不到位所致，中差评带来的影响，相信每一位商家都有所了解。中差评会给网店带来很多的负面影响，不仅会影响网店的评分，还会影响店铺的权重排名，甚至会直接影响商品销量，降低客户的信任感。如果售后客服人员没有进行有效的售后服务管理，那么就有可能导致店铺受到降权、商品下架、扣分、限制活动、屏蔽等处罚，严重的还会导致店铺被封。只有把控好售后服务，才能使店铺规避风险，把负面影响降到最低，从而提高客户的满意度。

4.1.2 售后服务的原则

售后服务的基本原则就是帮客户及时解决问题，让客户满意。

▶▶ **想一想**

说一说售后客服人员服务时要注意哪些原则？

_____

_____

1. 响应及时原则

售后服务中需要注意效率问题，客户本身是抱着不满情绪来的，因为找不到客服发泄，所以不满会积压更深，甚至会扩大不满的范畴，再等到客服接待时，处理的难度就随之增加。所以客服在响应时速度一定要快，千牛解决不了的问题尽量使用电话沟通。

> **知识拓展**
>
> 在有情绪时不要做出决定，因为在有情绪的沟通过程中常常无好话，既厘不清，又讲不明，也很容易让人做出情绪化的冲动决定，导致事情发展到无可挽回的地步，从而丢失客户，令人后悔。

2. 承担责任原则

商家应尊重客户，第一时间查明事情的来龙去脉，主动承担相应的责任，提出相应的解决方案，积极帮客户解决好问题。如当下未处理好，应后期继续跟进处理，直到问题解决为止。

3. 真诚沟通原则

不管客户是对还是错，商家都不能抱着质疑的态度去跟客户沟通。应换位思考，学会站在客户的角度，感受客户此时此刻的情绪，真诚地跟客户沟通，给出令客户满意的处理态度及行动。

4. 补偿到位原则

当出现售后问题时，除安抚客户的情绪外，还应该及时帮客户解决好问题，给出合理的补偿方案，直到客户满意为止。

售后服务的优劣会直接影响客户的满意程度，特别在当前竞争激烈的电商时代，客户对商家和平台的选择较为多样化，商家应以客户运营为核心，遵循售后处理的原则，优质的售后服务可使客户摆脱对店铺及商品的顾虑，从而下定决心购买商品。好的售后服务会提升品牌形象及增强客户对店铺的好感。

4.1.3 售后服务的综合指标

以天猫平台为例，售后服务的综合指标是指包括纠纷退款率、退款完结时长、退款自主完结率三项指标的一个综合评估数据，取值范围为1～28天。其中，上述三项数据对综合指标的影响占比约为3：2：1。综合指标以排名占比的形式展现，并与同行商家进行对比。

▶▶ 想一想

如何评判售后服务的好与坏？

_____

_____

售后服务的综合指标中三项指标的具体计算逻辑如下。

（1）纠纷退款率：1～28天（售中+售后）判定为商家责任且生效的退款笔数÷支付宝成交总笔数。

（2）退款完结时长：1～28天退款完结（售中+售后）总时长÷退款完结总笔数。

（3）退款自主完结率：1～28天商家自主完结退款（售中+售后）笔数÷店铺完结退款总笔数。

售后服务的综合指标是考核一个店铺售后工作的核心指标，也是营销活动准入的重要考核指标，在天猫平台上，售后服务的综合指标则是这一考量最重要的落地体现。

售后的纠纷退款情况是商家服务能力的重要体现。在商家和客户未自行协商达成退款协议，发生退款纠纷时，天猫客服介入后，会判定责任方，如果判定结果为商家责任时，则会计入商家的纠纷退款率。天猫的纠纷判责则会在退款完结（退款成功/关闭）3天后生效，如商家对判责有疑问，可以进行申诉。在退款完结后的24小时内，单击"我要申诉"的按钮，12小时内添加相关凭证并提交申诉，申诉提交后的36小时内天猫客服会复审完毕。若申诉成功，则纠纷不计入纠纷退款率；若申诉失败，将正常计入纠纷退款率。

天猫客服会针对商品问题、违背承诺等不同退款场景来决定纠纷的责任方，分为商家责任和非商家责任。

> **知识拓展**
> 纠纷退款率不仅会影响网店的权重,而且会使网店的搜索排名靠后,因此要消除这种不良影响。网店应该采取相应的措施,比如对商品进行严格审查,如果发现商品不符合市场需求,应尽快下架,更换新商品;遇到纠纷退款时,应积极与客户取得联系,买卖双方协商解决,最好不要申请淘宝介入。

商家责任商品问题是指商家出售的商品或提供的服务不合规或使客户权益受损的,包括但不仅限于下列形式:一是商家违反平台规则出售平台禁限售商品、假冒品牌;二是客户举证有效,商品存在描述不符、质量问题,商家拒绝提供售后服务。

商家责任违背承诺是指商家未按照其承诺向客户履行相关义务,包括但不仅限于下列形式:一是无正当理由拒绝履行七天无理由退换货义务;二是无正当理由拒绝自主加入的交易合约中的承诺(如送货上门等)。

退款完结时长体现了商家的售后服务效率,要想提升售后服务效率,需要商家时刻跟进后台退款,出现退款及时处理。

退款自主完结率是指商家自主完结的退款在全部退款中的比率,如有小二介入处理退款,协助完结,会影响退款自主完结率。

想要使售后服务综合评分达标,需要提升售后服务质量,重点提升上述三项指标。

4.1.4 售后服务的处理步骤

要想成为一名优秀的售后客服人员,就要熟悉完整的处理售后问题的步骤。在电商购物中,一般把售后服务的处理步骤分为五步,如图4-3所示。

图4-3 售后服务的处理步骤

▶▶ 想一想

试思考售后服务的处理应遵循什么步骤?

_____

_____

1. 快速反应

当有客户咨询售后问题时,售后客服人员要做到快速回复。通常出现售后问题时,客户的耐心远远低于售前，有的客户甚至会由于等待时间过长，误认为网店不愿承担责任，而使普通的售后问题上升为投诉纠纷。因此，在处理售后问题时，售后客服人员的反应一定要迅速。

2. 安抚情绪

当客户说明对商品产生不满的原因后，售后客服人员要在第一时间安抚客户的烦躁情绪。当发生不愉快时，售后客服人员应先让客户的不满情绪发泄出来，再来处理客户提出的问题。

3. 勇于承担

在整个倾诉过程中，售后客服人员要认真、耐心地倾听，并从客户的陈述中提炼和总结出要点。同时，为了表明积极、主动解决问题的态度，售后客服人员还需要对客户提出的不满进行道歉，并核实是不是由于商家的原因造成的。如果是商家原因造成的，售后客服人员要有勇于承担责任的态度。即便是因客户误会而产生的问题，售后客服人员也应该耐心地和客户解释，并解决问题。

4. 判断诉求

如果已经确认是网店疏忽等原因造成的客户不满，那么客服人员除了要安抚客户情绪并真诚地向客户致歉外，还需要通过与客户沟通来判断客户的真实诉求。

在整个售后服务过程中，客户的诉求一般可分为求发泄、求补偿和求尊重三种。售后客服人员要尽量根据客户的诉求提出解决问题的方案。在提出解决方案时，售后客服人员应尽量使用封闭式问题，如"是帮您退货还是帮您调换呢"，而不是开放性问题，如"您想怎么解决呢"，这点一定要牢记。

5. 跟踪处理

当售后客服人员提出解决方案并与客户达成一致后，还需要继续跟进解决过程，从而提升客户的购物体验度。商家需要做更多的后续工作来表明其积极、主动的态度。问题解决后，商家还需要进行总结反馈，以此来提高售后客服人员的售后问题处理能力。

4.1.5 售后服务的处理禁忌

售后客服人员除了要掌握售后服务的处理步骤外，还需要了解在整个售后服务过程中的处理禁忌。有些售后客服人员由于不小心触碰了禁忌，导致售后问题升级。售后客服人员需要谨记以下几个禁忌。

1. 不能出现争辩、争吵

不管是商家还是第三方的过错，在整个交易过程中，都给客户造成了不便，应该按照售后问题处理要点进行处理，切忌和客户发生争吵。

2. 不能对客户进行批评教育

有的客户由于对商品的认知度不够，或者因为不了解商品而产生误会，从而向售后客服人员咨询，此时售后客服人员要耐心地回答，不能因为客户不懂就对其进行批评教育。

3. 不能直接拒绝客户

有些客户提出过于苛刻的解决方案时，售后客服人员不能直接拒绝客户提出的方案，而应有理有据、合理且耐心地和客户沟通，争取最大限度地满足客户的需求，解决交易过程中发生的不愉快。

4. 不承认错误

有的商家因为害怕承认是自己的过失而承担后果，所以坚决不承认错误，这是售后问题处理过程中的大忌。个别客户和售后客服人员沟通只是为了说明在商品体验过程中遇到的问题，希望商家有诚恳的态度，并不想刁难商家，所以售后客服人员需要调整好心态，积极面对问题。

5. 不重视客户

个别商家在处理售后问题的过程中，由于客户提出的方案很难接受，导致售后客服人员在沟通过程中不经意间流露出对客户的不重视，造成客户对售后客服人员态度的不满。作为售后客服人员，不管何时与客户沟通，都要保持良好、积极的心态，来解决整个售后过程中出现的任何问题。

4.2 网店客服售后服务的业务与处理

售后服务的质量是衡量网店服务质量的一个很重要的方面，好的售后服务不仅可以提升网店的形象，还能留住更多老客户。网店客服售后服务的业务主要包括信息反馈跟踪、普通售后问题的处理、纠纷处理、评价管理和客户回访。

4.2.1 信息反馈跟踪

客户的信息反馈环节是商品服务管理最为关键的一环。客户收到商品并不意味着客服服务停止。客户购买商品必然有自己的体验，收到的商品是否完整、商品使用是否正常、客户对商品是否满意等都是客服人员应该主动询问的问题。

1. 主动询问客户商品的使用情况

在客户收到商品的一个星期内，客服可以通过阿里旺旺以轻松愉快的聊天氛围主动询问客户商品的使用情况。

> 示范案例 4-1

客服：亲，衷心感谢您对小店的支持！上次您在我们店购买的蒸蛋器用起来怎么样啊？

客服：亲，您的宝贝系统显示已经签收啦！请您仔细检查商品是否完整，商品使用是否方便，如果有任何问题，您可以告诉小曼哟！

客服：主人主人，您还没告诉我上次购买的坚果好吃不好吃呢。

主动询问客户商品的使用情况，可以让客户感受到店铺对自己的在意，即便商品存在一些小瑕疵、小问题，因为客服的主动沟通，客户的愤怒感会降低很多，甚至会因为客服的主动而忽略商品所存在的小问题。

2. 及时反馈信息并做出调整

市场是店铺选择出售商品类型的最主要因素，而客户则是店铺调整经营模式最重要的依据。在收集客户的意见后，有则改之，无则加勉，根据客户的需求及时调整自家店铺所售商品，客服还可以对客户的建议进行系统的记录。

以某品牌加绒打底裤为例，售后客服人员从客户的反馈信息中得知自家商品客观上存在影响客户使用的瑕疵，及时向网店管理人员反馈，网店管理人员立刻联系工厂改进生产工艺，改善网店商品品质，提高了商品销量。客服人员还可以对客户的建议进行记录，如表 4-1 所示。

表 4-1 客户建议登记表

客户 ID	购买时间	购买的商品	反馈意见

4.2.2 普通售后问题的处理

普通售后问题的处理是指在正常交易情况下，客户由于某些主、客观原因，对商品或服务表示不满，但愿意用沟通协调的方式去解决售后问题。普通售后问题的处理是售后客服人员每天做的最多的工作，是售后客服人员的主要工作之一。下面我们就来了解一下普通售后问题的具体处理方法。

1. 处理关于商品物流与签收方面的问题

快递运输过程中，容易发生一些常见的商品物流与签收方面的问题，如快递破损、未按客户备注错发快递、显示签收但实际客户未收到等。客服应掌握这些问题的基本处理流程，才能处理好客户反馈的问题。

▶▶ **想一想**

怎样处理查单与查件问题？

_____

_____

1) 处理快递破损件

很多电商企业为了使商品能顺利到达客户手里，在包装上已经下足了功夫，但还是有客户在收件后联系客服反馈商品破损的问题。客服遇到快递破损件反馈时，可参考以下处理流程。

> **知识拓展**
>
> 一个包裹如果外观没有破损，也没有开封痕迹，找快递公司赔偿的胜算较小。但为了快速解决客户的问题，还应要求客户拍摄包裹、商品的图片留证，并及时为客户补发商品。事后再找快递公司协商责任归属方。

（1）安抚客户情绪，表示会尽最大努力帮助客户处理问题。

（2）询问外包装是否破损。如果有破损，大多属于快递公司责任，建议客户配合找快递公司谈赔偿。

（3）让客户对收到的外包装和商品进行拍照，用以判断破损责任方与留证。

（4）确认补发整件还是配件。同时，注意安抚客户情绪，因为补发需要时间。

（5）留言告知补发的快递单号，并提醒客户给出好评。

2) 处理未按客户备注错发的快递问题

部分客户有指定快递公司的习惯，如果电商企业不便使用客户指定的快递公司发货，可以直接在商品详情页中或快捷回复快递问题时给出相应提示。但是也有部分客服答应了客户按其指定的快递公司发货的要求，却没有按约履行。

例如，客户要求发圆通快递，客服同意后却发了中通快递，客户对此表示很不满意。遇到这种情况，客服应灵活处理。客服应核实中通快递是不是不能到达客户的收货地址。如果经核实，确实中通快递不能到达收货地址，应迅速联系中通快递把货物退回来，并向客户道歉；如果中通快递也能到达收货地址，客户是因为其他原因指定圆通快递，考虑到运费成本，客服应尽量不去拦截快递退回重发，而应与客户友好协商。

> **知识拓展**
>
> 未按备注发货，属于电商企业有错在前，在与客户协商时要注意态度和语气，尽量表明立场，愿意承担任何责任，避免给客户带来不好的体验，进而得到差评。

示范案例 4-2

客户：我备注了发圆通，你们怎么发中通了？

客服：非常抱歉哦，给您添麻烦了，我查询一下。

客服：真的很抱歉，因为最近这款商品的销量太好了，库房人员忙中出错，给您发错快递了。不过我刚刚问了中通快递，中通快递也可以送达您的收货地址，而且明天就到了。您看到收货信息提醒时方便去取一下吗？如果您实在不方便，我就联系中通快递给退回来，再重新给您发圆通快递。只是这样一来，可能您要晚几天才能收到货了。

客户：算了吧，我去取，下次不要再发错了。

客服：嗯嗯，下次一定注意。

3）处理显示签收但实际未收到的快递问题

有时候，客户的快递在快递查询详情页中显示已签收，但客户本人没有收到。这种情况较为常见，因为快递在送达到学校、机关单位、公司前台等地方后，快递员会将快递状态更改为签收，但实际上客户此时并没有收到。所以，遇到这种情况时，客服耐心进行解释即可。

示范案例 4-3

客户：我的快递显示签收了，但我没有收到。

客服：稍等，马上为您查询。

客户：嗯。

客服：经查询，快递已经在今天13:25时在距离您收货地址50米的门店签收了。门店的工作人员可能正在录入系统，24小时内应该会提示您取件。麻烦您耐心等待，我这边也会继续跟进，有消息立马通知您。

客户：好吧。

4）处理快递信息久未更新的问题

正常情况下，在货物发出的第二天，快递信息就会更新。如果客户反馈快递信息久未更新，客服应该在安抚客户的同时，做好查询工作。如果货物信息超过5天未更新，那么在联系快递公司的同时，建议联系库房补发或者为客户退款。

5）处理由不可抗力导致退回的快递问题

有时候会有一些不可抗力导致快递无法送达，如部分城市在召开特殊会议期间需要交通管制，不允许货车进入，导致快递不能如期到达客户手里；或者极端恶劣的天气导致快递延误等。

出现这类问题时，客服可事先与客户沟通，说明因某些原因可能会导致货物晚到或被退回，询问客户是否需要下单。如果客户坚持下单，并表示可以等待，则后期不会发生纠纷。但也有部分客户明知快递可能延迟，下单后又不愿意等快递，遇到这种情况，客服只能先向客户致以歉意，然后追回快递，并做好退款处理。

6）处理超区快递问题

有时候，快递已经发出了，却反馈地址超区，无法派送到客户手中。遇到这种问题，客服应登记详细情况，询问快递员能否帮忙转发其他快递。如果快递员回复能转发，询问具体的转发费用，与客服主管沟通是否在承担能力内，生成处理方案后再联系客户。如果快递员不能帮忙转发，那就只能退回包裹，改发其他快递，同时通知客户并取得客户的谅解。

> **知识拓展**
>
> 为处理好快递超区的问题，客服应采用自动发货系统来发货。自动发货系统能及时提醒快件是否存在超区的可能。如果存在超区可能，应暂不发货，及时联系客户且提供解决方案。电商企业可以考虑与中国邮政快递合作，相比其他快递，邮政的覆盖面较广。如果发现其他快递无法到达客户所在地，可先联系客户，询问客户是否可以改发邮政快递。

客服可通过旺旺或电话联系到客户本人，把快递超区的事情及解决方案告知客户，由客户决定具体采用哪种方案。

7）处理疑难件无法派送问题

疑难件无法派送也是常见的物流问题之一。在快递派送过程中，地址错误或者联系不到客户等原因会导致没有办法将快递派送至客户手中，客户由于长时间收不到快递或者查物流状态时显示为疑难件，便会咨询客服人员。

当碰到类似情况时，售后客服人员要注意及时收集客户的最新信息，比如手机号码、收件地址，以及明确可收快递的时间等，并及时反馈给快递公司，督促其及时派件。

8）处理节假日及特殊活动后派件时间延长问题

在整个电子商务"节日"期间，如"6·18""双十一"等规模较大的促销活动期间，短时间内将产生大量的商品交易，经常有快递爆仓的现象发生，客户有可能会对比预期晚到达的快递进行咨询。作为客服人员，应如实回答快递未按约定时间到达的原因。

2. 处理正常退换货的问题

退换货问题在售后问题中较为常见。客户在收到商品后，有时会因为商品的质量有问题，或者对大小、颜色、款式等不满意，要求电商企业退换商品，甚至会单纯因为不喜欢而退货。处理好退换货问题，是售后客服的一项基本工作。

1）判断商品是否符合退换货标准

当客户要求电商企业更换商品时，可能涉及价差问题，而退回商品则又会涉及退款和运费问题。关于退换货与运费方面的说明，电商企业一定要事先放在商品详情页中，让客户了解本店的相关规则。

客服在和客户沟通协调一致后，应在规定的时间内同意客户申请，再将相关的信息发送给发货人员。收到客户退回的商品后，如果商品不影响二次销售，可寄出调换的商品或做退款处理；如果商品影响二次销售，则应与客户协商或申请平台介入。

2）劝说客户取消退换货

考虑到销量、客单价等因素，客服应尽量劝说客户取消退换货。在劝说时，要注意态度和言语措辞。通常，客户在对商品不满时，语言和情绪方面可能会比较激动，客服应询问退货理由，并安抚客户情绪。例如，部分需安装才能使用的商品，客户由于不知道安装方法导致安装有误，商品不能正常使用，因而发出退货申请，此时客服应询问退货原因并做相应的安装指导，同时劝说客户不要退货。

客服在设法平复客户情绪时应主动承担责任，并注意把握交流过程中的态度与措辞，避免激怒客户，因为此时客户的情绪容易失控。

3）确定退换货邮费及补差费用

实体商品一旦确定退换货，必定涉及邮费问题。不同的电商平台对退换货邮费归属有不同的规定，售后客服应配合客户处理好邮费的归属及相应的补差。在做这项工作之前，客服需先和客户交流，确定责任的归属。

（1）退换货邮费。客服在做退换货处理之前，应与客户协商好，由客户垫付邮费，电商企业收到退货商品并确认商品无明显使用痕迹，在不影响二次销售的情况下，再退给客户约定的邮费。如果交易双方都没有购买运费险，在客户寄回商品时，则涉及运费的归属问题。

在处理这种情况时，客服应根据具体问题具体分析的原则来解决。例如，商品有质量问题和无质量问题，二者的解决方式略有不同。如果商品无质量问题，单纯由于客户不想要而要做退货处理时，退货运费由客户全部承担。通常只要商品无质量问题，客户基本同意自己承担退货邮费。遇到个别不愿承担邮费的客户，客服应耐心说服。但如果商品存在瑕疵或质量问题，客服应主动提出由店铺承担邮费，并且要安抚客户情绪。

示范案例 4-4

客户： 在吗？收到的包包有划痕，你们自己看看（发出商品图片）。

客服： 亲，抱歉，为您带来了不好的购物体验。这款包包是爆款，这两天卖得太火,库房人员忙中出错,在拣货时可能不小心擦刮到了,这边为您做换货处理可以吗?

客户:退换的会不会还有划痕啊?

客服:亲,不会的。库房人员已经犯错在先,再给您发货时一定会再三检查,给您选个好的。为表歉意,额外赠送您一份小礼物哟。

客户:哈哈,好。

客服:谢谢理解!还麻烦您先垫付一下邮费,再次给您发货时,一并把邮费退还给您。

客户:好的!

在以上示范案例中,商品本身存在瑕疵,客服要设身处地地为客户着想,此时客户的心情不好也是可以理解的,客服需安抚到位,必要时可给对方赠送些小礼物或优惠券。如果遇到客户报的邮费价格过高,可与客户协商联系价格较为适中的快递,或者由客服在网上查询该地区的快递服务电话,并联系快递员上门取件。

(2)退还差价。部分电商企业对一些商品做了"买贵退差价"的承诺,在承诺期限内,如果电商企业将商品降价,客户可以要求电商企业退还差价。在这种情况下,电商企业必须要履行承诺,将差价退给客户。

> **知识拓展**
>
> "买贵补差"一般由电商企业提出,没有明文规定必须严格执行。在客户要求补差价时,客服可软性地劝说客户打消补差念头。如果客户强烈要求补差价,客服也应积极处理。

(3)处理退换发票问题。当客户申请发票退回时,应先确认客户申请的原因,如果是发票抬头、商品类型、金额有误,先查看自己在与客户的聊天过程中是否存在错误,并让客户提供出错证明,即发票照片。如果确实是客服开票出错,建议与客户协商妥善解决,并请客户退回重开,相关费用由电商企业承担。

在售前过程中,客户提出需开发票时,客服应及时询问开票信息,如发票抬头、纳税人识别号或统一社会信用代码等。如果客户有特殊要求,需及时对接相关专员或者财务部门进行处理。另外,客服不要自作聪明,认为不开发票可以少纳税,为电商企业省钱,从而在客户提出开发票要求时,故意设置障碍,如开发票需增加运费、增加税点等,这样的行为被平台发现后电商企业可能会受到处罚。

4)与仓管人员协调处理退换货

大中型电商企业一般拥有独立的仓管人员。在处理退换货事宜时,客服可能还需要仓管人员的协助与配合,客服与仓管人员交接工作一般是通过退换货表格来进行的。

如表4-2所示,客户在某微店购买一款发夹,在收到货后表示不喜欢需退换货处理,接待客服应在"退换货详情表"内完善订单信息,并转交给仓管人员。仓管人员在拣货时,应严格按照表格内的信息进行处理,避免失误引起客户不满。

表 4-2 退换货详情表

客户 ID	订单号	退回快递号	退换商品	退换原因	是否重发	运费承担	办理人
露露 **	45475***	圆通 ***	蝴蝶发夹	不喜欢	否	客户	客服 ***
云淡风轻 *	45476***	中通 ***	蝴蝶发带	残次商品	是	电商企业	客服 ***
七月七 **	45477***	圆通 ***	桃心发夹	颜色发错	是	电商企业	客服 ***

5）预防退货的措施

对于商家来说，肯定不喜欢客户退货。但是，在网店运营的过程中，每天都有客户退货，有些网店的退货比例高达 20%，退货率这么高的网店肯定很难赚钱。退货是每个商家必须面对的一个重要问题。

▶▶ 想一想

商家应该如何预防退货来使退货的损失最小呢？

（1）制定合理的退货政策。对于退货条件、退货手续、退货价格、退货比例、退货费用分摊、退货货款回收及违约责任等方面，网店应制定一系列标准，利用一系列约束条件来平衡由退货产生的成本。图 4-4 所示为提前在商品详情页中公布的合理的退货政策。

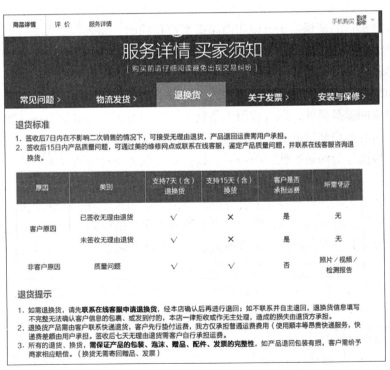

图 4-4 提前在商品详情页中公布的合理的退货政策

（2）验货。在各个环节都要验货，以确保在商品发给客户前就发现商品的诸多缺陷。

（3）引入信息化管理系统。现在，很多网店的管理工作基本是依靠人工完成的，无法准确、实时地把握商品管理的每个细节。在淘宝网，专业化的或者网店等级在皇冠以上的商家都引进了信息化管理系统。只要客户报上其名字或者会员名，客服人员就可以通过信息化管理系统查看其具体的消费情况。现在很多皇冠级别的商家还有自己的自动化退换货系统。

3. 处理正常退款的问题

退款是网店发出商品后，客户在收到或未收到商品时，对商品感到不满意，要求网店退还其所消费的金额。如果客户已经收到商品，还应将商品退还给网店。许多商家都会在客户收货后，一直期盼着客户能快点确认收货，最怕的就是客户申请退款，因为退款会影响网店的退款率，从而影响网店的信誉。

其实在任何一家网店中都会出现退款的情况，这也是一种正常现象，客服人员只要认真对待、认真处理，做好售后服务，避免客户投诉，就不会受到处罚。

▶▶ 想一想

如何应对客户的各种退款要求？

_____

_____

如果客户提供的证据能充分说明商品确实存在问题，那么客服人员应当给出合理的解决方案来对客户进行补偿。可能会有一部分客户不愿意接受解决方案，非要进行退款，那么客服人员可以和客户协商，满足客户的要求，予以退款。

但是如果碰到了恶意退款的客户，商品并没有出现任何问题，而且确实是因客户使用不当而造成的商品损坏，那么客服人员就不应该同意客户的退款申请。如果确实是客户的过错，而且客户坚持退款要求，则可以申请淘宝客服人员的介入。

还有一种情况为纠纷退款，纠纷退款是指买卖双方经自行协商未达成退款协议，由淘宝客服人员介入，且判定为支持客户的退款。

因此，客服人员在客户对交易有异议或申请退款和售后时，应快速主动，积极联系客户协商处理，并在可协商的范围内尽可能处理好客户的问题。如果双方经过协商还是无法达成一致，并且客户申请淘宝客服人员介入，那么客服人员应该好好地保存相关的凭证和证据，交给淘小二，淘小二会根据证据来判定。

根据电商平台为商家提供的退款处理办法，现将退款原因归纳为五类，并对每一类退款原因给出相应的处理办法和后续跟进措施，如表4-3所示。

可见，当售后客服人员遇到要求退货退款的客户时，应该根据客户的要求先查明原因，发掘客户的实际意图，找到问题，解决问题。对于可退可换的客户，客服人员在与客户沟通后可将退货退款转化为换货，以降低退货退款率。

表 4-3 退款原因和处理办法汇总表

常见退款原因	售后客服人员处理办法	后续跟进措施
货物破损、少件等问题	➢ 要求客户提供实物照片,以确认商品情况 ➢ 向物流公司核实签收包裹的情况 ➢ 如果非本人签收,且没有客户授权,建议客服人员直接给客户退款,并向物流公司索赔,避免与客户之间产生误会	➢ 发货前严格检查商品质量 ➢ 选择服务品质好,尤其是签收操作严格规范的物流公司 ➢ 提前约定送货过程中商品破损、丢件等损失由谁承担
质量问题	➢ 要求客户提供实物图片,确认问题否属实 ➢ 核实进货时商品质量是否合格 ➢ 如果确认商品质量有问题或无法说明商品是否合格,可直接与客户协商解决,如退货退款	➢ 重新选择优质的进货渠道 ➢ 进货后保留好相关的进货凭证
与描述不符	➢ 核实商品详情页中的描述是否有歧义或者容易让客户误解 ➢ 核实是否发错商品 ➢ 如果描述有误或者发错商品,客服人员可以与客户协商解决,如换货、退货退款等,避免与客户发生误会	➢ 确保商品描述通俗易懂,不让人产生歧义 ➢ 确保发出的每一件商品与客户购买的商品一致
收到假货	➢ 核实供应商是否具备相应的资质 ➢ 如无法确认供应商资质,可直接联系客户协商	➢ 选择有品牌经营权的供应商 ➢ 进货后保留好相关的进货凭证或商品授权书
退运费	➢ 核实发货单上填写的运费是否少于订单中客户所支付的运费 ➢ 如果有误,将超出的金额退还给客户	➢ 运费模板要及时更新,如果有特殊情况,应及时在阿里旺旺中通知客户

示范案例 4-5

客户:这衣服的颜色怎么与图片上的差距那么大呢?真的是买家秀与卖家秀的差别,我要退货退款!

客服:亲,我们是专门请摄影师拍摄的,有时会因为显示器的亮度不同而出现色差,我们已经把色差降到最低了。如果亲确实不喜欢,我可以帮您换一件,但是提醒您一下,所有的网上商品由于拍摄、显示器的亮度不同等原因都免不了会有色差。

4. 处理售后维修的问题

如果商品出现了质量问题,且在商家承诺的质保范围内,客户可将商品寄回给商家,让商家进行维修,维修费用由商家承担。如果客户在未联系商家的情况下自行拿去维修,建议和商家协商确定维修费用由谁承担。

如果商品是人为因素造成的损坏或者已经过了质保时间,无论是寄回给商家维修还是自行维修,维修费用均由客户承担。

> **知识拓展**
>
> 交易中的运费争议根据"谁过错,谁承担"的原则处理,但买卖双方协商一致的除外。

4.2.3 纠纷处理

客户有时会放弃与客服协商,而直接向电商平台投诉电商企业的商品或服务问题,并请求电商平台进行仲裁解决。

客户投诉电商企业的原因有很多,可能是因为客服不认真解决问题,也可能是客户过于无理取闹。但不论什么原因,投诉都会对电商企业造成严重的影响。投诉给电商企业造成的损失比中差评更大,因为一旦电商企业被平台认定为过错方,就会受到严厉的惩罚,如公示警告、禁止上架新品若干天,甚至永久冻结电商企业等。因此,电商企业一般都特别重视客户的投诉,均会要求客服掌握处理投诉的正确方法,力争让客户取消投诉,或让平台判定电商企业无过错。

▶▶ **想一想**

想一想客户投诉的原因有哪些?

_____

_____

1. 弄清客户投诉的原因

只要客户的投诉成立,电商企业就必须对平台进行解释。例如,淘宝平台规定,电商企业在收到投诉后,必须在规定天数内进行处理,不然就自动判定电商企业为过错方,根据规则进行处理。在淘宝平台中,电商企业收到"延迟发货"的投诉后,应该在 5 天内申诉,向平台提供证据,否则将会受到"公示警告 90 天"的处理,并限制发布商品权限 7 天。如果申诉失败,也会受到"公示警告 90 天"的处理,并限制发布商品权限 0~7 天。

> **课程思政**
>
> 处理客户投诉不能用千篇一律的方式解决每一个矛盾,而是要针对不同投诉事件的起因、发生过程,以及不同投诉客户的性格特点、心理需求,采取"特别"的方式去化解矛盾,解决问题。而且要善于抓"重点"、抓"关键",即矛盾分析法要求的注意抓主要矛盾或矛盾的主要方面。通过耐心倾听,适时提问,找准问题的"症结"和解决问题的关键点,并与客户形成共鸣、达成共识,才能快速有效地解决问题。

因此,对投诉的最好处理方法还是及时联系客户,与客户协商,争取让客户撤销投诉。尽早联系客户，不仅可以争取更多的处理时间，还有心理学上的原因。试想客户刚刚投诉就接到客服的电话，客户必然会有一种受到重视的感觉，心情可能会稍微愉快一点儿，也会变得比较通情达理。

例如，一家经营纸巾的店铺在商品详情页中标注"因新疆、西藏两地运输速度慢且难度大，故邮费自理，并且商品无质量问题不退不换"。一位在新疆的客户收到货后，以卫生纸薄、质量差为由申请退货退款处理，接待客服则认为，详情页中写得很清楚，商品无质量问题不退不换，故拒绝客户的退货退款申请。客服主管随之收到平台的投诉记录，因此主动联系客户。

示范案例4-6

客服： 亲，您好！我是××店的客服主管，抱歉打扰到您。我在检查客服工作时发现，之前接待您的客服××态度不端正，惹您生气了。我已经对她进行了相应的处罚，这里主要还是想和您道个歉。

客户： 呵呵。有什么好道歉的？你们卫生纸又薄，质量又差，还不给退货。我直接投诉你们了，看你们退不退。

客服： 我们这款卫生纸是原浆纸，从选料、加工制造到包装出厂都有严格的质检把关。我完全赞同您说这款卫生纸偏薄，因为原浆纸在制作时未大量使用添加剂，粉尘度小，所以比较薄。但也正因为单层比较薄，所以这款纸有别于普通卫生纸的2层/抽，采用4层/抽。而且您看它的颜色保持竹浆本色，吸水性很好，很多客户使用后反馈说给人柔软舒适的感觉。您在使用时，是觉得哪里不妥呢？

客户： 我就是觉得它单层薄，就不想要。

客服： 每抽都是4层，这不影响使用的。还有个问题，之前客服可能没解释清楚。这款纸的单价不贵，但由于是运送到新疆，运输速度慢且难度大，所以我们没有提供包邮服务，邮费是您自己支付的，这样到手价就有点贵了。如果您现在坚持退货，我这边也可以帮您通过。但您购买时支付过一笔邮费，现在退货还需再支付一笔邮费，两笔邮费的钱都可以再买3提正价抽纸了，不划算呢！

客户： 这样啊！那算了，我不退了。

客服： 如果换作是我，我也不会退呢，毕竟邮费太贵了。话说回来，我还是想替之前的客服向您真诚地道歉，我代表店铺送您一张10元无门槛代金券吧。如果您不喜欢这种本色原浆纸，可以考虑店内的另一款3层/抽的抽纸。

客户： 行吧。

客服： 那麻烦您撤销退货退款的申请和投诉吧。谢谢！

客服在联系上客户之后，首先要详细询问客户投诉的原因才好对症下药。客户不满的原因主要集中在商品质量与客服态度这两方面，一般来说分为以下几种情况。

1）电商企业违背承诺

电商企业违背承诺是指电商企业未按照承诺向客户提供相应的服务。在淘宝平台中，电商企业违背承诺分为以下几种情况。

（1）淘宝平台判定电商企业确实应承担因客户保障服务产生的退货退款等售后保障责任，但电商企业拒不承担。

（2）淘宝平台判定电商企业确实应承担七天无理由退换货、假一赔三、数码维修、闪电发货赔付等售后保障责任，但电商企业拒不承担。

（3）电商企业参与试用中心的活动，却在客户报名完成后拒绝向客户发送已承诺提供的试用商品。

（4）加入闪电发货的电商企业，如果出售虚拟商品但未在1小时内完成发货，或出售实物商品但未在24小时内发货。

（5）天猫电商企业拒绝提供发票或者拒绝按照承诺的方式提供发票。

（6）客户选择支付宝担保交易，但电商企业拒绝使用；或者天猫电商企业与客户在淘宝商城外进行交易。

（7）加入货到付款或信用卡付款服务的电商企业，拒绝提供这两种服务。

（8）发布拍卖商品的电商企业，拒绝按照客户拍下的价格成交，或者拒绝提供包邮服务。

（9）加入聚划算的电商企业中途退出，或未在七天内按已审核的报名信息所载内容完成发货。

（10）加入淘宝游戏交易平台的电商企业未在客户付款后30分钟内提供商品。

（11）加入淘宝官方活动的电商企业不按照活动要求提供服务。

客服要牢记自己电商企业所做的各种承诺，不要因为记忆失误而被客户投诉。

2）商品与描述不符

商品与描述不符是指客户收到的商品与达成交易时电商企业对商品的描述（一般是指商品详情页中的描述）不符合。以淘宝平台的规定为例，商品与描述不符可分为以下三种情况。

（1）客户收到的商品严重不符合电商企业对商品的材质、成分等信息的描述，导致客户无法正常使用商品。

（2）客户收到的商品不符合电商企业对商品的描述，或电商企业未对商品瑕疵等信息进行披露，并且影响客户正常使用商品。

（3）客户收到的商品不符合电商企业对商品的描述，或电商企业未对商品瑕疵等信息进行披露，但未对客户正常使用商品造成实质性影响。

知识拓展

售后客服人员在面对因商品质量引发的纠纷时，要尽可能地满足客户的需求，倾听客户的抱怨和意见，在对客户解释时为自己留有余地，尽可能不用"肯定""一定"等确定性词语。尤其是面对因外观质量造成的纠纷时，售后客服人员需要让客户在收到商品后，在规定的时间内拍照说明情况，同时售后客服人员要区分照片的真伪及商品是不是人为造成的损坏。

可以看出，商品与描述不符造成的后果有三种：商品无法使用、商品可以勉强使用、商品可以正常使用。客服要根据不同的后果采取不同的应对策略,如客户拿到的商品基本没有什么使用上的问题,则可以采取象征性赔偿的方式来取得客户的谅解,这样能够减少电商企业的损失。

3)延迟发货

延迟发货是指除定制、预售及适用特定运送方式的商品外,电商企业在客户付款后明确表示缺货或实际未在72小时内发货的行为。当然,买卖双方另有约定的除外,不受72小时限制的约束。

4)恶意骚扰

恶意骚扰是指电商企业在交易中或交易后采取恶劣手段骚扰客户的行为,如频繁拨打客户电话、大量发送短信、恐吓或辱骂客户等。

有的客服可能因为之前与客户沟通时比较心急,主动拨打了较多次的电话,或者发送了较多的信息,对客户的生活造成了一定的困扰,所以导致客户投诉"恶意骚扰"。也有的客服是真的对客户做了比较恶劣的骚扰行为,这就需要店主或客服主管来调查处理了。

▶▶ **想一想**

请思考怎样正确处理客户的投诉?

_____

_____

2. 劝说客户撤销投诉

当客服发现电商企业被投诉时,联系客户后,不要着急解释,更不要和客户抢话头,而要先倾听客户讲述事情的来龙去脉,倾听客户的抱怨,让客户发泄怒火,并从客户的抱怨中找到客户不满的原因,再向客户解释和道歉。其实,客户是因为有了怨气而没有发泄的渠道才会向电商平台投诉。所以客户抱怨其实是一件好事,说明客户还有沟通的意愿,事情还有商量的余地,客服应抓住这个机会劝说客户撤销投诉,其常用方法如下。

1)多听少说,做好记录

任何人在抱怨的时候,都希望有人听自己倾诉,把不满情绪宣泄得一干二净,网购的客户也是如此。一般来说,客户愤怒到一定程度才会去投诉,因此客服与客户沟通之前,就要做好心理准备,听客户长时间抱怨,直到客户心情平静下来。在客户抱怨时,客服要多听少说,耐心倾听,只问最关键的一些问题,给客户留下充分的抱怨时间。

客户在抱怨的初期可能情绪激动,语无伦次,甚至有些口误,客服要善于提炼出中心思想并记录下来,这在后面的协商中可能会用到。

2)用舒缓的语气带慢节奏

客服要能够控制交谈的节奏,不要让客户打字或说话的节奏越来越快,因为这表示客户可能越说越愤怒,客服应以舒缓的语气与客户沟通,让客户感受到平和的气氛,让客户逐渐地冷静下来。

有的客服在与客户交流时，开始还能够正常谈话，后来受不了客户的一些让人难堪的话语，语气就相应地变得恶劣起来，甚至忍不住与客户对骂。因此，客服平时就要训练管理自己情绪的能力，不然就容易陷入冲动的情绪中，更谈不上控制谈话节奏了。

> **知识拓展**
>
> 如果客服靠忍来控制情绪，这种方法是最低级的，也是对自己有害的。更好的方法是训练自己站在第三方的角度上观察与客户的交流，也就是在谈话的过程中，心理上始终要旁观，要做到能够清楚地观察到客户情绪的生起、发展、变化和消逝的全过程。经过这样一段时间的训练以后，人就不容易被情绪所左右，也不会因为强忍情绪而产生心理健康问题。

3) 多认同，多道歉

不管是商品本身还是电商企业服务的问题，当客户抱怨时，客服都不要着急争辩，而是要适当地对客户的意见表示肯定，并感谢对方能够提出意见和建议。从心理学上来讲，客户感到自己的意见受到了重视，自我价值得到了他人的肯定，其心情就会变得比较愉悦，接下来也比较好沟通了。否则，客户说一句，客服辩解一句，即使客服态度上没有问题，客户心里肯定也是很不愉快的。

如果在交流中，客服发现的确是商品本身或电商企业服务有问题，就应该多向客户道歉，有些辩解的话可以放在道歉的话的后面说，这样就不会过于刺激客户。

示范案例4-7

客户：为什么你们承诺赠送的厨具套餐没有跟着商品一块发？我联系你们客服也是爱理不理的？

客服：对不起，亲，是这样的，前几天订单多得要堆起来了，偏偏有两名客服得了流感，在家休养，人手一下变得非常紧张，所以忙中出错了，请您谅解！我马上给您补发赠品，请再耐心等待几天。

4) 向客户解释原因

在客户怒火平息以后，客服就应该向客户解释出现问题的原因。只有将原因讲清楚，才能进入下一步解决问题的环节。

客服要注意，不要在解释时再次让客户生气，否则又会倒退回安抚客户的环节中。客服要注意以下四个方面。

（1）不和客户争辩。

（2）注意语气、语调和语速，不要让客户感觉到客服有不耐烦、发怒、漠视等消极情绪。

（3）多换位思考，从客户的角度进行解释。

（4）尽量一人负责到底，不要推诿。

知识拓展

一些问题可能比较复杂，如果客服不能当场处理，应当诚实地告诉客户，处理这个问题需要一些时间，并与客户约定再次交流的时间。客服一定要在约定的时间内联系客户，如果到时间问题仍然没有解决，则必须向客户说明当前的进度及困难所在，取得客户的谅解，并再次约定交流时间。

5）友好协商，提供补偿

如果问题确定出在电商企业方，电商企业方就应对客户的损失做出赔偿。赔偿前，客服要摸清客户的赔偿要求，酌情处理。客服首先应按照投诉类别和情况，提出相应的解决问题的具体措施，再向客户说明解决问题所需要的时间及其原因，之后及时将处理方案传递给相关人员（如发货员）处理。

为了安抚客户，让客户感受到电商企业的诚意，客服在协商好的补偿之外，可根据情况再给客户一些补偿，形式可以多样化，如返还现金、发放电商企业优惠券或给予购物打折特权等。

更换商品、退货退款或当事客服向自己道歉等处理结果，其实都在客户的预期内。如果电商企业方多给客户意外的补偿，客户就会感受到电商企业的诚意，不仅会撤销投诉，还有可能会成为电商企业的忠实客户。

3. 收集证据应对平台调查

如果劝说无果，客户执意投诉电商企业，负责处理的客服也不要惊慌。在平台介入调查前，客服要准备好证据，包括聊天记录、电话录音、快递单据等。将这些证据提交给平台，等候平台判定。

只要证据充分，平台判定结果一般都是好的。但如果证据不足，有很大可能电商企业会被判定赔款或扣分，即使双方证据都不充分，判定电商企业为过错方的可能性也会较大，因此客服平时要注重保留证据。

在与客户进行售前交谈时，客服也要注意所说的话不要有歧义，不然最后会成为对自己不利的证据。

知识拓展

如果电商企业对客户退回的商品存在争议，需要与客户协商，甚至需要平台介入时，必须出示相应的证据。一般来说，需准备的证据有退换货问题上协商达成一致的聊天记录截图，物流公司出具的收到退货有问题的公章证明或换货发出的快递单。如有其他相关凭证，也应一并出示。

示范案例 4-8

某微店开展试用活动，在某款商品详情页内标注："如果您试用不满意，可以在 10 月 15 日以前退货，我们将负担退货邮费并全额退回货款；如果您 10 月 15 日以前不退货，则视为您已经购买了本商品。"某位客户在下单前询问客服。

客户：意思是这款商品只要试用不满意，都可在10月15日前退货吗？

客服：亲，您好。这款商品由国内知名设计师用顶级原材料制作而成，电商企业也是为了回馈广大用户才做的这次活动，所以工艺、质量方面您均可以放心。当然，如果您确实对商品有不满意的地方，可以在10月15日前做退货处理。

客户：好的，行！

结果这位客户在10月15日当天要求退货，客服认为10月15日已经过了退货期限，因为"10月15日以前"不包括15日当天，而客户则认为应当包括10月15日当天，双方发生了争执。由于商品价值较高，客服坚持不同意退货，最后双方闹到了平台介入的地步。平台考虑商品活动页和聊天记录中都未出现"不包括10月15日当天"等字眼，故判定电商企业为过错方。

因此，客服平时在与客户交流的过程中，应避免使用有歧义的文字，以免引起无谓的冲突。在收到投诉后，客服应及时收集证据，正面面对调查。

4.2.4 评价管理

客户购物后的评价，对其他客户有很大的参考作用。中差评较多的电商企业，交易状况往往也不会好。很多电商平台为制约电商企业和客户，都会制定相应的评价规则。例如，在淘宝、天猫、京东等平台中，客户在收到货物后，可用图文、视频的形式对商品进行评价。无论是好评还是差评，都将展现在商品详情页中，供后面的客户查看。换言之，中差评将直接影响电商企业的销量，因此，客服应该对客户的评价进行监控与管理，一旦发现中差评，就要积极联系客户，劝说客户进行修改，并事后总结经验教训，从源头上杜绝中差评的产生。

课程思政

客服人员在面对客户异议时，也应自觉增强忧患意识与危机意识，清醒地认识客户对企业或产品的接受程度，细心探求客户需求的真实性，力求从客户的不满意中获得更多关于改进产品、改善服务的信息，从而做到未雨绸缪，防微杜渐，化异议为动力，化危机为契机。

▶▶ **想一想**

怎样正确处理客户的评价？

1. 回评的正确心态：热情诚恳，不卑不亢

很多客户在购物时，都会习惯性地查看商品详情页里其他客户对该商品的评价。好评自然能为商品带来更高的销量，而差评虽然不好，但也不完全是坏事。客服可对认真给出评价的客户做出正面回应，做相应的解释说明，这样可以给旁观者留下认真负责的好印象。

（1）感谢好评客户的支持。细心的客户会将自己使用商品的真实感受整理成文字、图片或视频，展现在评论里。客服可在评论下面给出相应的回应，对客户的信任表示感谢。

（2）对差评做出正面解释。电商企业不应该惧怕客户抱怨，客户反映商品缺点其实是在帮助电商企业提高用户体验。部分客户购买商品时对商品的期望值偏高，在收到实物后觉得落差较大，没有联系客服而直接给出差评。客服与之联系请求删除差评无果后，可在评论页面做出正面回应。在处理中差评的过程中，回复和解释其实是良好的营销机会，客服可借助解释差评产生的原因，让其他客户在查看该评论时对商品进行更全面的认识。

> **知识拓展**
>
> 需要注意的是，如果很多中差评都在反馈同一个问题，客服就应高度重视，并将情况反映给上级领导，方便相关人员及时查看商品或核查经营方面是否出现问题。

2. 正确回复针对商品的中差评

▶▶ **想一想**

给中差评的原因有哪些？

_____

_____

大部分客户给予某个商品中差评，其原因大都是对商品质量不满。客户认为商品质量太差，给予中差评大致分为两种情况：客户因为商品质量问题，与客服沟通后没有得到满意的结果，于是愤而给了中差评；客户觉得商品质量太差，但没有与客服沟通，直接给了中差评。针对这两种情况，正确的处理方式如下。

（1）与客服沟通后给中差评。当客服发现新的中差评时，应立即查看与该客户的交谈记录或售后记录，此时会发现客户已经跟客服沟通过了，但没有解决问题，这种情况下给的中差评比较难以修改，但也并不是完全没有办法。最常用的方法就是"换人说服，适当让步"。

> **知识拓展**
>
> 淘宝平台明确规定：若评价方做出的评价为中评或差评，在做出评价后的30天内有一次修改或删除评价的机会。若出现了中差评，商家应尽量在有效时间内采取措施进行处理，以减少中差评对网店的影响。

所谓的"换人说服"，就是更换当事客服，由资深的客服或客服主管与客户沟通，告诉客户,由于之前与他(她)交流的客服业务能力不强,对电商企业的售后服务规则理解不透彻,导致客户的售后问题没有得到解决,现在改由资深客服或客服主管亲自来与客户协商处理售后问题。这样说的目的是让客户感觉自己的事情受到了重视,从而降低抵触情绪,愿意继续与电商企业一起处理售后问题。

"适当让步"就是答应之前客服没有与客户谈妥的赔偿条件,甚至在成本允许的范围内,再小小地让一步,以换取客户修改中差评。当然,如果客户要求太多,还是不能答应,这个度要根据电商企业的情况具体掌握。

示范案例 4-9

客服:亲,您好,我是×××电商企业的客服主管×××。我刚刚看见您给我们电商企业打了一个差评,我已经找当时和您沟通的客服小冰了解过情况了,发现其实这是个误会。小冰她刚刚入职几周,还在试用期,对电商企业的赔偿补偿条例还不是很熟悉。小冰之前跟您说,您的情况是没有办法申请换货的,这是她记错了,我们已经对她进行了批评教育,并让她重新参加业务知识测验。

客服:您这种情况符合我们电商企业的换货或部分退款政策。具体来说,我们可以给您换货,换货邮费就按您说的那样,由我们电商企业来承担;或者我们给您补偿20元现金,因为商品功能还是完好的,只是外观上有点破损,并不影响使用。您看您选择哪种方案呢?

客户:好吧,既然你们愿意退赔,我也懒得换货了,给我补偿20元现金吧,我的支付宝是××××××××××。

客服:好的,亲,感谢您的理解,还要麻烦您把差评删除一下,我们马上把款转给您。

客户:不行,我删了差评你们不给我转款怎么办?

客服:放心吧,亲,您可以保留我们的交谈记录,如果您删除差评后我没有给您处理,您可以拿着记录去平台投诉我们。我们也不可能为了省钱而招来平台的处罚。

客户:好吧,我删了通知你们。还有,你们的客服业务能力有待提高啊,明明可以赔偿的,她都说不可以,太气人了。

客服:是的,给您带来麻烦实在不好意思。新入职的客服都有一个成长的过程,我们会加强对新客服的培训,让她们尽快成长起来。

客户听到之前和他交涉的客服受到了处罚,心里的火气一下就会消很多,之后再获得了适当的赔偿,自然也就愿意将差评改为好评。这就是"换人说服,适当让步"策略的用法。

(2)直接给中差评。也有部分客户觉得商品质量有问题,但没有与客服沟通,直接给了中差评。在这种情况下,客服要主动询问客户给中差评的原因,再有针对性地劝说客户删除中差评,并给予售后处理。

知识拓展

客服在与客户协商处理问题时,虽然主要目的是删除差评,但不要一上来就用金钱来要求对方删除差评,这样易惹怒真正想解决问题的客户,不仅不能如愿删除差评,还可能遭到更严重的投诉。最好的方法是旁敲侧击,引导客户自主删除差评。

示范案例 4-10

客服: 亲,您好,我是×××电商企业的客服主管。我刚刚看见您给我们电商企业打了一个差评,并且评论说商品有质量问题。我查了一下售后记录,好像您没有向我们客服反映过商品质量问题啊?商品具体有什么问题,您可以告诉我吗?

客户: 就是扣子有点问题,扣不上。我是没和你们联系,因为这个手包本身就不值几个钱,我懒得去折腾退换货了,给个差评完事。

客服: 对不起!我们没做好,给您带来困扰了。商品有质量问题,我们一定会给您退换,一会儿我去交代库房免费给您发一个同样款式的手包,您看行吗?

客户: 无所谓了,好吧。

客服: 我们小本经营不容易,还希望您在收到新发来的手包后,帮忙删除一下差评。这次发货前我会亲自检验,保证不会有任何问题。原来的包也不用退回了,您看着处理就行了。

客户: 行,只要没问题,这就删除评论。

客服: 谢谢亲!亲真是通情达理!

客户不和客服联系就直接给中差评的原因是多种多样的,有的是因为商品不值钱懒得和客服交涉;也有的是因为商品质量太差,愤怒之下直接就给了中差评;还有的可能是蓄意报复,总之客服要了解清楚原因之后再进行处理,但也要注意电商企业的利益,不要让步太大。

3. 正确回复针对物流的中差评

有的客户把物流的问题也怪罪到电商企业身上,不仅给电商企业打了中差评,还在评价里对快递公司表示不满。对这样的客户,客服要耐心解释,表明电商企业并不能控制快递公司的运输,请对方谅解,并在可能的范围内对客户进行补偿。

4. 正确回复针对客服工作的中差评

因为客服态度不好而给电商企业中差评的案例比比皆是。至于其发生原因,则应具体分析,有可能的确是因为客服态度有问题,也有可能是因为客户本人太敏感,还有可能是因为双方沟通不畅造成误会。不论原因是什么,只要客户在评论中提到了客服态度问题,那么电商企业在处理时遵循"换人处理,赔礼道歉"的原则,通常都会取得较好的效果。

> **知识拓展**
>
> 在面对执意不更改差评的客户，尤其是恶意差评师和恶性同行竞争者时，客服人员只能对差评进行解释，这也是宣传网店的机会。比如客服人员可以这样回评："亲，您好！首先感谢您的评价，关于里布跑棉问题，由于之前进货没有检验好货品，导致这批商品中有十来件存在里布跑棉问题，我们已经返厂，给您带来的不便真是非常抱歉！要是想换货，我们可以帮您换。来回运费都由我们承担。现在我们已经全面提高了网店的检测标准，对商品质量进行严格把关，以后不会再出现这样的问题了，谢谢！"

5. 有效预防中差评

客户给中差评的原因有很多，商家只要把握好商品质量，不断提高服务水平，努力做好以下几个方面，就可以有效预防中差评。

▶▶ **想一想**

怎样预防客户的中差评？

_____

_____

（1）严把商品质量关。"以质量求生存"不是一句口号，而是关系到商家在网上能否长期生存和发展的最重要的方面。网店的竞争是非常激烈的，但任何时候商家的商品质量都不能太差，否则就很难立足。这就要求商家在进货时一定要把好质量关。在进货时宁愿进货价格高一点，也要选质量好的商品。在发货之前要再检查一下，保证发给客户的是一件高质量的商品。

（2）关于实物与图片有差距的问题。现在有很多商家都喜欢使用杂志、网站或者厂家提供的图片，而不拍实物图，造成实物与图片不符，以致客户收到货后给出中差评。

客户在网上购物时是看不到实物的，图片就是客户判断商品优劣的重要依据，所以商家一定要展示实物图，而且实物图要和商品尽量相符，商品描述要全面、客观。这样的话，客户给中差评的可能性就会降低。

（3）商品包装要仔细、完好。一定要将商品包装好，认真仔细的包装会让客户在收到货后有很好的第一印象。好的包装可以使商家避免很多退换货的环节，还会为商家的服务增光添彩。

（4）良好的售后服务。不要认为商品发出去就万事大吉了。有时快递发出去好几天了，客户都没有确认收货。出现这种情况的原因可能有两种：第一种是客户还没有收到；第二种是客户收到了但还没来得及确认。如果是第一种，客服人员应该根据发货时间推算，如果时间到了而客户还没确认收货，这时就应该询问客户是否收到货了。这样做不是为了让客户快点确认收货，而是向客户确认发出去的东西是否有问题，或者是否真的收到了,这样可以做到心中有数。即使是客户收到商品却不确认,至少客服人员也知道这件商品送到了;对于客户来说,这样做也会让他们觉得店铺的售后服务做得很好,他们是被重视的。

(5)正确面对评价。如果收到了客户的中评或差评,客服人员也不要生气,不要去埋怨客户,先要看看自己哪里做得不好才会得到这样的评价。客服人员要主动与客户进行沟通协调,不要推卸责任;如果真的是自己的过失,要勇于承担责任,并真诚地向客户道歉。中评或差评其实是可以取消的,能否取消就取决于客服人员怎么和客户进行沟通了。如果不是特别大的问题,只要客服人员主动与客户沟通协调,积极解决问题并真诚地道歉,相信客户会被客服人员的真诚打动,也许这个中评或差评就可以取消了。

(6)分析客户类型。是否给予好评还与客户的类型有关,因此,在交易前可以查看一下客户的信用度、客户对别人的评价及别人对客户的评价,再根据各类客户的不同特点解决问题。

4.2.5 客户回访

交易完成后,客服需要对客户进行定期或不定期的回访。回访内容主要包括是否满意商品质量,使用中有无问题,对相关商品有无兴趣,以及告知客户最新的店铺活动优惠信息等。客户回访的主要目的如下。

(1)及时发现客户没有直接反馈的问题。

(2)提升店铺在客户心中的存在感,加深客户对店铺的印象,为客户再次进店购买做好铺垫。

(3)营销其他关联商品或是做新品的宣传营销等。

示范案例 4-11

第一次回访——收货确认

客服:亲,您好!我是××××小店的客服某某,请问是××小姐吗?首先非常感谢亲对小店的支持!因为您是店铺的尊贵会员,所以您的建议对小店的完善很重要!您现在有空吗?有几个回访小问题想要问问您。

客户:可以。

客服:亲在小店购买的×××(订单信息)在4天之内是否收到了呢?收货后宝贝包装是否存在破损?店铺的海报和图片亲是否喜欢?宝贝详情页信息是否具有参考作用?

客户:已经收到了,宝贝没什么问题。

客服:亲对于店铺的售前售后服务是否满意呢?有没有什么相关的建议,帮助小店改进呢?如果您对我们的宝贝和服务感到满意,请亲赐一个五星好评哦。

客户:挺满意的,可以呢。

第二次回访 (1 周后)——用户建议收集

客服：亲，您好！我是××××小店的客服某某，小店曾经对您做过一次回访，不知道亲对××××店铺是否有印象呢？非常感谢您抽空配合我们的回访，下面耽误您几分钟可以吗？

客户：可以。

客服：×××产品您开始使用了吗？效果如何呢？在使用中存在什么问题吗？如果有任何问题我会及时为您解答。

客户：暂时还没有使用。

客服：这个产品需要您遵照说明书使用哦。(比如护肤产品)因为小店的产品都是纯天然精华，不含任何激素，所以皮肤吸收需要一定的时间哦。

客户：谢谢你的提醒。

客服：亲，店内现在还有新品×××，配合使用效果更佳！还有一些相关宝贝，您如果有需要可以进店看看。

客户：好的。

第三次回访 (28 天后)——店铺活动通知

客服：亲，您好！我是××××小店的客服某某，非常感谢您对小店的支持！现在店铺正在开展感恩特惠活动，具体时间是×月×号—×月×号，全场5折起，购满70元就可以享受包邮！请您一定不要错过！如果有时间您可以到××××店铺逛逛哦，说不定就有您喜欢的宝贝！打扰您啦。

客户：好的。

项目实训

（1）采用分组的形式进行实训，每3~5人为一组，设立负责人一名，负责整个任务的统筹工作。

（2）登录千牛卖家工作台，查询订单信息和物流信息，回答客户提出的与物流有关的问题。

（3）制定退换货处理措施，应对客户提出的退换货要求。

（4）提前制定预防客户退货的措施。

（5）了解客户投诉的具体原因，如果确实是己方的错误就应该勇敢地承认，并向客户道歉。

（6）在适当的时机做出承诺，给客户以保证。提出合理可行的解决方案，征询客户的意见，争取使客户满意。

（7）团队成员将各自的实训信息最终汇总给团队负责人。

（8）团队成员对资料进行整理、分析，采用头脑风暴的方式，总结出电子商务客服售后服务成功案例的启示。

（9）形成实训报告上交教师，由教师给予评价。

复盘反思

经过本项目的实施和相关知识点的学习，对比自己总结的内容与知识讲解部分内容是否契合，填写下表完成项目评测，并进行复盘反思。

姓名		班级	
学号		日期	
知识盘点	通过对本项目的学习，你掌握了哪些知识？请画出思维导图：		
任务完成自评	□优秀	做得好的地方：	
	□良好	需改进的地方：	
	□较差	做得差的地方：	
任务完成情况	按照服务类型分类	□熟练掌握，能够口述	□有所了解，能够通过资料进行总结
	按照商务形式分类	□熟练掌握，能够口述总结	□有所了解，能够通过相关信息进行总结

项目评价

经过本项目的分组实训演练,按实训项目评价指标进行学生自评与小组成员互评(按优秀为 5 分、良好为 4 分、一般为 3 分、合格为 2 分、不合格为 1 分五个等级进行评价),并填写下表实训项目评测,最后教师给出综合评价。

	评 价 指 标	得分
自评	团队合作精神和协作能力:能与小组成员合作完成项目	
	交流沟通能力:能良好表达自己的观点,善于倾听他人的观点	
	信息素养和学习能力:善于收集并借鉴有用资讯和好的思路想法	
	独立思考和创新能力:能提出新的想法、建议和策略	
组员 1	团队合作精神和协作能力:能与小组成员合作完成项目	
	交流沟通能力:能良好表达自己的观点,善于倾听他人的观点	
	信息素养和学习能力:善于收集并借鉴有用资讯和好的思路想法	
	独立思考和创新能力:能提出新的想法、建议和策略	
组员 2	团队合作精神和协作能力:能与小组成员合作完成项目	
	交流沟通能力:能良好表达自己的观点,善于倾听他人的观点	
	信息素养和学习能力:善于收集并借鉴有用资讯和好的思路想法	
	独立思考和创新能力:能提出新的想法、建议和策略	
组员 3	团队合作精神和协作能力:能与小组成员合作完成项目	
	交流沟通能力:能良好表达自己的观点,善于倾听他人的观点	
	信息素养和学习能力:善于收集并借鉴有用资讯和好的思路想法	
	独立思考和创新能力:能提出新的想法、建议和策略	
教师综合评价	优秀之处:	
	不足之处:	

项目 5
智 能 客 服

 学习目标

知识目标	• 理解智能客服的定义与作用； • 初识阿里店小蜜； • 掌握阿里店小蜜的基本功能； • 掌握阿里店小蜜的配置逻辑
能力目标	• 能够学会开通阿里店小蜜； • 能够学会阿里店小蜜的相关功能配置； • 能够通过智能客服与客户顺利沟通并促成交易
素养目标	• 运用智能客服的相关知识分析问题、解决问题

 学习计划表

<table>
<tr><th colspan="2">项　　目</th><th>认知智能客服</th><th>阿里店小蜜</th></tr>
<tr><td rowspan="2">课前预习</td><td>预习时间</td><td></td><td></td></tr>
<tr><td>预习结果</td><td colspan="2">1. 难易程度
□偏易（即读即懂）　　　　□适中（需要思考）
□偏难（需查资料）　　　　□难（不明白）
2. 问题总结</td></tr>
<tr><td rowspan="2">课后复习</td><td>复习时间</td><td></td><td></td></tr>
<tr><td>复习结果</td><td colspan="2">1. 掌握程度
□了解　　　　□熟悉　　　　□掌握　　　　□精通
2. 疑点、难点归纳</td></tr>
</table>

📖 项目导读

　　随着客户要求的不断提高，网店在服务营销方面的能力也需要不断提高。传统的人工客服存在一定的弊端，如响应时间慢、业务能力不足等，所以许多网店会选择使用智能客服来缓解网店客服的压力，将服务化繁为简。

5.1 认知智能客服

智能客服通过创新和使用客户知识,帮助企业提高优化客户关系。

▶▶ 想一想

为什么需要智能客服?

_____
_____

5.1.1 智能客服的定义

智能客服是在大规模知识处理基础上发展起来的一项面向行业应用的,适用于大规模知识处理、自然语言理解、知识管理、自动问答系统、推理等行业。它不仅能为企业提供知识管理技术,还能够为企业提供精细化管理所需的统计分析信息。

网店中的智能客服工具,主要对网店客户的常见问题进行智能匹配回答,商家可以自动设置对客户常见提问的回复。智能客服机器人可以自动识别客户发送的商品链接,并智能分析客户语意,甚至可以识别颜色、身高、体重等,并同时调取商品等数据,一键回复客户;也可以为客户提供智能咨询与导购服务,还可以辅助人工接待,人机紧密协同提高客服接待效率。

▶▶ 想一想

智能客服有哪些作用?

_____
_____

5.1.2 智能客服的作用

智能客服的作用主要如下。

1. 自动回复

在店铺促销期间,如果咨询的客户太多,会导致客服人员应接不暇,开通智能客服可以自动回复客户,提高效率。

2. 及时响应,避免客户流失

如果客服人员回复不及时,有的客户可能会等不及,去别的店铺购买,或者感觉到被怠慢而生气。开通智能客服后,机器人会第一时间回答客户,减少客户流失。

3. 智能推荐

通过智能客服大数据，商家可以实时分析客户行为，挖掘客户的潜在购买意愿，自动为客户智能推荐搭配商品。对客户进行精准分层，可为高购买意愿客户提供精准营销。

4. 夜间值守

夜间无人值班，生意可能会白白流失，开通智能客服后，商家无须晚睡早起也能及时回复客户的咨询，抓住更多的销售转化机会。

5. 解放人力

很多客户都会问一些基础性的服务问题，客户重复性问题问得太多，会导致客服人员的资源浪费，无力服务重点客户。开通智能客服后，客服人员可以节省实际接待人力成本，聚焦关键客户，提升服务质量。

> **课程思政**
> 无论科技怎么发展，企业提供的服务越好就越能赢得客户青睐的市场规律是不会变的。一通畅通并能及时解决问题的客服电话是做好服务的重要部分，这是商家的优质资产。

5.1.3 智能客服系统

在智能客服系统中可以设置知识库。知识库是智能客服系统的大脑，每一个问题分类下涵盖了客户成千上万种问法，这是智能客服能轻松应答的秘诀。知识库包含行业知识库、常用语、通用问题、自定义问题等，商家可以不断丰富补充。通过智能客服系统，商家可以全方位进行智能客服数据分析，包括客服接待数据查询、售前咨询转化率数据查询，智能客服应答效果一目了然。

阿里店小蜜是阿里巴巴为网店商家提供的智能客服系统，可以自动回复客户关于商品属性、购买咨询、大促活动、订单咨询等高匹配度的问题，并实时精准洞察客户的购买意愿，个性化推荐商品与卖点，在大促期间能极大限度地解放客服人力，让人工客服人员可以用更多精力处理个性化的问题。智能辅助模式还提供智能预测、主动营销、智能催拍等功能，具备了人的热情温度和个性化服务能力，成为服务商家的利器。本项目所讲的智能客服系统主要以阿里店小蜜为例。

示范案例 5-1

小刘开了一家女装网店，经过小刘一年多的苦心经营，该网店已经成为皇冠级别的店铺。网店的订单量不断攀升，同时客户数量也急剧增加，特别是参加大型促销活动时，店铺的接待量增加了好几倍，客服人员接待压力非常大。促销活动使小刘需要招聘大量临时客服人员，而临时招聘的客服人员又有很多问题不懂，需要一定的培训时间。

如今已进入快消费时代，客户没有耐心等待，如何及时响应客户需求困扰着小刘。提高服务效率、节省成本也是小刘一直努力的方向。同时，对小刘来说，上线简单快速、服务贴心周到也是对客服人员的重要要求。于是，小刘决定使用阿里店小蜜，利用其高效的接待能力，小刘只需要根据活动内容提前设置好知识库里的内容，就可以解决大量基础性、重复性的问题。对于小刘来说，阿里店小蜜的使用可以在很大程度上缓解客服人员的压力。

目前已经有网店使用了阿里店小蜜人工智能客服。从服务效率方面来看，相较于人工，阿里店小蜜的接待速度快 10 倍甚至更高，客户体验会好很多。在流量高峰期，机器人仍能快速处理客户请求，大幅降低客户流失率。遇到无法回答的问题时，阿里店小蜜也能无缝转接客服人员，保证客户良好的购物体验。从人性化服务方面来看，阿里店小蜜具有趣味性，这是因为商家可以自定义回复的内容。

5.2 阿里店小蜜

阿里店小蜜是阿里巴巴推出的商家辅助助手，能够帮助商家更好地管理店铺，减少客服人员的工作量。目前，对淘宝商家而言，只要开启阿里店小蜜功能，这个人工智能机器人就能每天 24 小时不停地工作。而基于云端存储，开通了阿里店小蜜的商家，即使店铺断电、断网，店小蜜也能继续工作。

5.2.1 阿里店小蜜的特点

阿里店小蜜就是一个智能客服工具，淘宝、天猫商家都可以申请使用该工具，让客服人员可以有更多的精力去处理个性化的问题。阿里店小蜜的智能辅助模式还有智能预测、主动营销、智能催拍等功能，具有人性化、个性化服务能力。阿里店小蜜的特点主要体现在以下三个方面。

1. 接待能力

阿里店小蜜全自动模式为 7×24 小时在线，目前具有智能预测、主动营销、智能催拍等功能，能够代替客服人员处理大量的咨询问题。

2. 响应时间

只要客户有任何问题，随时随地都可以单击阿里店小蜜，服务顾问将会瞬间响应，全程购物陪同，为客户提供咨询支持。阿里店小蜜能够为店铺平均减少 40% 的响应时间，阿里店小蜜智能接待更是达到了 1 秒响应时间，能够很好地抓住客户的"黄金 6 秒"，有效避免客户流失。

3. 转化数据

除了响应快、减少客服人员的工作量外，阿里店小蜜实现的转化率也不比客服人员差。平均每10个客户在向阿里店小蜜咨询之后就有6个成交，并且使用阿里店小蜜服务，不仅能够节省店铺运营成本，还能避免客户流失和提高咨询转化率。

知识拓展

在店铺接待量过大和"双11"等大型促销活动期间，商家可以借助阿里店小蜜的辅助功能减轻客服接待压力，减少客户排队等待时间，用机器人回答一些简单规范的问题，如活动说明和物流发货等问题。

5.2.2 阿里店小蜜的启用

阿里店小蜜的开通很便捷，通过阿里店小蜜官网及千牛卖家工作台，所有淘宝、天猫商家都可以提交申请。一键授权激活后，阿里店小蜜就可以投入使用了。开通阿里店小蜜的具体操作步骤如下。

（1）首次使用阿里店小蜜的用户，需要在千牛卖家工作台中依次选择"客服"→"接待工具"→"机器人"，即可进入阿里店小蜜，如图5-1所示。

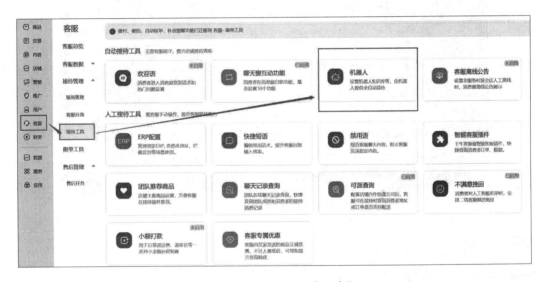

图5-1 进入"阿里店小蜜"

（2）进入后是"阿里店小蜜"界面，由于还没有开启成功，系统会提示"请根据引导步骤，重新完成开启操作"，单击"一键开启"按钮，如图5-2所示。

（3）设置高频问题的回答内容，如"什么时候发货""发什么快递""怎么还没发货"等，阿里店小蜜的解锁即可完成，如图5-3所示。

（4）选择适合自己的工作台模式，单击"确认使用"按钮，阿里店小蜜即可开通，

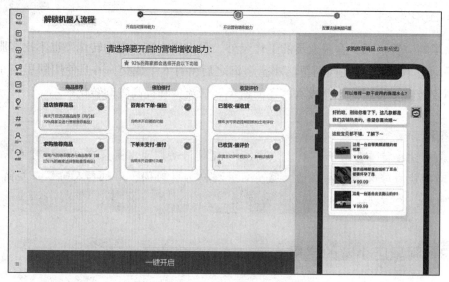

图 5-2　提示"开启操作"

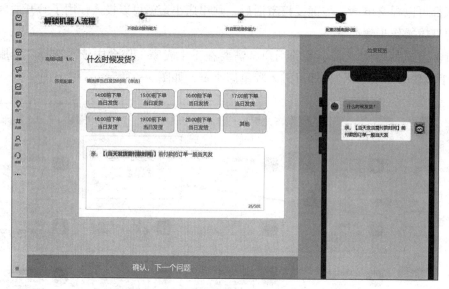

图 5-3　高频问题设置

如图 5-4 所示。

> **知识拓展**
>
> 　　快捷配置版阿里店小蜜有极速模式和标准模式两种版本。不同模式的配置方法有所差异：极速模式的配置更为简单快捷；标准模式的配置更为复杂，但命中客户咨询问题的概率较高。

（5）稍后将进入阿里店小蜜后台配置页面，同时在千牛工作台接待中心的阿里旺旺聊天窗口中的旺旺名称下方会显示如图 5-5 所示的标志，表示该网店已启用阿里店小蜜的智能辅助功能。若有客户进店咨询，阿里店小蜜将第一时间与其进行对接。

项目 5 智能客服

图 5-4 选择"工作台模式"

图 5-5 成功启用智能客服

示范案例 5-2

目前，阿里店小蜜每天的平均接待量是 400 万人左右，而一个客服人员一天的平均接待量是 120 人左右，所以一个阿里店小蜜相当于 3.3 万个客服人员。从服务效率方面来看，相较于人工服务，阿里店小蜜的接待速度比客服人员快很多，客户体验也会好很多。在流量高峰期，阿里店小蜜仍能快速处理客户的请求，大幅降低客户流失率。遇到无法回答的问题，阿里店小蜜也能一站式转接人工客服，保证客户有良好的购物体验。

从人性化服务方面来看，阿里店小蜜增加了趣味性，商家可以自定义其回答。阿里店小蜜展现了优异的售中、售后的解决能力，让店铺"双11"当天的询单转化能力超过了行业均值的60%，达到与资深客服人员旗鼓相当的水平，为店铺节省了大量的人力。

5.2.3 阿里店小蜜的基本功能

阿里店小蜜一经推出，就受到了很多淘宝商家的喜爱，下面介绍阿里店小蜜的基本功能。

▶▶ 想一想

假如你是一家网店的客服人员，你希望阿里店小蜜给你提供哪些帮助？

1. 跟单助手

跟单助手功能可协助商家跟进交易的各个关键环节。现在阿里店小蜜已经增加了【催付】下单未支付、【催付】预售尾款未付、【催拍】咨询未下单、【营销】意向用户唤醒、【催收货】签收未确认、【邀评】确认收货后邀评、【物流】缺货通知、【物流】延迟发货协商、【拒签】未收货仅退款拒签等场景，如图5-6所示。

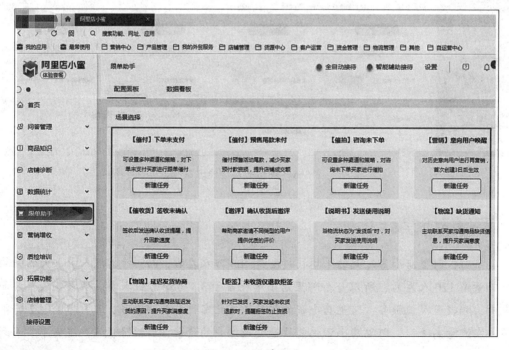

图5-6 跟单助手

课程思政

要让智能客服变得智能,商家必须注重以人为本的经营理念,避免陷入以技术制胜的误区。在与客户日常生活关系密切的行业,改进服务态度、提升服务意识,让客户享受到更好的服务,才是根本出路。

在对客户进行催付时,单击"新建任务"可以发现有三种跟单渠道,分别是自动发送、智能外呼渠道、人工客服渠道。

(1)自动发送可以通过千牛聊天会话自动进行催付,提高转化率。

(2)智能外呼渠道是一种非常强势的与客户沟通的渠道,呼叫可覆盖售前、售中及售后多个场景,只需要简单开启对应场景,系统就会直接拨打电话给客户,提高催付效率。

(3)人工客服渠道主要帮助商家跟进无法自动触发任务的客户。跟单助手将把对每个客户都需要进行的动作,以"待办任务"的方式推送到客服人员的工作面板上。客服人员只需要单击跟进和确认,就能完成复杂的跟进步骤。

2. 商品知识库

商品知识库相当于阿里店小蜜的商品"智能大脑",里面储存着阿里店小蜜回复客户时使用的商品知识信息,因此商品知识库的创建和维护对阿里店小蜜的使用来说至关重要。

商品知识库的具体设置步骤如下。

(1)进入阿里店小蜜后台管理页面,在左侧导航栏中单击"商品知识"下的"商品知识库",进入"全部商品"页面,选择其中一件商品,单击"新增自定义知识"按钮,如图 5-7 所示。

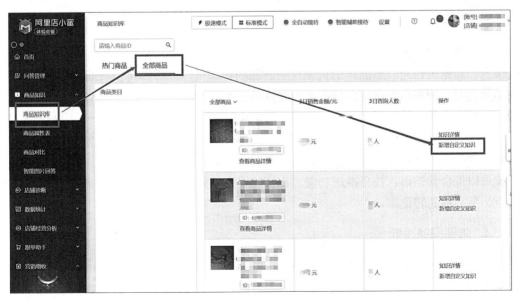

图 5-7 单击"新增自定义知识"

（2）在"新增自定义知识"页面中，在"问题类型"中选择分类，填写问法、文字答案、图片答案，并选择回复方式。

（3）填写完信息后，单击"确认"按钮，即可增加商品知识库中的内容。

3. 商品属性表

商品属性表用于维护本店铺商品的属性，其内容主要来源于商品详情页，该属性表可在配置商品问答类问题时采用，可大幅减少商家的维护成本，提升商品属性的准确性。通过商品属性表，阿里店小蜜可以清楚地知道什么商品有什么特性。当客户咨询商品属性的相关问题时，阿里店小蜜可以精准回复。

商品属性表的具体设置步骤如下。

（1）进入阿里店小蜜后台管理页面，在左侧导航栏中单击"商品知识"下的"商品属性表"，打开商品列表，在此处可以上传商品属性，也可以下载商品属性表，单击其中一件商品后面的"编辑"按钮。

> **知识拓展**
>
> 商品属性表的使用规则如下。
>
> ① 阿里店小蜜会通过自动抓取信息等方法，汇总该店铺的商品属性表，该属性表的内容将会每天更新。
>
> ② 商家可以通过搜索单个商品或者下载属性表，对商品对应的属性进行增删查改，以保属性表中的商品属性正确无误。
>
> ③ 属性表编辑完成后，可以上传至阿里店小蜜，下次更新时，只对新商品或者变更的属性进行编辑即可，无须每次重置。
>
> ④ 在商品知识库中编辑答案时，可以添加知识库中已存在的属性变量。若属性表开启，阿里店小蜜将优先读取属性表中的属性；若属性表关闭，则读取原来的属性。

（2）进入"编辑商品属性"页面。通过商品属性表功能，系统会自动抓取店铺商品的信息，商家可以通过商品详情页属性对商品的各项属性进行修改，从而使客户在咨询商品属性时，阿里店小蜜可以根据客户发送的链接，精准地推送相关答案，提高服务质量和缩短客户的决策路径，最终提高客户转化率。

（3）商品属性表中还有一个卖点属性，商品卖点属性可在"推荐属性"中填写，商家可以在每件商品的卖点中填写商品的一些特性，如客户常问到的属性、营销点，然后系统可以配合营销语言技巧推送功能，在客户咨询这款商品时，向客户推送这款商品的卖点，从而提高转化率。

4. 店铺问答诊断

店铺问答诊断功能会根据店铺客服人员的接待数据，帮助商家快速补充和丰富商品知识库的答案，或针对已有答案给出优化建议。商家可以快速了解店铺的高频咨询问题，无须再逐一浏览客服人员的聊天记录以获取商品知识库的配置灵感。

通过基本的诊断分析，商家可以看出店铺有没有问题，从而找出问题、解决问题、提高店铺转化率。

店铺问答诊断的具体设置步骤如下。

（1）进入阿里店小蜜后台管理页面，在左侧导航栏中单击"店铺问答诊断"按钮，如图5-8所示。

图5-8　单击"店铺问答诊断"按钮

（2）进入"清理自定义问题"页面，未定位问题是没有被阿里店小蜜识别的问题，单击"订正到店铺知识"按钮。

（3）将界面中显示的卡片中的问题增加到自定义问题中。

（4）自定义问题清理。选择"行业包"，判断自定义问题是否合理。如果合理，可单击"采纳官方"按钮，采纳后，该条自定义问题将在自定义知识库中删除，释放一个自定义坑位。若单击"不采纳官方"按钮，该自定义问题将继续保留。

> **知识拓展**
>
> 通过未定位问题标注，可以把阿里店小蜜未识别但应识别的问题订正到店铺的商品知识库中，或者添加到店铺自定义的内容中。对未定位问题的标注可以扩大阿里店小蜜对问题的覆盖面。

5. 智能商品推荐

智能商品推荐功能可以设置全自动接待和智能辅助接待。当客户发来一个商品链接时，阿里店小蜜可以推荐其他搭配商品，建议客户一起购买。这样能够大幅增加关联销售，提高全店销量。

智能商品推荐会在欢迎语、求购、无货、凑单、搭配、爆款等特定场景下进行个性化商品推荐。若一次会话中出现多个推荐场景，则仅推荐一次。

> **知识拓展**
>
> 客服人员经常会被客户问到"帮我推荐一款连衣裙可以吗""你们家有没有增高的运动鞋""皮肤比较干，有推荐的护肤品吗"等商品问题，在商品知识库中也无法配置此类问题答案，因此也没有办法能根据客户的个性化要求进行推荐。但是，不用担心，阿里店小蜜针对客户推出了智能商品推荐功能，能够帮助客服人员解决商品推荐难题。

智能商品推荐的具体设置步骤如下。

（1）进入阿里店小蜜后台管理页面，在左侧导航栏中单击"智能商品推荐"按钮，在页面中设置"商品推荐"为"开"，即可开启商品推荐功能，最后单击"保存"按钮，如图5-9所示。

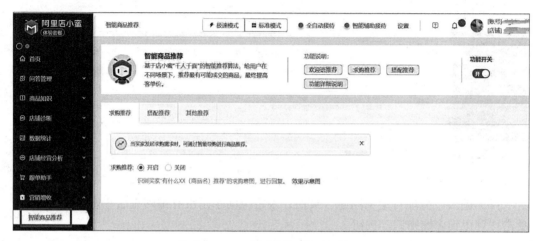

图5-9 开启"智能商品推荐"

（2）当客户在线咨询时，阿里店小蜜将会自动根据客户的喜好，在欢迎语中推荐有可能成交的商品。

（3）开启"求购推荐"。在"求购推荐"中勾选"开启"，单击"保存"按钮，阿里店小蜜就能智能识别客户的求购意图，从而对客户进行个性化推荐。开启"求购推荐"后，在客户明确表达要求"推荐一款××××（商品名）"的求购意图时，阿里店小蜜将会根据客户在对话中表达的所需要的商品及商品属性、客户的喜好，自动生成商品推荐理由和推荐的商品。

（4）开启"搭配推荐"。在"搭配推荐"中勾选"开启"，可以勾选需要搭配的场景，当客户发来商品链接，并表达"我想买这个"时，阿里店小蜜将会根据店铺销量、买家行为等多项数据进行商品搭配推荐。

（5）开启"无货推荐"。在"其他推荐"界面找到"无货推荐"中并勾选"开启"，当买家咨询的商品无货时，阿里店小蜜会自动根据买家的喜好，向客户推荐有货且相似的商品。例如，当客户发来一个商品链接，然后间这双运动鞋38码是否没货了时，阿里店小蜜会自动判断这款商品是否有38码，然后给出配置的答案，如果没有38码了，阿里店小蜜会推荐其他有38码并且跟这款商品相似的商品。

（6）开启"凑单推荐"。在"其他推荐"界面找到"凑单推荐"中并勾选"开启"，设置完成后，阿里店小蜜会主动根据优惠券的满减条件、买家喜好、商品信息等，推荐凑单可满足该优惠券的使用条件。

（7）开启"爆款推荐"。在"其他推荐"界面找到"爆款推荐"并勾选"开启"，当客户咨询"领券""店铺活动""送礼""优惠"等问题时，阿里店小蜜会向客户推荐配置的爆款商品进行转化或挽回。

知识拓展

凑单推荐可以提高客单价，阿里店小蜜将会自动读取店铺优惠券的信息。客户咨询时，阿里店小蜜会优先回复客户的问题，然后推送优惠券，优惠券的推送逻辑是推送跟客户咨询商品的价格最近一档的优惠券。

① 如果客户咨询的商品价格已经满足优惠券的使用条件，则会给出相关文字介绍，告诉客户还有面额更大的优惠券及搭配，询问客户是否需要推荐。

② 如果客户咨询的商品价格未满足优惠券的使用条件，则会直接给出优惠券和凑单推的商品。

6. 主动营销语言技巧

主动营销语言技巧是指阿里店小蜜会在合适的时机针对意愿较强的客户，采取智能卖点、历史评价、活动优惠或者猜你想问等主动营销语言技巧，增强客户的购买意愿或者挖掘客户的潜在问题，最终促成交易。该功能让阿里店小蜜拥有了主动营销的能力。

知识拓展

阿里店小蜜会在客户咨询的问题被解答后，使用主动营销语言技巧增强客户的购买意愿。主动营销语言技巧主要有以下四种类型。

① 智能卖点：阿里店小蜜将根据商品的特征，智能生成商品卖点。

② 历史评价：阿里店小蜜根据商品的历史正面评价，生成营销范本，推送给客户，让客户对商品产生好感。

③ 活动优惠：客户对商品有购买兴趣时，阿里店小蜜将自动推荐该商品可用的店铺券、裂变券。

④ 猜你想问：阿里店小蜜将猜测客户可能还存在的问题，主动反问，打消客户的疑虑。

进入阿里店小蜜后台管理页面，在左侧导航栏中单击"营销增收"下的"主动营销话术"，在页面中将"主动营销"设为"开"，以开启主动营销功能。在"主动营销设置"中，将"智能卖点""历史评价""活动优惠""猜你想问"都设为"开启"，最后单击"保存"按钮，如图5-10所示。

知识拓展

历史评价是基于客户对该商品的评价，通过大数据处理方式，汇总客户最关心的该商品的几个亮点。阿里店小蜜在回答客户的问题后，用正面评价强调商品优势或者客户口碑，促进询单转化。

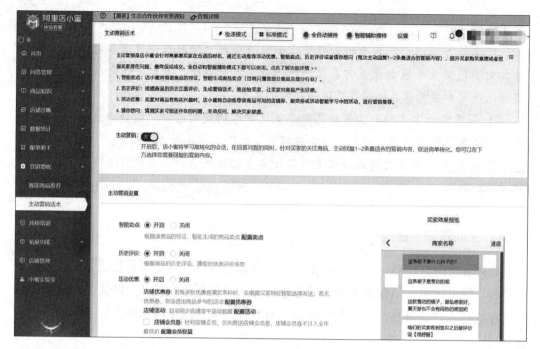

图 5-10　开启主动营销功能

7. 质检培训

阿里店小蜜质检培训包括实时告警、常规质检、客服培训、基础设置等功能，通过客服能力模型化设置，对客服人员服务进行全量考核，抽象出影响店铺经营的重要告警项，实时监控预警止损，打造一站式智能质检、培训服务。

质检培训的具体操作步骤如下。

（1）进入阿里店小蜜后台管理页面，在左侧导航栏中单击"质检培训"按钮，打开"质检培训"页面，如图 5-11 所示。

（2）单击"实时告警"。实时告警功能是为了实时对客服人员的聊天记录进行质检和监督，当客服人员的聊天记录中出现异常时第一时间触发告警，避免售前客户询单流失、售后客户问题未及时解决而导致问题升级。实时告警分为客服违规告警、买家情绪告警、询单流失告警项三种。

① 客服违规告警可以第一时间将客服人员在实时聊天过程中的违规行为检测出来并告知质检人员和客服管理者，及时止损。客服违规告警支持五种类型的告警，分别是违反广告法、反问/质疑顾客、客服讥讽、客服辱骂、态度不友好，如图 5-12 所示。

② 买家情绪告警可以第一时间将已经出现负面情绪的客户告知质检人员和客服管理者。客服管理者可以重点关注已经出现负面情绪的客户，以及客服人员后续的处理是否得当，是否需要主动介入处理避免问题进一步升级。买家情绪告警支持七种类型的告警，分别是买家辱骂、负评或要挟负评、要投诉、要 315 或第三方曝光、要转主管、买家愤怒、质疑欺骗消费者，如图 5-13 所示。

项目 5 智能客服

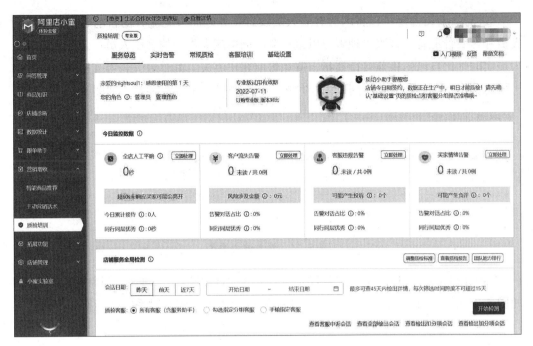

图 5-11 "质检培训"页面

图 5-12 客服违规告警

图 5-13 买家情绪告警

③ 询单流失告警可以将因为客服人员没有服务好而可能流失的售前客户告知质检人员和客服管理者。客服管理者可以重点关注询单流失告警的客服人员，督促售前客服人员实时优化自己的售前接待质量，避免售前客户流失。询单流失告警支持四种类型的告警，分别是被质疑答非所问、未及时响应、漏跟进、未及时催拍，如图5-14所示。

图5-14　询单流失告警

（3）在顶部导航栏中单击"常规质检"下的"日常抽检"，进入"日常抽检"页面，如图5-15所示。日常抽检是指针对人工会话进行质检，或者对系统智能检出的内容进行复核。

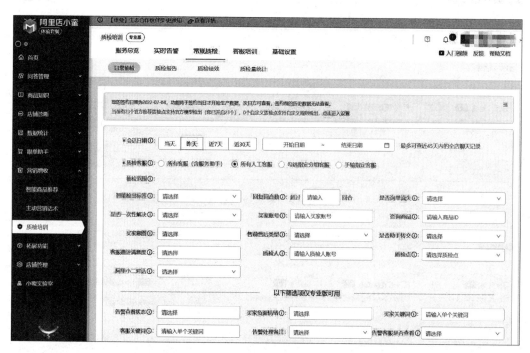

图5-15　日常抽检

（4）在顶部导航栏中单击"客服培训"下的"培训管理"，进入"培训管理"页面，如图5-16所示。官方培训会智能筛选出店铺优秀案例对客服人员进行培训，筛选案例从签约当日开始积累，但可能由于店铺签约当日咨询量不高，次日没有可用的培训案例，遇到这种情况时建议商家优先通过添加自定义培训的方式，自行从案例库中选择案例对客服人员进行培训。

图 5-16 培训管理

(5)在顶部导航栏中单击"客服培训"下的"参加培训",在打开的页面中有三种类型的培训,分别是售前会话仿真培训、售后会话仿真培训、商品问答仿真培训,其中商品问答仿真培训还在开发中。可以选择自己想要培训的内容,单击"教程学习"按钮,如图 5-17 所示。

图 5-17 参加培训

(6)在顶部导航栏中单击"客服培训"下的"案例库",可以看到一些培训案例的名称和时间,如图 5-18 所示。

图 5-18 案例库

（7）单击"新增案例组"按钮，弹出"编辑案例组"页面，输入案例组名称和案例组描述，单击"确定"按钮后即可完成会话案例组的建立，如图 5-19 所示。

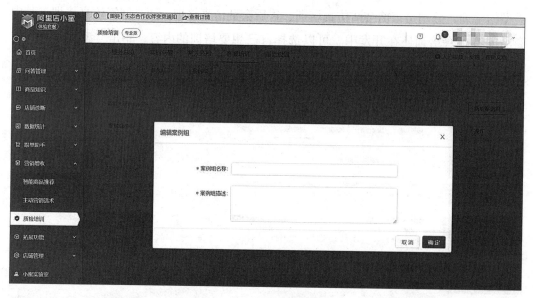

图 5-19 新增案例组

5.2.4 阿里店小蜜的配置逻辑

阿里店小蜜能够帮助商家更好地管理店铺，减少客服人员的工作量并提高转化率。很多淘宝商家都知道阿里店小蜜但不知道如何配置，下面介绍阿里店小蜜的配置逻辑。

>> **想一想**

阿里店小蜜有哪些服务模式？

_____

_____

1. 阿里店小蜜的服务模式

目前阿里店小蜜有全自动接待和智能辅助接待两种服务模式。

在全自动接待模式下，阿里店小蜜将为商家自动接待所有客户，尤其适合在夜间无人或大促销期间客流量暴增的时候开启，确保客户的咨询能被及时回复。全自动接待模式的优势就在于阿里店小蜜可以处理常规的、重复的咨询问题，而将复杂问题转给人工处理，从而提升客服人员的服务价值。

在智能辅助接待模式下，以客服人员为回复主力，而阿里店小蜜扮演辅助角色。在客服人员接待客户的过程中，阿里店小蜜提供语言范本推荐，并自动回复客服人员尚未回复的客户咨询，适合在日常接待时使用，以提高客服人员的接待效率。

> **知识拓展**
>
> 在以下两种场景下，全自动接待模式的优势非常明显。
>
> ① 日常活动/大促销时。由于活动期间的接待量骤增，客服人员接待压力大，大促销使很多店铺需要新增临时客服人员，而临时客服人员又有很多问题不懂，需要培训。使用阿里店小蜜回复，利用其"以一敌万"的接待能力，只需要根据活动内容提前设置好知识库内容，就可以解决大量的基础性、重复性问题。
>
> ② 夜间无人值守时。大部分店铺在夜间是无人值守的，所有的咨询都只能在第二天处理，可能会造成部分询单流失。而使用阿里店小蜜全自动模式，可实现24小时值守，既能解客户咨询的大部分问题，也能将没有解决的问题在第二天重新分配给客服人员，以降低询单流失率。

阿里店小蜜全自动模式是用独立虚拟账号独立接待，不依赖人工账号。一旦开启立即生效，不用商家登录账号，也不用挂机。开启全自动接待模式的操作步骤如下。

（1）进入阿里店小蜜后台管理首页，在顶部导航栏中单击"全自动接待"，在弹出的页面中进行全自动接待设置。

（2）进入"全自动接待设置"页面，在接待状态处单击"修改"，弹出"开启全自动模式"对话框，依次选择"客服分流管理"—"高级设置"—"机器人配置"，可以看到有人工优先、机器人优先和混合接待三种接待方式，如图5-20所示。开启全自动模式后，原本的已关闭状态会变成所选的模式，并且立刻生效。智能辅助接待模式是以人工客服作为回复主力，而阿里店小蜜扮演辅助角色，设置完成后单击"保存"按钮即可。

图 5-20　三种接待方式

想一想

如何配置阿里店小蜜的常见问答？

_____

_____

2. 常见问答配置

常见问答配置包含聊天互动、商品问题、活动优惠、购买操作、物流问题、售后问题、更多问题等。

常见问答配置的具体操作步骤如下。

（1）进入阿里店小蜜的后台管理页面，在左侧导航栏中单击"问答管理"下的"常见问答配置"，打开"全部知识"页面，找到想要编辑或增加答案的知识，如图 5-21 所示。

（2）进入"答案编辑器"页面，针对客户咨询的问题编写图文答案，如果有需要还可以添加表情以增强图文的说服力，完成后单击"确定"按钮，如图 5-22 所示。

> **知识拓展**
>
> 对于咨询频率比较高的问题，可以设置多条答案，当客户重复咨询时，就可以避免反复回复同一条答案。

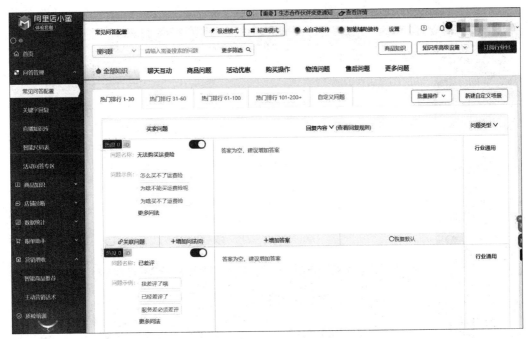

图 5-21 常见问答配置

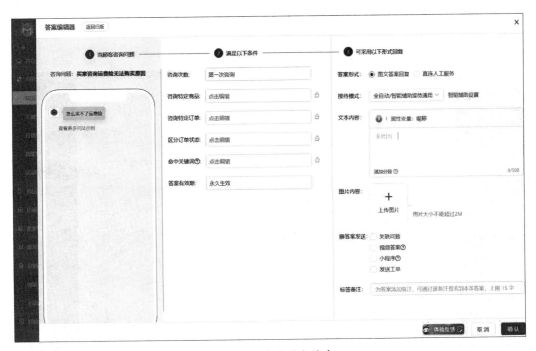

图 5-22 编写图文答案

（3）编辑完答案后返回"全部知识"页面，还可以添加"关联问题"。进入"场景关联问题"窗口，最多可以配置 5 个关联问题，如图 5-23 所示。

图 5-23 "场景关联问题"窗口

（4）单击"新增关联问题"按钮，打开"关联知识编辑框"，可以对各类问题进行编辑，如图 5-24 所示。

图 5-24 新增关联问题

3. 订阅行业包

行业包是由算法基于各行业海量的客户问题总结得出的专属于行业的高频问题。如果店铺售卖的商品跨行业，则可以订阅多个行业包。

订阅行业包的具体操作步骤如下。

（1）进入阿里店小蜜后台管理页面，在左侧导航栏中单击"问答管理"下的"常见问答配置"，打开"全部知识"页面，单击"订阅行业包"按钮，如图5-25所示。

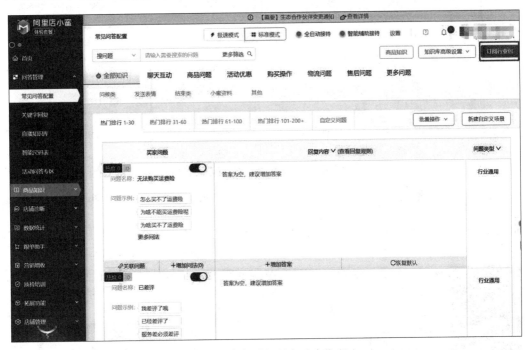

图 5-25　单击"订阅行业包"按钮

（2）订阅中心展示了行业通用包和阿里店小蜜当前已覆盖的行业包，如图5-26所示。行业通用包为默认订阅，包含高频的店铺通用问题。商家可根据店铺售卖商品所属的类目选择订阅1个或多个行业包。订阅后，无须配置问题，只需编辑答案即可。行业包中的每一类问题都涵盖了客户的上千种问法，能充分保障问题的命中率，因此商家编辑答案即可。

4. 欢迎语卡片问题设置

客户首次提问时，阿里店小蜜回复时会说欢迎语。了解欢迎语及卡片问题的设置方法，并且清晰、简洁、有重点且带有店铺特色地设置欢迎语及卡片问题，能够回答客户高频的疑问，给客户创造比较好的服务体验。

欢迎语卡片问题设置的具体操作步骤如下。

（1）进入阿里店小蜜后台管理页面，单击"全自动接待设置"按钮，即可找到"欢迎语卡片设置"界面，设置欢迎语。"卡片问题"有两种形式，即"智能预测＋人工配置"和"全部由人工配置"。在"卡片问题"中选择"全部由人工配置"，完成配置后单击"保存"按钮,如图5-27所示。

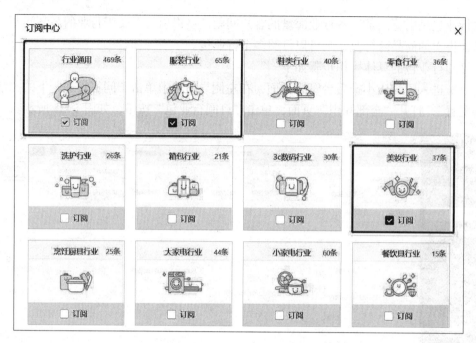

图 5-26　订阅中心

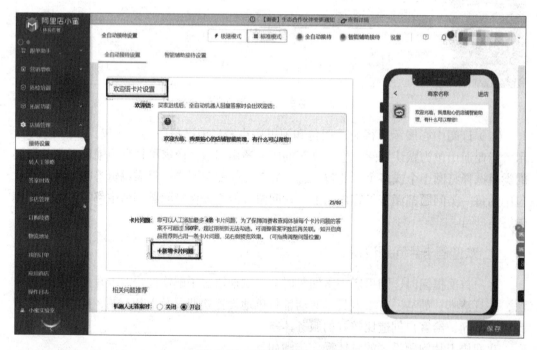

图 5-27　欢迎语卡片设置

(2)在该形式下,最多可以添加9条卡片问题,单击"新增卡片问题",弹出卡片问题和关联知识,单击卡片问题后的编辑按钮,如图5-28所示。

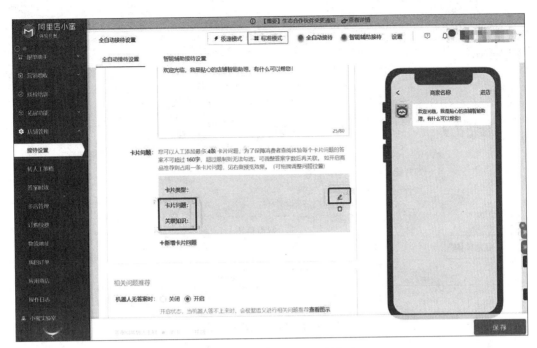

图 5-28 单击卡片后的编辑按钮

（3）弹出"新增卡片问题"页面，选择其中一个想要编辑的问题，单击"编辑答案"按钮。在"答案编辑框"中选择回复方式、编写文字答案后，单击"保存"按钮即可。

示范案例 5-3

据艾瑞咨询发布《2022 年中国对话式 AI 行业发展白皮书》报告及厂商矩阵图（图 5-29）显示，阿里云智能客服在产品功能性、需求覆盖度两大维度均排名第一，领跑全行业。与其他对话式 AI 厂商相比，阿里云并不能称为"科班生"，但阿里云能够从众多强劲参与者中成功突围，与其深厚的技术底蕴不无关系。

一方面，阿里云深耕技术领域多年，产品技术能力优势显著。阿里云在云计算领域也是居于行业前列的存在，其技术实力自然不容小觑。众所周知，技术是对话式 AI 产品落地、运行的基础，而 AI 领域也是阿里达摩院的重点发力领域之一，并且已经取得了颇为亮眼的成绩。有达摩院技术保驾护航，为其提供底层技术支持，阿里云在对话式 AI 领域也是逐渐显露头角，甚至实现赶超。

据互联网数据中心（Internet Data Center，IDC）发布的《中国人工智能软件及应用市场研究报告 2020》显示，阿里 AI 在语音语义领域表现强劲，市场规模年增长率达 96.6%，在中国主要语音语义厂商中排名第一。另据 IDC 发布的《IDC MarketScape 全球对话式 AI 平台厂商评估报告》显示，阿里云智能客服凭借突出的多轮对话能力、低代码可视化操作、自训练的语义模型等技术优势，成为国内唯一入选该报告的厂商，并且取得了 Major Players 的位置。

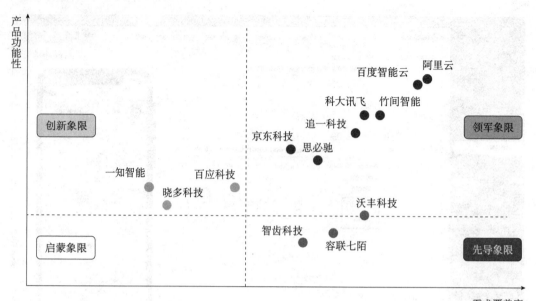

图 5-29　AI 行业厂商矩阵

另一方面，阿里集团本身就覆盖多种业务场景，在诸多领域积累了深厚经验。阿里在电商、金融、运营商等领域均有涉及，更能够洞察企业需要，能够针对不同行业面临的不同难题，推出符合企业需求的解决方案和对话式 AI 产品。比如，早在 2016 年阿里就推出了人工智能客服——阿里店小蜜来分担人工客服的日常工作，解决非复杂、重复性问题，减轻人工客服压力。

此后，阿里云深入行业，相继推出了交通智能客服解决方案、新零售智能客服解决方案、智能客服解决方案等，为不同行业企业提供不同服务，助力企业实现降本增效。与此同时，阿里云智能客服的行业覆盖范围也得到进一步的扩展，能够根据不同的经验积累、用户需求，完善产品功能、持续进行产品创新。

项目实训

（1）采用分组的形式进行实训，每 3～5 人为一组，设立负责人一名，负责整个任务的统筹工作。

（2）能够启用并配置阿里店小蜜智能客服。

（3）尝试对阿里店小蜜中"进店推荐商品"知识库进行配置。

（4）登录阿里店小蜜后台管理页，在全自动接待模式下设置欢迎语卡片。

（5）设置自动回复内容，当客服人员不在时可以自动回复客户。

（6）形成实训报告上交教师，教师给予评价。

复盘反思

经过本项目的实施和相关知识点的学习,对比自己总结的内容与知识讲解部分内容是否契合,填写下表完成项目评测,并进行复盘反思。

姓名		班级	
学号		日期	
知识盘点	通过对本项目的学习,你掌握了哪些知识?请画出思维导图:		
任务完成自评	□优秀	做得好的地方:	
	□良好	需改进的地方:	
	□较差	做得差的地方:	
任务完成情况	按照服务类型分类	□熟练掌握,能够口述	□有所了解,能够通过资料进行总结
	按照商务形式分类	□熟练掌握,能够口述总结	□有所了解,能够通过相关信息进行总结

项目评价

经过本项目的分组实训演练，按实训项目评价指标进行学生自评与小组成员互评（按优秀为 5 分、良好为 4 分、一般为 3 分、合格为 2 分、不合格为 1 分五个等级进行评价），并填写下表完成实训项目评测，最后由教师给出综合评价。

	评 价 指 标	得分
自评	团队合作精神和协作能力：能与小组成员合作完成项目	
	交流沟通能力：能良好表达自己的观点，善于倾听他人的观点	
	信息素养和学习能力：善于收集并借鉴有用资讯和好的思路想法	
	独立思考和创新能力：能提出新的想法、建议和策略	
组员 1	团队合作精神和协作能力：能与小组成员合作完成项目	
	交流沟通能力：能良好地表达自己的观点，善于倾听他人的观点	
	信息素养和学习能力：善于收集并借鉴有用资讯和好的思路想法	
	独立思考和创新能力：能提出新的想法、建议和策略	
组员 2	团队合作精神和协作能力：能与小组成员合作完成项目	
	交流沟通能力：能良好表达自己的观点，善于倾听他人的观点	
	信息素养和学习能力：善于收集并借鉴有用资讯和好的思路想法	
	独立思考和创新能力：能提出新的想法、建议和策略	
组员 3	团队合作精神和协作能力：能与小组成员合作完成项目	
	交流沟通能力：能良好地表达自己的观点，善于倾听他人的观点	
	信息素养和学习能力：善于收集并借鉴有用资讯和好的思路想法	
	独立思考和创新能力：能提出新的想法、建议和策略	
教师综合评价	优秀之处：	
	不足之处：	

项目 6
客户关系管理

 **学习目标**

知识目标	• 了解客户关系管理的内容、原则、特点等； • 掌握电子商务客户满意度的影响因素； • 掌握客户满意度指标体系的构成； • 熟悉客户忠诚的衡量标准； • 理解电子商务客户流失的含义及其类型
能力目标	• 能够学会提升电子商务客户满意的方法； • 能够学会提升电子商务客户忠诚的策略； • 能够学会识别电子商务客户流失的主要因素； • 能够学会电子商务客户挽回策略
素养目标	• 运用客户关系管理的相关知识分析问题、解决问题

 学习计划表

项目		认知客户关系管理	客户满意度	客户忠诚度	客户的流失与挽回
课前预习	预习时间				
	预习结果	1. 难易程度 □偏易（即读即懂）　　　　　□适中（需要思考） □偏难（需查资料）　　　　　□难（不明白） 2. 问题总结			
课后复习	复习时间				
	复习结果	1. 掌握程度 □了解　　　　□熟悉　　　　□掌握　　　　□精通 2. 疑点、难点归纳			

 **项目导读**

当今世界，市场竞争的焦点已经从产品的竞争转向品牌、服务和客户资源的竞争。谁能拥有客户，能和客户建立并保持一种长期、良好的合作关系，赢得客户信任、给客户提供满意的服务，谁就能通过为客户服务的最优化来实现企业利润的最大化。企业要实现以客户为中心的战略，必须运用现代化的先进技术和管理手段。

6.1 认知客户关系管理

在全球经济背景下,随着市场竞争越来越激烈的发展趋势,整个市场经济悄然转变为以客户需求为中心的营销格局,因此企业的生存和发展就必须拥有更稳定的客户群体。客户群体的需求潜力及稳定性需要企业对客户群体关系进行良好的维护,因此只有良好的客户关系管理才能让企业以更具针对性的营销策略稳固市场地位。

6.1.1 客户关系管理概述

客户关系管理需要商家对客户的行为特征、消费习惯进行分析,然后不断加强与客户之间的交流,不断了解客户的需求,并且不断对商品及服务进行改进和提高,以满足客户需求。

1. 客户关系管理的概念

客户关系管理是指企业为提高核心竞争力,利用相应的信息技术协调企业与顾客间在销售、营销和服务上的交互,从而提升其管理能力,向客户提供创新式的个性化的客户交互和服务的过程。其最终目标是吸引新客户、保留老客户、将已有客户转为忠实客户,增加市场。

2. 客户关系管理的内容

1)营销管理

营销管理的主要内容是帮助市场专家对客户和市场信息进行全面的分析,从而对市场进行细分,组织高质量的市场策划活动,指导销售队伍更有效地工作。在营销管理中对市场、客户、产品和地理区域信息进行复杂的分析,帮助市场专家开发、实施、管理和优化策略。

营销管理为销售、服务和呼叫中心提供包括产品、报价、企业宣传资料等内容的关键信息。通过数据分析,帮助市场人员识别、选择和生成目标客户列表,并确保新的市场活动自动地发布给合适的销售、服务人员,使活动能够快速地执行。

营销管理的主要内容如下。

(1)通过对相关行业客户数据的分析,提高决策的成功率。

(2)通过对竞争对手的数据分析,策划有效的营销方案。

(3)支持整个企业范围的通信和资料共享。

(4)评估和跟踪多种营销策略。

2)销售管理

销售管理主要负责管理商业机遇、账户账号及销售渠道等方面。销售管理把企业的所有销售环节有机结合起来,使其产品化。在企业销售部门之间、异地销售之间及销售与市场之间建立一条以客户为导向的流畅的工作流程。销售管理可以有效地缩短企业的销售周期，同时提高销售成功率。随着销售周期的缩短，销售人员将有更多的时间与客户进行面对面的销售活动。

销售管理能确保企业每个销售代表即时获取企业当前最新信息，它的主要内容如下。

（1）机会、客户、联系人及合同管理。
（2）动态销售团队及区域管理。
（3）绩效跟踪的漏斗管理。
（4）产品配置、报价、折扣及销售订单的生成。
（5）支持所有的新型销售策略。
（6）采用市场引导的"销售自动化"解决方案。

3）服务管理

服务管理可以使客户服务代表有效地提高服务质量，增强服务能力，从而更加容易捕捉和跟踪服务中出现的问题，迅速、准确地根据客户需求解决调研、销售拓展、销售提升等各个步骤中的问题，延长客户生命周期。服务专家通过分解客户对服务的需求，向客户建议产品或服务来增强和完善每一个专门的客户解决方案。

▶▶ 想一想

拨打10086、10010等客户服务电话体验客户服务，结合体验结果谈一谈感受。

_____

_____

服务管理的内容通常包括以下三个。
（1）支持电话、E-mail、Web、传真等客户服务方式。
（2）通过访问知识库对客户问题进行快速判断和解决。
（3）客户服务历史查询。

4）现场管理

现场管理即移动销售和服务解决方案，允许企业有效地管理各个分支机构的服务。现场管理依赖相关系统来管理可预防维护计划、中断或安排服务事件、退换货处理许可，确保客户问题第一时间得到解决。

现场管理的内容通常包括以下四个。
（1）全面的现场支持服务应用。
（2）支持现场服务的具体操作和后勤管理。
（3）现场服务移动办公解决方案。
（4）与客户服务管理和呼叫中心的集成。

5）呼叫中心

呼叫中心作为客户关系管理的重要应用，通过将销售与服务集成为一个单独的应用，使一般的业务代表能够向客户提供实时的销售和服务支持。呼叫中心提供当今最全面的计算机电话集成技术，通过对已拨号码识别服务、自动号码识别、交互式语音应答系统的全面支持，以及针对客户特征选择最有效的通道等因素的权衡，将客户与合适的业务代表相连接。在需要的情况下，业务代表还可以将客户资料随同呼叫转给专家处理。

呼叫中心的内容包括以下三个。

（1）集成的电话销售、营销和客户服务解决方案。

（2）通过智能询问将客户引导至企业业务代表。

（3）依据数据驱动的工作流设定、授权和加入新的资源。

3. 客户关系管理的原则

1）客户是企业战略资源的原则

在传统的管理理念及现行的财务制度中，只有厂房、设备、现金、股票、债券等是企业的资产，随着科技的发展，开始把技术、人才也视为企业的资产。然而，这种划分资产的理念是闭环式的而不是开放式的，无论是传统固定资产和流动资产论，还是新出现的人才和技术资产论，都是企业能够实现价值的部分条件，其缺少的部分就是产品实现其价值的最后阶段，也是最重要的阶段，而这个阶段的主导者就是客户。

提倡并树立客户是企业战略资源的理念，在当今以产品为中心的商业模式向以客户为中心的商业模式的转化过程中，是尤为重要的。美国著名的研究机构 Hurwitz Group 在一份白皮书中指出：客户关系管理比企业资源计划更进了几步，它可以帮助企业最大限度地利用其以客户为中心的资源（包括人员和资产），并将这些资源集中应用于客户和潜在客户身上。通过缩减销售周期和销售成本，通过寻求扩展业务所需的新市场和新渠道，并且通过改进和提升客户价值、满意度、盈利能力及不断地发展和扩展新客户来提高企业的经营和管理能力。

随着以产品为中心的商业模式向以客户为中心的商业模式的转变，越来越多的企业开始将客户视为企业的战略资源。"想客户所想""客户就是上帝""客户的利益至高无上"等一些新型的管理理念和管理思想开始确立。ISO 9000 更将这种现代管理理念提升到战略高度来认识，提出了从满足客户需求出发到让顾客满意的核心理念，并把它作为管理的出发点和落脚点。

示范案例 6-1

王永庆从小家境贫寒，只读了几年书就辍学了。1931 年，15 岁的王永庆来到嘉义一家米店做学徒小工。第二年靠着东拼西凑的 200 元资金开了自己的米店。当时小小的嘉义已有米店近 30 家，竞争非常激烈。王永庆只能在一条偏僻的巷子里租一间小铺面。他的米店开得最晚，规模最小，而且由三个未成年的小孩打理，能站稳脚跟盈利吗？

面对这些不利条件，王永庆并没有失去信心，而是开动脑筋想办法。最后他想出三招，竟然后来居上，打得那些老店无还手之力。

第一招：改善产品质量。因为当时稻谷粗放式的收割与加工技术，米里经常会掺杂小石子之类的杂物，所以人们在做饭之前要淘好几次米，大家都已习以为常，见怪不怪。有些米店老板甚至认为那些杂质还可以多卖些钱。王永庆却从中发现了机会，他和两个弟弟一齐动手，仔细地将米里的秕糠、砂石等杂物拣出来，卖了一段时间之后，王永庆的米好，已经口口相传、尽人皆知了。

第二招：让客户感动的优质服务。别的米店下午6点关门，王永庆却一直开到晚上10点多。当时人们经济都不宽裕，他就先赊账，然后约定在发薪的日子去收账。那时候因为年轻人都忙于工作，来买米的客户以老年人居多。于是王永庆主动送米上门，开创了"送货上门"服务的先河，从而赢得了客户的称赞。王永庆送米，并非放到门口了事，如果米缸里还有旧米，他就将旧米倒出来，把米缸擦洗干净，把新米倒进去，再将旧米放回上层，如此一来，旧米不会因存放过久而变质。这一细致且超越期望的服务令客户印象深刻，深受感动，从而成为王永庆米店的忠诚客户。

第三招：建立客户数据库。王永庆的商业意识超越了时代，只不过客户数据库用的不是今天的手提电脑，而是真正的笔记本。给客户送米时，王永庆细心记下这户人家的米缸容量，通过聊天了解家里有几个大人、几个小孩，每人饭量如何，据此估计下次买米的大概时间，认真记在本子上。届时不等客户上门，他就提前一两天主动将米送到客户家里。王永庆小小年纪就展现出了超越常人的精明。

同样是卖米，为什么王永庆能将生意做到这种境界呢？关键在于他用了心！他用心去研究客户，研究客户的心理，研究客户的需要，研究如何去满足客户的需要。做好客情经营，不单纯是卖给客户简单的产品，而是将客户的需求变成自己的服务项目，与产品一同给予客户，由此我们更可以看出服务的价值。

2）客户资源的扩展原则

商务活动中的客户资源多是偶发的、单一的，但是这种偶发的客户资源往往具有一种行业的连续性和扩展性。互联网的广泛使用，不仅激发了这种扩展性，而且使人们能够把握、培育、倍增这种扩展性，从而为商务活动中开辟和扩大市场提供机遇与可能。特别是由于电子商务的市场更大、机会更多，这种充足的潜在的客户资源为扩展客户资源奠定了非常好的基础。许多客户关系管理软件正是利用了这种扩展性，寻找一种规律性的机遇来扩大和构建企业的稳定客户源。

> **课程思政**
>
> 诚信是企业发展的灵魂，没有诚信寸步难行。王永庆卖米成功的经验就是取信于客户，常年坚持质好量足，童叟无欺，这种理念支撑着他的稻米经营经久不衰。诚信是经商之魂。

3）建立稳定客户资源的原则

商业交往中的商机是客户带来的，因此，稳定的、长期的客户将是企业长期而稳定的销售渠道和利润基础。建立稳定的客户资源，首先要寻找和发现稳定的客户，特别是要发现那些潜在的、未来的销售对象；其次要服务好现有的客户，并通过为这些客户提供优质服务进行客户资源扩展；最后对全部客户资源进行智能化管理，在管理的过程中，实现客户价值的扩大和增值。只有逐步建立起稳定、不断发展和扩大的客户群，才能使企业切切实实提高产品和市场占有率，建立起稳定的销售渠道，对企业的稳定生产具有重要的作用。

4）客户关系中的整合共赢原则

整合是时代发展的一种趋势。因此，在电子商务构建和发展客户关系的过程中，必然要涉及双方和多方的利益问题。网站建设的专业化和网民要求的个性化使任何一个网站也不可能满足网民全方位、多层次、个性化的要求，资源空缺与内容贫乏使他们感受到整合的重要性。只有整合才能实现优势互补、资源共享，才能把分散优势变成综合优势。

这种对整合的普遍要求，首先反映在信息的资源互补上。因为网民对资源更新的及时要求，会和各网站捕捉信息、更新信息、采集信息形成巨大的断层。不克服这个信息的断层，一周之内信息无更新，网民就会有一种腻烦感，访问量锐减。维持信息日复一日的更新比构建网站要难得多，这会使许多网站的整合观发生新的变化。由于商业网站扩充期兼并式的整合观跃升为互补式的整合观，双方和多方发现所长、发展所长、稳定所长、互补所短、互通有无地整合在一起，才能求得共同的发展。正是基于这种认识，看到了整合后的互赢前景，网站之间的整合纷纷加快了步伐。"新浪"与"3721"共推强力搜索引擎，与"启迪网"共推网上招生，与"中国频道"共推企业上网都是一种整合和互补。

这种整合还体现在工作上。以服务顾客为原则，以共同利益为纽带，以多方协同完成同一商务运作为目的的、双赢的、相互关联的崭新原则得以确立并得到迅猛发展。整合的深度发展必然是双方和多方市场的进一步扩展与网站服务领域的进一步延伸。

在客户关系管理中坚持整合共赢的原则，必须从电子商务的整体战略思考出发，进行通盘考虑。特别是在资源整合的过程中，应注意资源的开放性和有限度的保密性，绝不能一讲整合就把商业秘密全盘托出，以致把自己的战略意图完全曝光，这是非常危险的。

双赢原则已经成为在现代商战中处理相互关系的一个重要原则。正是基于这种双赢原则的成功运作，使许多供应商和销售商较好地解决了关系，使许多商务网站资源不足的问题得到解决，使大量具有分散优势的企业获得了综合优势。

6.1.2　电子商务客户关系管理概述

电子商务是互联网高速发展的产物，是网络技术应用的全新发展方向。互联网所具有的开放性、全球性、低成本、高效率的特点，也成为电子商务的内在特征，并使电子商务不仅能改变企业本身的生产、经营、管理活动，而且将影响整个社会经济运行的结构。电子商务环境下的客户呈现出与传统商务环境下的客户所不同的特征，研究和掌握这些特征才能使企业做出正确的决策和规划。

1. 电子商务客户关系管理的特点

电子商务环境下的客户关系管理是在传统商务环境下客户关系管理的基础上，以信息技术和网络技术为基础的一种新兴的客户管理理念与模式。其主要特点如下。

1）实施以客户为中心的商业策略

互联网及时的沟通方式有效地支持客户随时、准确地访问企业信息。客户只要进入企业网站，就能了解企业的各种产品和服务信息，寻找决策依据及满足需求的可行途径。同时，营销人员借助先进的信息技术，及时、全面地掌握企业的运行状况及变化趋势，以便根据客户的需要提供更加有效的信息，改善信息沟通效果。

电子商务客户关系管理必须制定以客户为中心的商业目标，才能找到和客户双赢的机会。例如，戴尔公司借助电话拜访、面对面的对话、网络沟通，及时获知客户对于产品、服务和市场上其他产品的建议，并知道他们希望公司开发什么样的新产品。Dell 针对客户需求来设计产品或服务方式，客户可利用 Dell 公司网站和免费电话自主选择配置，使每一件产品都是为客户量身定做的，最大限度地满足客户需求。同时，Dell 依照客户订货的需求与时机来生产，消除了因为购买过量零件、库存与赔钱抛售存货等所造成的成本，实现了公司和客户的双赢。

2）较低的客户关系管理成本

在电子商务模式下，任何组织或个人都能以低廉的费用从网上获取所需要的信息。在这样的条件下，客户关系管理系统不仅是企业的必然选择，也是广大在线客户的要求。因此，在充分沟通的基础上，相互了解对方的价值追求和利益所在，以寻找双方最佳的合作方式，无论对企业还是在线客户，都有着极大的吸引力。

建立长期关系是企业利润的主要来源。电子商务网站的访问者就是企业潜在的客户群，企业可以分析客户的网上行为（如浏览了哪些商品、对比了哪些参数等），也可以通过网站对客户进行调研和访谈，了解客户的喜好、习惯、行为特征。先进的信息技术使对客户信息的收集、资料处理、潜在内容挖掘更容易操作，这样可以迅速建立信任，赢得客户。另外，对忠实的大客户可以进行差异化、个性化服务，提高客户的忠诚度和满意度。

3）利用新技术支持

在如今的信息时代，技术革命一日千里，企业可以利用新技术来管理客户关系：建立局域网或广域网，建立大规模的数据库，使用更先进的软件技术等。

课程思政

世界大势，浩浩汤汤，中国民企，志存高远，坦诚互信为支柱，经济合作为基石，传统友谊为灵魂，在"合众力、造大船、涉深水、助远行"的理念引领下，中国民营企业实现了"走出去"、为中国民营经济闪耀"一带一路"提供无穷动力，正在为中国经济的持续快速发展作出新的更大贡献。

资料来源：http://www.yihualife.com/index.php/Home/index/brand 2/id/1756，有改动。

客户关系管理的核心思想是"以客户为中心"，为了达到这个目标，企业必须准确掌握客户的需求，提供个性化的服务，提供及时的、必要的客户关怀。因此，企业需要建立一个集中统一的客户信息数据库，有效地管理客户数据。数据库中保存着客户与企业进行联系的所有信息，包括客户的交易信息、电话、评价、退货，甚至客户的不满等；也保存着企业主动接触的有关信息，包括促销优势、信件、电话，以及个别访问等。

运用管理心理学、消费心理学、统计、市场调研等知识，利用数据库对这些客户数据进行统计分析，得出客户的购买行为特征，并可以据此调整公司的经营策略、市场策略，让整个经营活动更加有效。对于能带来效益的用户，可为他们提供多一些的服务，也可提供一些其他的东西来吸引他们继续成为自己的客户。对于那些不能带来效益的客户，甚至是来窃取商业机密的客户，则不提供服务或提供收费服务。这些措施都能使企业与客户保持良好的关系。

4）集成的客户关系管理解决方案

在电子商务模式下，为了使企业业务的运作保持协调一致，需要建立集成的客户关系管理（customer relationship management，CRM）解决方案。该方案应使后台应用系统与电子商务的运作策略相互协调，使客户能够通过电话、传真、互联网、E-mail、移动通信等渠道与企业联系，并快速响应。

语言是人们进行交流的媒介。许多人选择的交流工具是人类的语言，而不是键盘，对此企业必须做出反应，建立基于传统电话的呼叫中心。呼叫中心是企业用来与客户进行直接交谈、发现客户的需求、劝说客户达成交易、确保客户的需求得到满足的场所。电话管理是双向的，包括企业打给客户的对外营销管理和客户打给企业的对内营销管理，它还是建立和维持对话的一个重要部分，是客户关系管理的关键因素。电子商务客户关系管理要求把电子邮件、电话和在线交流系统整合在一起，这样才能发挥系统的最大作用。

电子商务客户关系管理系统能够根据市场变化，促使企业迅速进行资源重新配置，迎合业务模式的改变，避免传统客户关系管理灵活性差的问题。集成的 CRM 可以将不同工作场景下的客户关系进行整合，如电商卖家 CRM、数字零售 CRM、社交平台的 CRM、个人微信群的 CRM 等，共同完成客户识别、客户画像、客户信息、客户建立、客户沟通、客户满意、客户忠诚和客户挽回等，如图 6-1 所示。集成性要求系统内各个部分必须有着紧密的联系，达到流程顺畅，才能使企业通过互联网改善与客户、伙伴和供货商的关系，创造更大的效益。

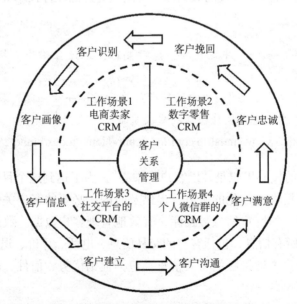

图 6-1 集成的客户关系管理解决方案

2. 电子商务客户关系管理的内容

电子商务的迅速发展给企业的客户关系管理带来了无限的发展空间。电子商务客户关系管理不同于传统客户关系管理，它主要指企业借助网络环境下信息获取和交流的便利，对客户信息进行收集和整理；充分利用数据仓库和数据挖掘等先进的智能化信息处理技术，把大量客户资料加工成信息和知识，用于提高客户满意度和忠诚度；运用客户关系管理系统和客户管理理念为客户提供优质服务；将企业现有资源进行有效整合，采用企业应用集成（EAI）技术使 CRM 与企业资源计划（ERP）、供应链管理（SCM）进行整合。电子商务客户关系管理的最终目标是利用企业现有资源创造最大的利润价值。

> **知识拓展**
>
> 客户关系管理是选择和管理价值客户及客户关系的一种商业策略，是获取、保持和开发客户的方法与过程。客户关系管理的流程一般包括建立客户关系、维护客户关系、挽救客户关系。

电子商务客户关系管理的内容基本包括以下几个方面。

1）电子商务客户信息管理

客户信息管理是客户关系管理的一个重要组成部分，可以通过它提供的客户信息，以正确的方式，在正确的时间，向正确的客户，提供正确的服务，最后满足客户的个性化需求，达成长期合作意向。客户信息库能帮助企业减少竞争、抓住客户、提供更多的交易机会、提高客户忠诚度、增加盈利，是电子商务客户关系管理其他环节的基础。

电子商务客户信息管理主要包括以下内容。

（1）电子商务客户信息收集。利用电子商务网络平台，结合电话、短信、面对面等方式，对客户的信息进行收集，为建立客户资料库提供原始资料。

（2）建立客户资料库。使用客户资料卡和数据仓库技术，将收集来的客户资料进行清理、抽取、分离，形成结构化的客户数据仓库，为客户信息分析打下基础。

（3）客户信息整理。客户信息整理主要是根据企业需要对客户数据仓库中的数据进行有针对性的分组、筛选、整理、更新。例如，按照客户创造利润分类，按地区分类。

（4）客户信息分析。企业的资源有限，如果企业与所有的客户都进行电子商务活动，在时间上、人力上和硬件条件上都是不可能的。企业可以通过对客户数据的分析，找出对企业重要的客户、需要争取的客户、可有可无的客户，进行有针对性的管理，使企业获得尽量多的利润。

（5）客户信息安全管理。客户资料以电子形式存储于客户信息库中，客户是企业最宝贵的财富，因此，客户信息库是企业的无形资产，其安全性必须受到重视。安全的信息保存、处理、分析环境，不仅能保护企业资产，还能取得客户信任、带来商机。

2）电子商务客户满意管理

在电子商务模式中，客户对商品的需求，已不再是单纯的数量和质量上得到满足，情感的需求也成为重要的内容，客户越来越追求在商品购买与消费过程中心理上的满足感，于是"满意"与"不满意"成了客户消费价值的选择标准。

菲利普·科特勒认为：满意是指一个人通过将产品可感知的效果与其期望值相比较

以后，所形成的愉悦的感觉状态。一般来说，客户满意是指客户在消费了特定的商品或服务以后所感受到的满足程度的一种心理感受。这种心理感受不仅受商品或服务本身的影响，还受客户的经济、观念、心理等自身因素的影响。

电子商务环境下客户满意度管理的内容、衡量指标、方法经历了一定的变化和革新。电子商务环境下不仅要注重传统的满意度管理方法，还需要结合网络环境的方便、快捷优势，合理把握客户期望，提高客户感知，以达到维持和提升客户满意度的目标。

6.2 客户满意度

客户满意对企业的客户关系管理有着重要的影响。对于电商企业来说，如果客户对电商企业的商品或服务感到满意，客户会将他们的消费感受传播给其他客户，从而帮助电商企业扩大商品的知名度，提升店铺的形象，为店铺的长远发展不断地注入新的动力。只有让客户满意，客户才可能持续购买。

6.2.1 客户满意度概述

客户满意（customer satisfaction，CS）是20世纪80年代中后期出现的一种经营思想。菲利普·科特勒认为：企业的一切经营活动都要以客户满意度为指针，要从客户的角度出发，用客户的观点而非企业自身的利益和观点来分析并考虑客户的需求，尽可能全面尊重和维护客户的利益。

客户满意是指客户在消费产品或接受服务的过程中（以及之后的一段时期内）所形成的愉悦的感觉状态。客户满意作为一种全新的经营哲学，是在信息技术飞速发展、客户需求日益个性化及市场竞争日益加剧等的背景下，在企业形象识别（corporate identity，CI）的基础上发展起来的一种经营理念。

> **知识拓展**
> 客户满意是一种心理活动，是客户的主观感受，是客户的预期被满足后形成的状态。当客户的感知没有达到预期时，客户就会不满、失望；当感知与预期一致时，客户是满意的；当感知超出预期时，客户就会感到"物超所值""喜出望外"，就会很满意。

1. 客户满意度的内涵

客户满意度是指客户对自己明示的、隐含的或电商企业必须履行的需求或期望被满足的程度的感受。简单而言，客户满意度是客户满意的程度，是客户在购买和消费相应的产品或服务时的不同程度的满足状态。

客户满意包括产品满意、服务满意和社会满意三个层次。

（1）产品满意是指企业产品带给客户的满足状态，包括客户产品的内在质量、价格、设计、包装、时效等方面的满意程度。对产品的质量满意是构成客户满意的基础因素。

（2）服务满意是指企业在产品售前、售中、售后及产品生命周期的不同阶段所采取的服务措施令客户满意。企业在服务过程的每一个环节上都要设身处地为客户着想，做到有利于客户、方便客户。

（3）社会满意是指客户在对企业产品和服务的消费过程中所体验到的对社会利益的维护，主要是指客户整体的社会满意，它要求企业的经营活动有利于社会文明进步。

2. 客户满意度的特征

对电子商务企业来说，客户对电子商务网站所提供的各种产品和服务的可感知的效果与其期望值进行比较后，所形成的愉悦或失望的感觉状态就是"客户满意"。而客户满意度就可以看作可感知效果与期望值之间的差异程度。总体来说，客户满意是一种心理活动，是客户的需求被满足后形成的愉悦感或状态，是客户的主观感受。客户满意度的决定模型如图6-2所示。通过对客户满意度的分析，电子商务企业不仅能了解客户对网站所提供的产品和服务的满意程度，还能够了解各项影响因素的重要性和满意程度，从而有的放矢地改进和完善网站的各项功能与服务。

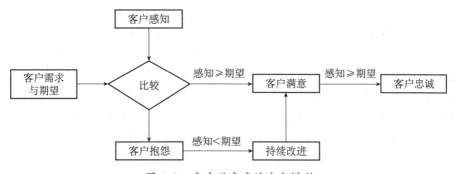

图 6-2 客户满意度的决定模型

从客户满意度的概念中可以归纳出客户满意度的四个特征。

（1）主观性。客户满意度的主观性是指客户的满意程度是建立在其对产品和服务的体验上，感受的对象是客观的，而结论是主观的。客户满意的程度与顾客的自身条件（如知识和经验、收入状况、生活习惯、价值观念等）有关，还与网络宣传等有关。

（2）层次性。客户满意度的层次性是指处于不同层次需求的人对商品和服务的评价标准不同，因此不同地区、不同阶层的人或一个人在不同条件下对某个商品或某项服务的评价也不尽相同。

（3）相对性。客户满意度的相对性是指客户对商品的技术指标和成本等经济指标通常不熟悉，他们习惯于把购买的商品和其他同类商品，或和以前的消费经验进行比较，由此得到的满意或不满意。

（4）阶段性。客户满意度的阶段性是指任何商品都具有寿命周期，服务也有时间性，客户对商品和服务的满意程度来自过程的使用体验，是在过去多次购买和提供的服务中逐渐形成的，因而呈现出阶段性。

3. 客户满意度的要素

客户满意因人、因时、因地有所不同，客户在接受商品或服务时获得的满意程度和满意层次是不一样的。客户满意度的要素分为横向层面和纵向层面，不同层面又包括不同的内容，如图 6-3 所示。

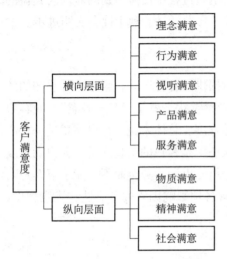

图 6-3 客户满意度的要素

1）横向层面

客户满意度横向层面包括理念满意、行为满意、视听满意、产品满意和服务满意五个层次。

（1）理念满意。理念满意是指企业的精神、使命、经营宗旨、经营哲理和价值观念等带给企业内部客户和外部客户的心理满足。企业理念满足是客户满意度的灵魂，是客户满意度最主要的决策层。令客户满意的企业经营理念是企业全部行为的指导思想，也是企业的基本精神所在。

（2）行为满意。行为满意是指客户对企业"行动"的满意，包括客户对企业行为机制、行为规则和行为方式的满意。它是理念满意诉诸计划的行为方式，是客户满意战略的具体执行和运作。行为满意就是建立一套系统完善的行为运行系统，这套系统被全体员工认同和掌握，每个员工在系统中都是公平和公正的。系统运行的结果将带给客户最大限度的满意，且能保证最佳经济效益和社会效益。

（3）视听满意。视听满意是指企业具有的可视性和可听性的外在形象带给内外客户的心理满足状态。可听性满意包括企业的名称、产品的名称、企业的口号、广告语等给人的听觉带来的美感和满意度。可视性满意是客户满意度直观可见的外在形象，是客户认识企业的快速化、简单化的途径，也是企业强化公众印象的集中化、模式化的手段。企业是否拥有一套视觉满意系统，将直接影响客户对企业的满意程度。可视性满意包括企业的标志满意、标准字满意、标准色满意及这三个基本要素的应用系统满意等。

（4）产品满意。产品满意是指产品带给内外客户的心理满足状态，包括产品品质满意、产品时间满意、产品数量满意、产品设计满意、产品包装满意、产品品位满意、产品价格满意等。

（5）服务满意。服务满意是指企业整体服务带给内外客户的心理满足状态，包括绩效满意、保证体系满意、服务的完整性和方便性满意，以及情绪/环境满意。

2）纵向层面

客户满意度纵向层面包括物质满意、精神满意和社会满意三个层次。

（1）物质满意。物质满意是指客户在对企业提供的产品或服务消费过程中所产生的满意。物质满意的支持者是商品的使用价值，如功能、质量、设计、包装等，它是客户满意度中最基础的层次。

（2）精神满意。精神满意是客户在对企业提供的商品形式和外延层的消费过程中产生的满意，是客户对企业的商品给他们带来的精神上的享受、心理上的愉悦、价值观念的实现、身份的变化等方面的满意状况。精神满意的支持者是商品的外观、色彩、装潢品位和服务等。因此，商品仅满足客户物质层面的需求是不够的，企业还应该在商品生命周期的各个阶段采取不同的营销手段和服务方式，为商品创造人情味，迎合客户精神层面的需求。

（3）社会满意。社会满意是客户在对企业提供的商品的消费过程中所体验到的社会利益的维护程度。社会满意的支持者是商品的道德价值、政治价值和生态价值。商品的道德价值是指在产品的消费过程中不会产生与社会道德相抵触的现象；商品的政治价值是指在产品的消费过程中不会导致政治动荡、社会不安；商品的生态价值是指在产品的消费过程中不会破坏生态平衡。

> **课程思政**
>
> 马克思主义站在无产阶级立场上，服务于人民的发展，蕴含着丰富而深刻的人民观。人民群众是历史主体和历史创造者，实现每个人自由和全面的发展，是马克思主义"以人为本"的价值追求。

6.2.2 电子商务客户满意度的衡量

在现代日趋激烈的市场竞争中，电商企业要想立于不败之地，客户满意度在其中发挥着至关重要的作用。作为服务管理的重要内容，客户满意度管理越来越受到电商企业的重视。如何利用客户满意度管理真正提高客户满意度，如何解决用户满意度管理中出现的系列问题，需要运营者在实践中不断地摸索。

1. 客户满意度的测评

客户满意度是衡量客户满意程度的量化指标，通过该指标可以直接了解电商企业或商品在客户心目中的满意级度。一般来说，常用的客户满意度的衡量指标主要有以下几个方面，如图6-4所示。

（1）美誉度。美誉度是指客户对电商企业的褒扬态度。对电商企业持褒扬态度的客户，肯定对电商企业提供的商品或服务是满意的，即使本人不曾直接购买或使用该电商企业提供的商品或服务，也一定会直接或间接地接触过该电商企业的商品或服务，因此他们的意见可以作为满意者的代表。

图6-4 客户满意度的衡量指标

（2）指名度。指名度是指客户指名消费某电商企业商品或服务的程度。如果客户对某种商品或服务非常满意，他们就会在消费过程中放弃其他选择而指定电商企业、非此不买。

（3）回头率。回头率是指客户消费了该电商企业的商品或服务之后再次消费，或愿意再次消费，或介绍他人消费的比例。

（4）抱怨率。抱怨率是指客户在消费了电商企业提供的商品或服务之后产生抱怨的比例。客户抱怨是客户不满意的具体表现，电商企业通过了解客户抱怨率就可以知道客户的不满意状况，所以抱怨率也是衡量客户满意度的重要指标。

（5）销售力。销售力是指电商企业的商品或服务的销售能力。通常来说，如果客户对电商企业提供的商品或服务比较满意，商品和服务就有良好的销售力；如果客户对电商企业提供的商品或服务不满意，商品和服务就不具备良好的销售力。

▶▶ 想一想

在平时生活中，你有不满意的经历吗？是什么让你产生了不满情绪？你有满意的经历吗？是什么使你感到满意？

2. 电子商务客户满意度的体系

电商企业要想实现客户满意战略，就必须有一套衡量、评价与提高客户满意度的科学指标体系。建立客户满意度测评指标体系是客户满意度测评的核心部分，在很大程度上决定了测评结果的有效性和可靠性。

1）客户满意度指数模型

客户满意度指数（customer satisfaction index，CSI）是由设在美国密歇根大学商学院的国家质量中心和美国质量协会共同发起并研究、提出的一个经济类指标。图6-5所示为客户满意度指数结构模型。

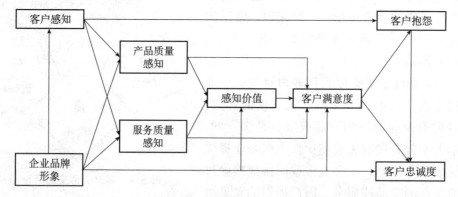

图6-5 客户满意度指数结构模型

在整个模型中，企业品牌形象是外在变量，不会受到模型中其他变量的影响，但它会对其他变量造成一定直接或间接的影响；客户预期只会受到企业品牌形象的影响，并且对产品质量感知、服务质量感知和客户抱怨有着直接影响；产品质量感知和服务质量感知对感知价值和客户满意度有着直接影响；感知价值只会对客户满意度造成影响。客户满意度有两个结果变量，分别为客户抱怨和客户忠诚度，客户抱怨对客户忠诚度有着直接影响。

2）客户满意度测评指标体系的构成

客户满意度测评指标中的客户预期、客户对产品质量的感知、客户对价值的感知、客户满意度、客户抱怨和客户忠诚度均为隐变量，都不是可以直接测评的。我们需要对隐变量进行逐级展开，直到形成一系列可以直接测评的指标。这些逐级展开的测评指标就构成了客户满意度测评指标体系。

客户满意度测评指标体系是一个多指标的结构，运用层次化结构设定测评指标，能够由表及内、深入清晰地表达客户满意度测评指标体系的内涵。通常来说，客户满意度测评指标体系分为四个层次较为合理。

▶▶ 想一想

在客户满意度测评的基础上，分小组进一步分析企业可以采取哪些措施提高客户满意度？

每一个层次的测评指标都是由上一层次的测评指标展开的，而上一层次的测评指标则是通过下一层次的测评指标的测评结果反映出来的，其中"客户满意度指标"是总的测评目标，为一级指标，即第一层次；客户满意度模型中的企业品牌形象、客户预期、客户对产品质量的感知、客户对服务质量的感知、客户对价值的感知、客户满意度、客户抱怨和客户忠诚度等八大要素为二级指标，即第二层次；根据不同的商品、服务、企业或行业的特点，可将八大要素展开为具体的三级指标，即第三层次；三级指标可以展开为问卷上的问题，形成了测评指标体系的四级指标，即第四层次。客户满意度测评的一级、二级、三级指标如表6-1所示。

表6-1 客户满意度测评的一级、二级、三级指标

一级指标	二级指标	三 级 指 标
客户满意度	企业品牌形象	企业品牌的总体形象
		企业品牌的知名度
		企业品牌的特性显著度
	客户预期	对商品或服务质量的总体期望
		对商品或服务质量满足客户需求程度的期望
		对商品或服务质量稳定性的期望

续表

一级指标	二级指标	三级指标
客户满意度	客户对产品质量的感知	客户对商品质量的总体评价
		客户对商品质量满足需求程度的评价
		客户对商品质量可靠性的评价
	客户对服务质量的感知	客户对服务质量的总体评价
		客户对服务质量满足需求程度的评价
		客户对服务质量可靠性的评价
	客户对价值的感知	在给定价格下客户对质量的评价
		在给定质量下客户对价格的评价
		客户对总成本的感知
		客户对总价值的感知
	客户满意度	总体满意度
		客户实际感受与服务水平相比的满意度
		客户实际感受与预期服务水平相比的满意度
		客户实际感受与竞争对手相比的满意度
	客户抱怨	客户是否产生抱怨
		客户是否投诉
		客户对投诉处理结果的满意度
	客户忠诚度	客户重复购买的可能性
		客户能接受的涨价幅度
		客户是否能抵制竞争对手的拉拢

由于客户满意度测评指标体系是依据客户满意度模型建立的，因此测评指标体系中的一级指标和二级指标的内容基本上对所有的商品和服务都是适用的。

在电子商务中，除了商品本身的特性外，互联网特有的非商品要素如网站设计、物流、支付方式等也会对客户满意度造成影响，电子商务中客户满意度的特有指标体系如表6-2所示。

表6-2　电子商务客户满意度的特有指标体系

一级指标	二级指标	三级指标
客户满意度	信息质量	信息的准确性
		信息的完整性
		信息的易理解性
	响应时间	页面的加载速度
		网站的响应速度

续表

一级指标	二级指标	三级指标
客户满意度	网店设计	网店的结构
		网店的易浏览性
		网店的色彩组合
		网店浏览的舒适性
	商品情况	商品种类的多样性
		商品的更新速度
		商品是否与实物相符
	支付方式	支付方式的多样性
		支付流程是否简便
	客户服务	客服人员的服务态度
		客服人员的回应速度
		调换货政策的合理性
	安全/隐私	网络平台的安全性
		交易信息的安全性
		客户隐私的保护
	物流配送	发货的速度
		送货方式的满意度
		送达时间的准确性
		包裹的完整性

3. 电子商务客户满意度衡量的方法

客户满意对电商企业来说非常重要，它是企业发展的基础，可以通过对客户满意度的衡量数值来判别。客户满意度衡量的方法多种多样，在此介绍常用的、基本的等级评分方法。

1）获得客户满意度信息的渠道

为提高客户满意度测试的效果，电商企业有必要收集客户满意度的信息。获得客户满意度信息的渠道越多、越畅通，对电商企业就越有利。获得客户满意度信息的渠道如表 6-3 所示。

收集客户满意度信息的目的是针对客户不满意的因素寻找改进措施，进一步提高产品和服务的质量。因此，需要对收集到的客户满意度信息进行分析整理，找出不满意的主要因素，确定纠正措施并付诸实施。

表 6-3 获得客户满意度信息的渠道

渠道	说明
问卷和调查	定期邮寄或发放问卷，征求客户的意见；委托相关机构对客户进行调查；采用其他社会学方法收集客户意见
直接沟通	与客户直接沟通，可以采取电话、网络、面谈等方式
客户投诉	客户投诉可反映客户对企业的真实态度，应引起重视
行业研究结果	不少行业都有自己企业或协会对市场的研究结果，值得企业重视
新闻媒体报告	由专人对各种新闻媒体进行监视，收集包括报纸、广播、电视、门户网站、主流论坛等有关客户满意与否的信息，特别是负面投诉
重要的相关团体	利用中介企业获得客户的意见，利用某种产品客户联谊会、QQ 群、企业门户论坛等获取信息
客户协会报告	可以从客户协会直接获得年度综合报告和专题报告

在收集和分析客户满意度信息时，必须注意以下两点。

（1）客户有时根据自己在消费产品和服务之后所产生的主观感觉来评定满意或不满意。如由于某种偏见、情绪障碍、关系障碍，客户对于自己完全满意的产品或服务却说不满意，此时的判定不能仅靠客户的主观感觉，也应该考虑是否符合客观标准的评价。

（2）客户在消费产品服务后，即使遇到不满意，也不一定会提出投诉或意见。因此，企业应针对这一部分客户的心理状态，利用更亲切的方法来获得这部分客户的意见。

知识拓展

客户满意度须实现向客户优越感的跨越。电商企业必须认识到，对所有客户提供统一的标准化服务是无法制造客户优越感的，只有对不同的客户，灵活地提供个性化服务，才有可能让作为个体的某个客户的优越感凸显出来。

2）常见的客户满意度测评方法的选择

客户满意度评价人员可以根据不同的目的、自身技术力量的限制及预算的高低，选择最合适的客户满意度测评方法。常见的客户满意度测评方法如下。

（1）简单易行型。例如，"请你对某产品的满意程度做出选择：很不满意、不太满意、一般、比较满意、很满意"。这种直接询问的方法效率高、容易回答，容易了解到客户对产品的总体评价，但是由于问题过于简单，受访者没有时间仔细考虑被调查产品的实际情况，会影响评价的真实性。

（2）结构方程模型。通过大量的前期工作，如客户焦点小组访谈、客户需求分解、客户预调查、行业专家拜访、购买消费现场观察等，构建起一个基础模型。通过客户调查，对采集到的数据进行多种统计处理、分析和检验，根据相应的结果对模型进行必要的调整，继而应用到客户满意度分析中。

（3）线性回归统计分析技术。这种方法可以计算出满意度驱动因素对满意度的影响程度。满意度驱动因素对满意度的影响：当满意度驱动因素提升 1 分，满意度在现有的基础上可以提升多少分。当满意度的驱动因素非常少，而且这些因素相互之间的影响不强时，这种方法不失为一种简单有效的方法。

（4）双重评价型。"请问某品牌洗衣粉的溶解性能怎么样，可以打几分"这种方法需要调查设计者找到一些影响满意度的驱动要素，然后让受访者对被调查品牌在驱动要素上的表现打分，同时确认该驱动要素的重要程度。这样有利于了解客户对某品牌产品和服务的满意度高低，易于把握对满意度驱动要素的评价及重视程度。

（5）双重评价改进型。这种方法是基于上一种方法改进而来的，具体方法：假定全部因素的重要性合计为100，受访者对每个调查因素确定权重，最终需要使权重和为100。当驱动因素的数量较多，如多于6个时，受访者就很难准确地分配好权重。而在实际生活中，某产品和服务的满意度驱动因素常常在10个以上。

3）客户满意级度

客户满意级度是指客户在消费相应的产品或服务后所产生的满足状态等级。客户满意度是一种心理状态，是一种自我体验。对客户满意度进行测评，就需要对这种心理状态进行界定，否则无法有效地展开客户满意度的评价。心理学家认为情感体验可以按梯级理论划分为若干层次，相应地客户满意程度可以划分为五个级度或七个级度，如图6-6所示。

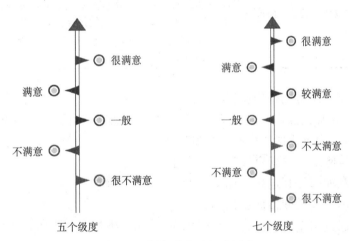

图6-6　客户满意的级度划分

根据心理学的梯级理论，客户满意程度七个级度的释义如表6-4所示。

表6-4　客户满意程度七个级度的释义

级度层级	情绪表现	详细表现
很不满意	愤慨、恼怒、投诉、反宣传	客户在消费了某种商品或服务后感到愤慨、恼羞成怒，对商品或服务难以容忍，不仅试图找机会投诉，还会利用一切机会对商品或服务进行反宣传，以发泄心中的不快
不满意	气愤、烦恼	客户在购买或消费某种商品或服务后感觉气愤、恼怒。在这种状态下，客户尚可勉强忍受，希望通过一定的方式获得弥补，在适当的时候，客户也会对商品或服务进行反宣传，提醒自己身边的朋友不要去购买同样的商品或服务

续表

级度层级	情绪表现	详细表现
不太满意	抱怨、遗憾	客户在购买或消费某种商品或服务后会产生抱怨、遗憾的心理。在这种状态下，客户虽然对商品或服务心存不满，但想到现实就是这样，于是就告诉自己不要要求太高，得过且过
一般	无明显正、负情绪表现	客户在消费某种商品或服务过程中没有形成明显的情绪。也就是说，客户对商品或服务的评价既说不上好，也说不上差，还算过得去
较满意	好感、肯定、赞许	客户在消费某种商品或服务时所形成的好感、肯定和赞许状态。在这种状态下，客户对商品或服务的感觉还算满意，且如果与更高要求相比，还有很大的差距
满意	称心、赞扬、愉快	客户在消费了某种商品或服务时产生的称心、赞扬和愉快状态。在这种状态下，客户认为自己的期望与现实基本相符，找不出大的遗憾所在，客户不仅对自己的选择予以肯，还会愿意向自己的朋友推荐这种商品或服务
很满意	激动、满足、感谢	客户在消费某种商品或服务后形成的激动、满足、感谢的状态。在这种状态下，客户的期望不仅完全达到，没有产生任何遗憾，而且客户所获得商品或服务可能还大大超出了期望值。这时客户不仅为自己的选择感到自豪，还会利用一切机会向朋友宣传、介绍和推荐该商品或服务，希望他人都来消费这种商品或服务

4）客户满意度测评的操作流程

客户满意度测评的操作可以按设计与使用客户满意度调查表、测评内容、测评权重设计、客户识别、测评手段、预调查等步骤进行。

（1）设计与使用客户满意度调查表。了解客户的需求和期望，制定产品和服务的质量标准；计算客户满意度指数；识别客户对产品的态度；通过与竞争者比较，明确本企业的优势和劣势。

（2）测评内容。"客户满意度调查表"中的测评指标包括美誉度、指名率、回头率、抱怨率等。

（3）测评权重设计。客户针对每一项指标测评，给出满意度的等级或原始分数，以中间分换算成原始分数。调查表中的测评指标、测评指标数量及所占的分值比率，可根据调查表对象的不同而进行适当调整。

（4）客户识别。客户既可以是企业外部的客户，也可以是企业内部的客户。

（5）测评手段。对内部客户，可采用问卷调查、不记名意见箱、面谈访问等方法；对外部客户，可采用面谈、邮寄问卷调查、电话调查、电子邮件调查、网上调查等方法。

课程思政

《荀子·劝学》中说："不登高山，不知天之高也；不临深溪，不知地之厚也。"只有走近客户，深入调查研究，勇于开拓创新，善于运用恰当的目标客户（群）开发方法，才能找准客户需求，提升客户满意度。

（6）预调查。对设计好的问卷进行预调查，采用面谈或电话采访形式，了解客户对产品或服务的态度。以及对调查表的看法，继而进行修改。

▶▶ 想一想

销售化妆品的商家想做一次客户满意度调查，请为其设计一份客户满意度调查表？

_____

_____

5）客户满意度的量化

客户满意度测评的本质就是一个定量分析的过程，即用数字去反映客户对测量对象的属性的态度，因此需要对测评指标进行量化。

客户满意度测评了解的是客户对商品、服务或电商企业的看法、偏好和态度，通过直接询问或观察的方法来了解客户的态度是非常困难的。因此，对客户满意度的测评需要依靠特殊的测量技术，即"量表"。使用量表可以使那些难以表达和衡量的"态度"被客观、方便地表示出来。

量表的设计包括两个步骤：一是赋值，根据设置好的规则给不同的态度赋予不同的数值；二是定位，排列数字或将数字组成一个序列，根据受访者的不同态度，将其在这一序列上进行定位。

量表中使用数字来表征态度的特性有两个原因：一是因为数字便于统计分析；二是因为数字可以使态度测量活动本身变得更加容易、清楚和明确。

客户满意度的量化使用五级李克特量表，采用五级态度（即客户满意程度的五个层级）：很满意、满意、一般、不满意、很不满意，相应地将其赋值为5分、4分、3分、2分、1分。表6-5所示为利用李克特量表测评客户对某商品质量的满意程度。

表6-5　客户对某商品质量满意度测评

测评指标	很满意	满意	一般	不满意	很不满意
商品外观	□	□	□	□	□
商品质量稳定性	□	□	□	□	□
商品性能	□	□	□	□	□
使用安全性	□	□	□	□	□

示范案例6-2

京东商城是很大的网上购物专业平台，是我国电子商务领域最受客户欢迎和最具影响力的电子商务网站之一，是我国最大的计算机、数码通信、家用电器网上购物商城，其产品包括家电、手机、计算机配件等。买"3C产品"，很多人的第一反应是到京东商城查产品价格、型号，到实体店测试性能，然后回到京东商城下订单。京东的低价及连环促销让其赚足了人气。

对于降低成本，京东的做法有些"苛刻"。一个简单的包装机设备的调整、纸箱包装替代物的改变等降低成本的做法，可能需要一个主管甚至一个团队用半年甚至更长时间去改进，而且在这段时间他们只做这一件事情。"经过一年半的试验，我们把邮包的泡沫填充物改为气泡塑料袋。这一改变，每个包裹可以省下两毛钱，但是，一天按5万个包裹计算，就可省下1万元成本，一年就能降低365万元的包装成本。一个小小的包装填充物的改变，一年省下来的钱，就可以让京东卖的商品价格比别人低，并且能赚到钱。"京东节省包装成本带来非常可观的收益，这只是京东降低成本的一个缩影。

京东推出了"211限时达"极速配送，在全国各个城市实现服务配送提速。客户上午11点前提交现货订单，可以当日送达；夜里11点前提交的现货订单，在第二天14点前送达。不过，与快递"用金钱换时间"不同，物流提速并没有让客户支付额外费用，京东的成本也并没有提高。"211限时达"推出3个月，初期的成本有所增加，但没过多久"211限时达"的配送成本已经降到未提速前的水平。

能够做到提速不增加投入，依靠的是严密的流程监管。京东运输车辆的递送时间是以分为单位计算的，几点几分应该在几号库房前也是有严格规定的；车辆的行进线路也是固定的，除非遇到严重堵车等突发事故，否则配送员不得随意更改行车线路。

物流投入、售后服务投入都可以提高企业的信誉度和服务水平，从而赢得更多的客户。

6.2.3 提升电子商务客户满意度的方法

著名的市场营销学家菲利普·科特勒认为："企业的一切经营活动要以客户满意度为指针，要从客户的角度，用客户的观点而非企业的自身利益的观点来分析客户的需求，使客户满意是企业的经营目的。"只有以市场和客户需要为中心的企业才能获得成功，客户满意度已经成为评价企业和电商企业质量管理的一个重要指标。

1. 做好客户期望管理

客户期望是指客户在购买、消费商品或服务之前对商品或服务的价值、品质、价格等方面的主观认识或预期。

由于市场机制的不断完善和行业竞争的日渐加剧，"以客户为中心"的理念已成为大多数企业经营的共识。一方面，客户希望以更低的价格获取更好的商品或服务；另一方面，企业则需要从客户那里获取适当的利润并保持健康发展。随着"价格战""服务战"越演越烈，如何管理和平衡客户期望成为很多电商面临的一个关键的现实问题。

知识拓展

只要企业下足功夫，能够纠正引起客户流失的失误，有些流失客户还是有可能回归的。研究显示，向流失客户销售，每4个中会有1个可能成功；而向潜在客户和目标客户销售，每16个中才有1个成功。可见，争取流失客户的回归比争取新客户容易得多。

从企业利益的角度来看，企业只有为客户提供他们满意甚至超越他们期望的商品或服务，才能在激烈的市场竞争中获得优势。但是，从企业成本的角度来说，客户的期望越高，企业为满足客户的期望就需要不断地加大投入，甚至会超过企业所能获得的利润。因此，实施客户期望管理的关键点是要在客户满意度和企业成本利益效率之间取得平衡。

根据 CRM 中的三角定律"客户满意度＝客户体验－客户期望值"，可以得出客户期望值与客户满意度存在负相关关系，如图 6-7 所示。而采用客户满意度分析模型得出的结果也说明客户满意度与客户期望成负相关关系。

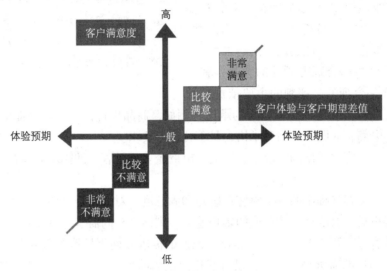

图 6-7　CRM 中的三角定律

依据 CRM 三角定律，客户体验与客户期望的差值（有正值或负值）可以划分为五个部分：非常满意、比较满意、一般、比较不满意、非常不满意。客户体验与客户期望普通，客户满意度为一般。客户期望较体验越差，客户满意度绝对值越大；反之，客户期望较体验越优，客户满意度绝对值越小。

2. 客户期望管理的方法

电商企业对客户期望进行管理是通过了解客户期望，对客户需求进行分析，进行期望管理反馈，开展期望动态管理等一系列客户期望管理的流程和机制来实现的。

（1）了解客户期望。了解客户期望即了解客户对商品或服务的具体期望和需求。通过满意度调查、商品和服务质量现场问卷调查、客户意见反馈及客户投诉等方式收集客户信息，如客户基本属性信息、客户消费水平、个人偏好、服务反馈等。这些信息是做好客户期望管理的基础，它们能为客户需求分析及客户期望水平预估提供数据支持。

> **课程思政**
> 　　我们坚持以人为本，尊重客户主体地位，关注客户利益诉求和价值愿望，促进人的全面发展。

例如，一个客户反馈"店铺的会员生日赠品没有特色，不能制造惊喜感，而且毫无实用性"。通过该信息可以推断，客户对于会员生日赠品这项服务有着较高的期望。现实情况可能是会员客户在第一次收到店铺赠送的生日贺卡时感觉非常惊喜，但随着时间的推移，客户每年收到的生日礼物都是贺卡，虽然服务的质量没有降低，但客户已经对这项服务有了心理预期，而且单一的服务形式可能会导致客户体验逐渐降低，最终导致客户满意度下降，甚至会产生抱怨。由此可见，客户对电商企业服务的反馈意见是评估客户期望管理的重要信息。

（2）对客户需求进行分析。对收集的客户期望需求信息进行分析并做出评估和判断，是进行客户期望管理反馈的前提。对客户需求进行分析，主要是分析客户需求的合理性、合法性、重要性及其可能会产生的后果影响。

> **知识拓展**
>
> "以客户为中心"需要经营者从客户的角度动态地观察与客户有关的每一件事情，并且围绕客户的需求与期望进行情感营销。

合理性是指结合双方所处的背景，客户提出的需求是合理的，评判的主要依据是社会标准、行业标准和电商企业自身的承诺。例如，商品出现损坏，客户提出十倍返还，这显然超出电商企业既有的服务承诺，是不合理的要求。

合法性是指客户提出的需求是合法的，电商企业满足客户的需求不存在违反法律法规的风险。

重要性是指客户提出的需求对客户感知和满意度、对电商企业店铺形象和经营的影响程度。客户需求对店铺运营造成的影响越大，则该客户的需求越重要。例如，客户为店铺的高端客户，那么与一般客户相比，他们的需求和期望显然更重要一些。再例如，多个客户有同样的需求和期望（在没有互相商量的前提下），那么这样的需求和期望与那些非常个性化的需求和期望相比也是更为重要的。

可能会产生的后果影响是指假设满足特定客户的需求与期望会对其他客户的期望和感知、对店铺未来的经营和期望控制所造成的影响。

根据客户需求或期望的合理性、合法性、重要性及其可能会产生的后果影响进行分析，可以将客户需求划分为五个层次，如表6-6所示。

表6-6 客户需求划分及其特点

客户需求层次	特点表现	示例
客户基本的、必须被满足的需求	电商企业明确承诺的或符合社会一般标准的需求，客户的这种需求是理所当然被满足的；假如不能被满足，客户会非常不满意	为客户提供售后服务
客户合理的、应该被满足且可以被满足的需求	客户希望电商企业能提供的，但电商企业对此没有做出明确承诺，而且这种需求不是社会的一般标准，但这种需求是合理是应该被满足且电商企业也有能力满足的	客户希望电商企业能在规定的时间内对投诉进行回复和有效处理
客户期望的、合理的、应该被满足但无法满足的需求	通常可能是竞争对手提供的但自己店铺无法提供的，或因为店铺宣传表达不明确造成客户产生的较高的期望需求。该类期望部分可能是合理的，但基于现状，电商企业是没有办法满足的	和竞争对手一样的免邮服务和一样快速的发货速度

续表

客户需求层次	特点表现	示 例
客户期望的、但不应该被满足的需求	客户的需求不合理、不合法，或满足客户的需求会给自己的店铺造成较大损失或危害	部分投机客户发现商品损坏后狮子大开口，要求巨额赔偿
惊喜需求	大众一致认定该类需求是无关紧要的，对商品或服务本身没有什么影响，但一旦被满足的话，客户会非常高兴和满意	对会员客户赠送生日礼物，会员客户可以享受超值打折

（3）期望管理反馈。期望管理反馈是指针对上述提到的五类客户需求种类制定具体措施，并通过各种方式反馈给客户。

首先，制定分级服务标准，针对客户需求的不同层次推出相对应的基础服务、期望服务、惊喜服务等，以满足客户不同层次的需求。对客户的基本需求和期望需求进行优先资源配置，同时要控制惊喜服务的投入成本，采取非周期性、非常规性的实施策略，避免客户因为较高的心理预期而产生需求层次的"掉落"。

其次，制定分级服务承诺。对于已经广泛推出的、属于客户基本需求层次上的服务，应制定统一的标准，并说明服务内容和流程，使客户了解服务的相关信息，从而使客户需求和期望合理化。对于惊喜层次的需求，其服务承诺水平不能过高，以免电商企业承诺的服务不能满足客户过高的心理预期；其服务承诺应以达到制造惊喜、提升客户满意度为最终目的。

最后，合理控制服务公开程度，以合理引导客户期望。如果电商企业无法合理控制服务公开的程度，就容易导致客户产生攀比心理，一旦客户期望与所获得的服务体验差距较大，客户就会产生不满情绪。例如，大肆宣传会员客户可享受的某些专属服务，如果其他非会员客户了解到此消息，自己符合要求却没有得到同等的待遇，就可能产生不满，甚至选择离开。

（4）开展期望动态管理。客户期望会受到社会环境、行业环境、电商企业服务水平、客户自身经历等诸多因素的影响，并且会随着影响因素的变化而变化，因此对客户期望的管理也需要注意保持动态调整。例如，前面提到的客户需求分类，随着时间的推移，一些在当前看来可能合理但无法被满足的需求或惊喜需求会变成客户的基本期望需求，此时电商企业应该及时动态调整客户期望管理方式。

对于基础服务，一方面要保持稳定的水准，另一方面对于存在的一些问题要与客户进行充分沟通，向客户解释原因，合理引导和控制客户期望。

3. 提升客户感知价值

客户感知价值是客户在感知到商品或服务的利益之后，减去其在获取商品或服务时所付出的成本，从而得出的对商品或服务效用的主观评价。它不同于传统意义上的客户价值概念，客户价值是指企业认为自己的商品或服务可以为客户提供的价值，属于企业内部认知导向；而客户感知价值是指客户对企业所提供的商品或服务的价值判断，属于企业外部客户认知导向。

1）影响客户感知价值的因素

客户感知价值的核心是感知利益与感知付出之间的权衡。这一概念包含两层含义：首先，价值是个性化的，因人而异，不同的客户对同一商品或服务所感知到的价值并不相同；其次，价值代表着一种效用 f（收益）与成本 t（代价）间的权衡，客户会根据自己感受到的价值做出购买决定，而不是仅取决于某单一因素。客户感知价值会受到多种因素的影响，主要包括四个方面，如图6-8所示。

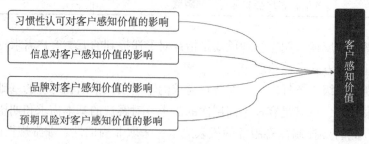

图6-8 影响客户感知价值的因素

（1）习惯性认可对客户感知价值的影响。客户在评价某一商品价值大小时，主要凭借的是自己之前购买本商品及相关商品的经历和自己获得的市场信息所构成的购买印象，这样也就让客户对该商品形成了惯性承认。虽然商品价值具有客观性，但客户很难对商品提供的客户价值有一个客观、标准的评价，他们只能依赖以往的经验和所获信息做出判断。通常客户对商品的惯性承认会保持一段时间，并会对客户价值感知造成影响，从而影响客户的购买决策行为。

（2）信息对客户感知价值的影响。信息对客户感知价值的影响表现在两个方面，即感知的水平层面和感知的范围层面。由于客户的个人知识、履历、获得的信息具有有限性，因此客户对价值的感知程度也会受到一定的限制，从而无法全面、客观地对客户价值做出判定与评价。例如，客户在购买珍珠项链时，如果客户不知道珍珠项链的价值属性是什么，他可能会认为最大的、最美观的才是最具有价值的，然而对于一个经验丰富、对珍珠了解比较全面的客户来说，他则会根据珍珠的色泽、圆润程度、工艺等因素来评价珍珠项链价值的大小。信息对客户价值感知范围的影响是指由于客户对商品信息的了解具有有限性，导致客户在进行价值感知时只能参照部分商品来进行对比和衡量。

（3）品牌对客户感知价值的影响。品牌形象是某个商品价值的浓缩，商品优良的品牌代表其杰出的质量特性与服务特性。优良的品牌特性有利于形成客户对商品价值的评判，帮助客户节约选购的时间和精力，同时减少客户购买后商品不符合需求的风险。当然，商品的品牌特征也能让客户获得超越商品的感知益处，并构成一种象征。例如，之所以有人愿意高价购买某奢侈品牌的商品，是因为其价值更多地来源于这一品牌所带来的形象价值。

（4）预期风险对客户感知价值的影响。客户在购买某件商品之前，需要承担购买之后商品不符合预期的风险，如假冒伪劣商品带来的经济损

> **知识拓展**
>
> 客户感知价值是变动的，取决于参照系统，也就是说，在不同的购买地点、购买时间，客户对价值的感知是不一样的。

失或心理损失,以及其他不确定因素给客户带来的意外损失。随着客户对商品的了解程度越来越深,他们的购物行为也越来越趋于理性,在购买商品时总是试图降低预期风险。在其他因素稳定的情况下,客户预期危害越小,客户的感知价值就越大;反之,则越小。

2)提升客户感知价值的措施

在电子商务环境下,要想有效地提升客户感知价值,可以从以下几个方面入手。

(1)增加客户购物的便利性。网络购物打破了时空的限制,省时省力,因此便捷性是电子商务中客户感知的利得因素。要想提高客户感知价值,可以通过优化店铺购物环境、提高关键词匹配度、提高物流配送速度等方式来增加客户购物的便利性。

(2)丰富商品种类。在电子商务中,客户可以购买到无法从实体店铺中买到的商品,因此丰富商品种类可以间接达到提升客户感知价值的作用。电商企业可以积极地收集并采纳客户意见,了解客户对商品的需求,或为客户提供定制化商品。

(3)提高商品信息质量。商品信息是客户做出购买决策的依据,因此电商企业应该保证商品信息的质量,及时对其进行更新,而且要按照客户的反馈和店铺的销售情况进行修正,以保证商品信息的准确性。

(4)增加与客户的互动。电商企业应完善与客户的互动方式,让客户更多地参与到购买过程中;从客户的角度出发,更多地考虑客户的需求,实现与客户的有效沟通,提升客户的购物体验,进而提升客户感知价值。

(5)提升购物安全保障。在网络购物中,客户会面临个人资料与支付环境安全性的问题,因此电商企业应该重点关注信息安全问题,为客户提供全面、有效的信息安全保护,网购环境的安全性可以提升客户感知价值。

(6)减少非金额成本支出。非金额成本支出属于客户感知利失因素,要想提升客户感知价值,就要减少客户非金额成本支出。电商企业应该完善店铺设计,设置更加美观、更具互动性的店铺页面来吸引客户的注意力,并激起他们的购买欲望。

(7)提高商品质量。在网络购物中,客户只能看到商品的图片信息,无法切身感受商品的实际质量,因此容易出现商品实物与客户预期不符的情况,此时客户的感知价值就会大幅降低。因此,电商企业应该保证商品质量,为客户提供真实的商品图片信息,降低客户的心理顾虑,从而提升客户感知价值。

(8)完善售后服务。在网购环境中,客户收到的商品很可能会遇到一些问题,如商品损坏、商品与描述不一致或尺寸、颜色不合适等。如果电商企业不能及时、有效地为客户解决这些问题,就容易导致客户产生不满情绪。因此,电商企业必须要重视售后服务,这样不仅能提升客户的感知价值,也有利于店铺的后续发展。

▶▶ 想一想

如何通过调整客户期望与客户感知之间的差距来提高客户的满意度?

6.3 客户忠诚度

现今社会生产技术不断改进、产品种类琳琅满目、服务方式推陈出新，客户期望也越来越高，同时市场竞争异常激烈，电子商务企业要想在竞争中获得一席之地就必须要与客户建立良好的关系，拥有自己的忠诚客户。

6.3.1 客户忠诚度概述

客户忠诚既是电子商务企业赢利的源泉和成长的基石，也是电子商务企业最大的无形资产。

1. 客户忠诚的含义

国内外研究表明，不论是传统企业，还是电子商务企业，大部分销售收入均来自一小部分的忠诚客户（即二八营销法则）。客户忠诚的重要性已经得到了广泛的认同。客户忠诚是指客户长期忠诚地选择某企业的产品。

> **知识拓展**
>
> 客户忠诚营销理论（customer loyal，CL）是在20世纪70年代的企业形象设计理论（corporate identity，CI）和20世纪80年代的客户满意理论（customer satisfaction，CS）的基础上发展而来的。

根据客户忠诚的概念，其内涵主要可以通过以下两个方面来理解。

（1）态度取向。态度取向代表了客户对企业产品积极取向的程度，也反映了客户将产品推荐给其他客户的意愿。电子商务客户忠诚是指电子商务企业的营销行为或品牌个性与客户的生活方式或价值观念相吻合，客户对企业或品牌产生情感，甚至引以为荣，并将它作为自己的精神寄托，进而表现出持续购买的欲望。

（2）行为重复。行为重复是指客户在实际购买行为上能持续购买某一企业产品的可能性，以客户购买产品的比例、购买的顺序、购买的可能性等指标来衡量。这种持续的购买行为可能出自对企业产品的好感，也可能是由于购买冲动、企业的促销活动、客户的购买习惯、转移成本过高或企业的市场垄断地位等与感情无关的因素促成的。

2. 客户忠诚的类型

根据客户忠诚的来源可以将客户忠诚进行以下分类。

（1）垄断忠诚。垄断忠诚是指客户别无选择下的顺从的态度，如某一产品或服务为某一个公司垄断，客户别无选择。这种顾客通常是低依恋、高重复的购买者，因为他们没有其他的选择。我国水、电等公用事业公司就是垄断忠诚一个最好的实例。

（2）亲缘忠诚。亲缘忠诚是指企业自身的雇员甚至包括雇员的亲属会义无反顾地使用该企业的产品或服务，这是一种很稳固的用户忠诚。但是很多情况下，这些用户对该产品或服务并非感到满意，甚至还会产生抱怨。他们选择该产品或服务仅仅是因为他们属于这个企业,或是他们的亲属属于这个企业。

(3)利益忠诚。利益忠诚是指用户忠诚来源于企业给予他们的额外利益,比如价格刺激、促销政策激励等。有些客户属于价格敏感型,较低的价格对他们有很大的诱惑力,因此在同类产品中,他们对于价格低的产品保持着一种忠诚。另外,一些企业,尤其是一些新进入市场的企业在推广产品时会推出一些优惠政策,这些政策对很多用户有着巨大的诱惑,因此在此期间这些用户往往对这种产品保持着一种忠诚。但这些低依恋、低重复购买的客户忠诚是极其不稳定的,一种倾向是用户通过初期的使用慢慢对这一产品真正产生了兴趣,或是对该企业真正感到了满意,所以这种忠诚就变得更加稳定和持久;另一种倾向则是一旦产品的价格上涨或是企业的优惠政策取消后,这些用户就离开了该企业,这种忠诚也就消失了。

> **知识拓展**
>
> 长期用奖励来圈住客户的企业也存在一些弊端。例如,多个奖励计划让客户享受到越来越多的优惠,也提高了客户预期,使客户满意度下降;奖励计划操作简单,容易被竞争对手效仿,竞争对手之间都不断提高奖励投入,导致企业营销成本上升,但维护客户的效果一般。所以,企业在用奖励维护客户关系时,要注意考虑成本和回报。

(4)惰性忠诚。惰性忠诚是指客户由于惰性或者出于方便的考虑而不愿意去寻找其他的供应商,这种情形在一些服务行业中尤为突出。比如,很多人会长期而固定地在某家超市购物,仅仅是因为这家超市离家近;一些采购人员会选择固定的供货商,是因为他们已经熟悉该供货商的订货程序。诸如此类的例子很多,这些客户是低依恋、高重复的客户,他们可能对公司并不满意。如果其他的公司能够让他们得到更多的实惠,这些客户便很容易被人挖走。拥有惰性忠诚的公司应该通过产品和服务的差异化来改变顾客对公司的印象。

(5)激励忠诚。激励忠诚是指一些公司通常会为经常光顾的客户提供一些忠诚奖励。激励忠诚与惰性忠诚类似,客户也是低依恋、高重复购买的客户。当公司有相关奖励活动的时候,客户会积极前来购买;当活动结束后,客户就会转向其他有奖励的或者奖励更多的公司。例如,经常选择南方航空公司的旅行者是为获得其所提供的免费飞行里程,这就是激励忠诚的表现。我国每年寒暑假期间,为了吸引假期外出旅游的教师和学生,各大航空公司竞相对持教师证和学生证的乘客给予优惠,以激励他们乘坐飞机,这也是激励忠诚的一个表现。

(6)信赖忠诚。信赖忠诚是指当客户对你的产品或服务感到满意并逐步建立一种信赖关系后,他们往往会形成一种忠诚。这种忠诚不同于前面几种,它是一种典型的感情或品牌忠诚,信赖忠诚的客户是高依恋、高重复购买的客户。这一类型的忠诚客户可以看作企业的追随者和义务推销员,他们不仅仅是个人对你的产品或服务情有独钟,还会主动将他们感受到的满意告诉自己的亲朋好友,并向人们推荐使用你的产品或服务。这类客户是企业最为宝贵的资源,这种客户忠诚也正是企业最为渴求的。事实上,客户关系管理所要研究并帮助企业最终获得的正是信赖忠诚。

(7)潜在忠诚。潜在忠诚是指客户虽然拥有但是还没有表现出来的忠诚。通常的情况是,客户可能很希望继续购买公司的产品或享受公司的服务,但是由于公司的一些特殊规定或是一些额外的客观因素限制了客户的这种需求。潜在忠诚的客户是低依恋、低重复购买的客户。因此,对这类客户我们可以通过了解他们的特殊需要,对自己进行适当的调整,并将这种潜在忠诚转变为其他类型的忠诚,尤其是信赖忠诚。

以上各类忠诚中的客户依赖性和客户持久性是不同的,如图6-9所示。

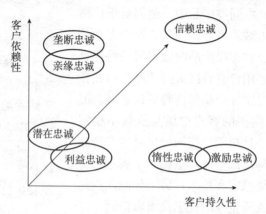

图6-9 各类忠诚中的客户依赖性和客户持久性

可以看到,在各类忠诚中,信赖忠诚的客户依赖性和客户持久性是最高的,这是企业最终追求的目标,也正是客户关系管理的最终目标。在这里,我们可以简单地认为:客户忠诚在狭义上就是信赖忠诚。它实际上是这样一种结果:企业为客户提供便利,并由此促进客户能在信赖的基础上保持和增加对该公司的购买行为;当客户在没有诱因也能成为公司的拥护者时,客户忠诚就产生了。正是这样,当企业察觉到客户的各类忠诚后,应当想办法努力使其向着信赖忠诚的方向发展。

3. 客户忠诚与客户满意的关系

客户满意和客户忠诚的概念是相互关联的,但这两个概念也存在明显的不同之处。客户满意是客户需求被满足之后所产生的愉悦感,是一种心理活动,带有主观性,非常难以衡量,是一种暂时的态度,争取客户满意的目的是尝试改变客户对产品或服务的态度;而客户忠诚是客户满意的行为化所表现出来的是购买行为,并且是有目的性的、经过思考而决定的购买行为。客户忠诚是一种客观标准,其衡量的量化指标就是客户的重复购买、持久态度和行为。

客户忠诚与客户满意的对比如图6-10所示。

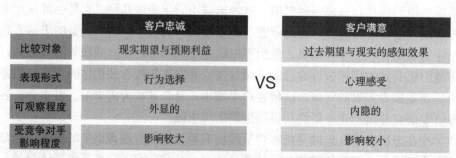

图6-10 客户忠诚与客户满意的对比

客户满意不一定必然导致客户忠诚,对企业不满意的客户也不一定不会购买该企业的商品或服务。客户忠诚度的获得必须有一个最低的客户满意度,在该水平线以上的一定范围内忠诚度不受影响,但满意度达到某个高度后,忠诚度会大幅增长。

客户满意和客户忠诚之间的关系受行业竞争情况的影响,两者并非总是呈现较强的正相关的关系,如图6-11所示。

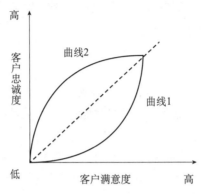

图6-11 客户满意度与客户忠诚度的关系

(1)高度竞争行业。在高度竞争行业中,客户忠诚受客户满意的影响较大,客户满意程度越高就越忠诚。高度竞争行业的特征是行业相似性强,大众化或差异化较低,替代品很多,客户转换成本低,转换风险低。由图6-11中曲线1可以看出,只要客户的满意度有所下降,客户忠诚就会急剧下降。因此,在高度竞争行业中培养客户忠诚,企业必须尽力提高客户满意度。

(2)低度竞争行业。在低度竞争行业中,客户忠诚受客户满意的影响较小。低度竞争行业具有一定的垄断性,市场上缺乏替代品,企业具有强大的品牌资产或某种专项技术,客户转换成本较高,企业往往会制订长期的客户忠诚计划。

▶▶ 想一想

QQ和微信哪种工具更适合用于客户关系管理?为什么?

_____

_____

在低度竞争行业中,对企业的商品或服务不满的客户很难有别的选择,他们不得不继续购买这些商品或服务。然而,一旦客户有更好的选择,他们会很快抛弃原来的企业而去选择新的企业,所以这种客户忠诚是表面上虚假的忠诚,带有一定的欺骗性。因此,一旦限制竞争的障碍被消除,即企业的垄断地位被打破或品牌影响力有所下降,客户很快就会选择其他企业,客户不忠诚的态度就会通过客户大量逃离表现出来,如图6-11中曲线2所示。

因此,处于低度竞争状态的企业应该懂得居安思危,努力维护并提高客户对企业的满意度,避免竞争加剧后客户的大量逃离。

6.3.2 电子商务客户忠诚度的衡量

对于电商企业来说，保持较高的客户忠诚是维护自身利润的有效途径，是每个电商企业追求的目标。因而，对客户忠诚度进行测评是电商企业需要长期坚持的工作，通过开展客户忠诚度的测评，不仅能让电商企业了解客户对自己的态度，还可以考核电商企业在提高商品质量和客户服务等方面采取的措施是否产生了效果。具体来说，客户忠诚度的高低可以通过以下五个方面来衡量。

1. 客户重复购买率

客户重复购买率是指客户在一段时间内购买企业所提供的商品或服务的次数。在一定时期内，客户对某一品牌商品重复购买的次数越多，说明对该品牌的忠诚度越高；反之，则越低。

由于商品的用途、性能、结构等因素会在一定程度上影响客户对商品的重复购买次数，因此在按此标准衡量时应根据不同商品的性质区别对待。例如，商品属于易损品或一次性用品，即使客户购买某个企业的商品的次数很多，也不能轻易说明其对该企业非常忠诚；但如果商品属于耐用品，即使客户购买的次数很少，也不能说明客户对该商品没有忠诚或忠诚度很低。当然，按此标准衡量客户忠诚度还要排除由于某些特定的原因，如垄断、地理位置等原因造成的客户没有太多可供选择的商品，或者另选择其他商品需要付出较高的转换成本而产生的重复购买。

2. 客户挑选时间的长短

客户在购买商品时都会经历挑选这一过程。挑选意味着客户会花费时间了解商品，同时也包括客户比较不同企业所提供的商品的过程。如果客户在购买某个企业或品牌的商品时会花费很长时间来收集信息，并将其与其他企业或品牌的商品做比较，最后才决定是否购买，说明客户对该企业或品牌的忠诚度较低；反之，如果客户信任某个企业的商品，那么他们用来挑选商品的时间就会缩短，会快速地决定购买商品。

3. 客户对价格的敏感程度

价格是影响客户购买商品或服务的重要因素之一。对于喜爱和信赖的商品，客户往往不介意其价格的轻微变化，对其价格变动的承受能力强，即客户对价格的敏感度低；而对于不喜爱和有所怀疑的商品，客户则对其价格波动斤斤计较，承受力较弱，即客户对价格的敏感度高。

在运用这一标准衡量客户忠诚度时，必须要考虑另外两个因素：一是人们对商品的必需程度，如果商品在人们生活中是可有可无的，人们就会提高对商品的价格敏感度；二是商品的供求状况。如果商品供大于求，市场已经饱和，即使商品的价格再降也不会引起人们的购买。如果商品供小于求，市场上极度匮乏，那么无论商品的价格如何上涨，人们在必需的情况下也会购买，此时人们对价格的敏感度不能说明客户对商品的忠诚情况。

课程思政

思想是行动的先导，理论是实践的指南。价值规律、价格机制是马克思主义政治经济学经典理论研究的重要内容，是认识、理解和解释经济现象的重要思想工具。习近平总书记高度重视市场经济条件下价格机制在调节供求关系、优化资源配置、促进绿色发展等方面的关键作用，结合我国价格工作实践提出了一系列新理论、新观点、新论断，是习近平经济思想的组成部分。习近平总书记深刻指出，价格是市场经济条件下资源配置效率的"牛鼻子"，抓住了它，就抓住了矛盾的主要方面。

4. 客户对竞争商品的态度

根据客户对竞争商品的态度，能够从侧面判断其对某一品牌的忠诚度。一般来说，当客户对某个企业的忠诚度较高时，自然就会减少对竞争品牌的关注度，而把更多的时间和精力用于关注该企业的商品；相反，如果客户对竞争品牌的商品感兴趣且愿意花费较多的时间了解竞争品牌，说明客户对该企业的忠诚度较低。

5. 客户对商品质量事故的承受能力

任何企业提供的商品都可能会出现质量事故，而客户在这种情况下所采取的态度就反映了客户对企业忠诚度的高低。如果客户对某一品牌的忠诚度高，对其出现的质量事故会持同情和宽容的态度，对其改进充满希望，不会因该事件而拒绝此商品，但前提是该商品没有出现严重的质量事故或事故频频发生。如果客户对某一品牌的忠诚度较低，一旦商品出现质量事故，就会让客户感到强烈的不满，会要求企业给予足够的补偿，甚至会通过法律途径来解决问题。

在实际的操作过程中，对客户忠诚度的高低进行衡量要从上述几个方面进行综合考虑，不能仅凭一个方面来评估客户对企业商品忠诚度的高低。

6.3.3 提升电子商务客户忠诚度的方法

1. 建立电子商务客户忠诚度

在市场竞争日益激烈的今天，忠诚客户的数量是衡量企业占据多少市场份额的主要指标，是企业长期获利高低的决定性因素。客户忠诚除了有利于企业巩固现有市场、降低营销成本、使企业拥有长期盈利能力外，还能使企业在激烈的竞争中得到更好的保护。因此，每个企业都很关心如何建立、培养忠诚客户。只有与核心客户建立关系，企业的营销资源才会得到最有效的配置和利用，从而明显地提高企业的获利能力。对电子商务企业来说，建立客户忠诚可以通过以下策略实现。

1）建立客户资料库

借助网络技术，企业可以建立客户的资料数据库，将曾经购买过企业商品的客户，以及未来可能购买企业商品的潜在客户的相关资料存入企业的数据库，利用数据挖掘等技术，探寻客户的消费需求和消费心理，了解客户的购买动机。然后，根据大多数客户或优质客户的主要购买动机来调整企业的商品、服务或宣传策略，使企业的商品和服务能真正满足客户的需要。

这样，企业和客户之间能形成一种良好的合作伙伴关系，促使企业的客户成为忠诚的客户。企业可以根据客户的资料库，进行市场细分和份额统计。为提高客户忠诚而建立的数据库应具备整合性、动态性、可识别、可分类利用等特征，以便企业统计、分析、利用，从而明晰客户的喜好和购买行为习惯，提供更具针对性的个性化服务。

2）细分客户

企业首先应对客户进行细分，根据客户带来的利润把客户分为高利润、中利润、低利润和无利润的客户，或者根据客户带来的交易量把客户分为大客户、中客户和小客户。高利润和大客户应是企业关注的焦点。针对不同客户群的特点，企业可制定一对一的营销策略，争取客户忠诚。在电子商务环境下，企业可利用网络高效率、低成本的特点分析客户购买行为；采用在线调查或者电子邮件等方式对网络消费市场进行调研和分析，了解和分析客户类型，准确进行网站定位和确定网站经营项目，并有针对性地设计网站版面形式和内容，吸引客户访问网站。

▶▶ 想一想

请你从某一产品的客户服务人员角度，谈一谈某一产品的忠诚客户培养的具体做法。

_____

_____

示范案例 6-3

麦当劳主要根据年龄及生命周期阶段对人口进行细分，其中将20岁以下的顾客划定为少年市场，将20～40岁的年轻人划定为青年市场，还划定了老年市场。人口市场划定后，麦当劳还分析不同市场的特征与定位。例如，麦当劳以孩子为中心，把孩子作为主要的客户，十分注重培养他们的消费忠诚度，在餐厅用餐的小朋友，经常会意外获得印有麦当劳标志的气球。在中国，还有麦当劳叔叔俱乐部，参加者为3～12岁的小朋友。麦当劳叔叔俱乐部会定期开展活动，让小朋友更加喜欢麦当劳。这是相当成功的人口细分，抓住了该市场的特征与定位。

根据人们生活方式的划分，快餐业通常有两个潜在的细分市场：方便型和休闲型。针对方便型市场，麦当劳提出59秒快速服务，即从顾客开始点餐到拿到食品离开柜台的标准时间为59秒，不得超过一分钟。针对休闲型市场，麦当劳对餐厅的布置非常讲究，尽量做到让顾客觉得舒适自由。麦当劳努力使顾客把麦当劳当作一个具有独特文化的休闲好去处，以吸引休闲型市场的客户群体。

3）差异化营销

忠诚客户才是最有价值的客户，他们的忠诚表明企业现有的服务是有价值的，企业一定要重视来自他们的反馈信息，以便使企业的服务永远充满吸引力；潜在忠诚客户有较高的忠诚度，只是由于一些客观的原因而妨碍了他们频繁购买，企业服务的重点是清除妨碍他们频繁购买的客观原因，帮助他们成为忠诚客户；虚假忠诚客户大多受购买便利性、优惠条件及环境的影响，也可能是因为缺乏替代品，客户的情感忠诚度很低，企业在提供服务时要设法吸引他们的购买力，让这类客户在利益的驱动下保持忠诚；不忠诚客户几乎长期与企业没有业务关系，情感忠诚度很低，但是不排除产生忠诚的可能，企业可以采用物质和服务双管齐下的策略，在他们中发现可能的忠诚客户。

这种差异化表现在以下几个方面。

（1）产品和服务。网络的互动性使客户可以直接与企业沟通，从而使其个性化需求得到很大程度的满足。在互联网时代，客户已不再只是产品和服务的购买者与客户，他们还是参与设计者。

（2）价格。根据客户的需求差异，在保证盈利的前提下，企业可以针对不同客户实施差异价格，这可以利用企业与客户之间排他性的沟通渠道来完成。

（3）分销。购买货品时，客户可以根据自己的需要选择邮寄、特快专递、送货上门等配送服务。"一对一"营销成功的核心就在于企业能满足客户的个性化需求，一旦客户个性化需求得到满足，他们自然会对企业产生忠诚。

示范案例 6-4

宝洁公司的差异化营销主要表现在产品技术研究方面，如宝洁经过细心的化验发现东方人与西方人的发质不同，于是宝洁开发了营养头发的潘婷，满足亚洲客户的需求。针对不同地区，其主推的产品也不一样，比如在偏远的山区，则推出了汰渍等实惠的洗涤产品、飘柔等洗发水产品。对于北京、上海、香港及更多的国际大都市则主推玉兰油等高端产品。

宝洁公司旗下的吉列品牌剃须刀、刀片及其他剃须产品，将面对的整体市场按性别因素细分为男士和女士市场：专门为男士设计了锋速三、超级感应、感应、超滑旋转等系列产品；专门为女士设计了吉利女士专用刀架、刀片 Venus、女士超级感应系列等产品，深受客户喜爱。

面对广大的家庭主妇型客户，宝洁公司推出了桶装洗发水、沐浴露；而对于大学生群体或者经常外出的客户，宝洁公司同时也推出了易携带的洗护二合一产品；对于白领一族，宝洁公司推出了亚洲第一彩妆品牌 ANNASUI(安娜苏)。

宝洁根据不同客户群体推出几种不同的洗发产品：海飞丝（去屑）、潘婷（维他命原 B5 营养发质）、飘柔（柔顺光滑）、沙宣（专业美发）、伊卡璐（草本精华天然）。

2. 提升客户忠诚度的策略

在电子商务领域，因为网络交易的用户多、信息量大、交易快捷等特性，以及客户的相对隐蔽性等，培养客户的忠诚较为困难。电子商务企业如何牢牢地锁住客户、提升客户忠诚度成为如今网络商家们关注的要点。

1）创造以客户为中心的企业环境

电商企业不应当忽视自己对客户的忠诚，而应当以自己对客户的忠诚换取客户的忠诚。电子商务的客户忠诚度计划要坚持"以客户为中心"的营销战略，需要通过为客户提供超越其期望的价值来建立客户忠诚。客户期望对客户感知企业产品和服务的满意水平具有决定性的影响。如果企业过度承诺，客户的期望就会被抬高。尽管从客观角度来看客户体验到的内在价值很高，但是由于他们的期望更高，因此大幅降低了客户感知的满意水平。企业应管理和控制好客户期望，可根据具体情况来超越客户期望，使客户产生惊喜，这对于提高客户忠诚可以起到事半功倍的效果。

示范案例6-5

初春的一天上午，胡雪岩正在客厅里和几个分号的大掌柜商谈投资的事情。这时，外面有人禀告，说有个商人有急事求见。前来拜见的商人满脸焦急之色。原来，这个商人在最近的一次生意中栽了跟头，急需一大笔资金来周转。为了救急，他拿出自己全部的产业，想以非常低的价格转让给胡雪岩。

胡雪岩不敢怠慢，让商人第二天来听消息，自己连忙吩咐手下去打听是不是真有其事。手下很快就赶回来了，证实商人所言非虚。胡雪岩听后，连忙让钱庄准备钱。因为对方需要的现金太多，钱庄里的现金又不够，于是，胡雪岩又从分号急调大量的现金。第二天，胡雪岩将商人请来，不仅答应了他的请求，还按市场价来购买对方的产业，这个价格远高于对方转让的价格。那个商人惊愕不已，不明白胡雪岩为什么连到手的便宜都不占，坚持按市场价来购买自己的产业。

胡雪岩拍着对方的肩膀让他放心，说自己只是暂时帮他保管这些抵押的资产，等到商人挺过这一关可随时来赎回，只需要多付一些微薄的利息就可以。胡雪岩的举动让商人感激不已，商人二话不说，签完协议之后对着胡雪岩深深作揖，含泪离开了胡家。

胡雪岩的手下可就想不明白了。胡雪岩微微一笑："你肯为别人打伞，别人才愿意为你打伞。那个商人的家产可能是几辈人积攒下来的，我要是以他开出的价格来买，当很占便宜，但人家可能就一辈子翻不了身。这不是单纯的投资，而是救了一家人，既交了朋友，又对得起良心。谁都有雨天没伞的时候，能帮人遮点雨就遮点吧。"

众人听了之后久久无语。后来，商人赎回了自己的家产，也成了胡雪岩最忠实的合作伙伴。在那之后，越来越多的人知道了胡雪岩的义举，对他佩服不已。胡雪岩的生意也好得出奇，无论进入哪个行业总有人帮忙，有越来越多的客户来捧场。

2）建立和巩固客户忠诚的思路

企业要加强与客户的交流，有效满足客户的需求，提高客户的满意度。建立客户忠诚的基础是客户满意。通过互联网快速地与客户进行沟通并听取他们的意见，进而建立稳定的客户关系，成为企业价值创造的重要手段。利用网络技术可以在客户和厂商之间架起直通的桥梁，为两者之间的交互提供了良好的媒介，在客户关系上创造了更强的结合力，有助于提升客户满意度和忠诚度。

每个企业都要不断审视自身的战略方向。客户忠诚度的建立要和企业的发展紧密联系在一起，把提升客户忠诚度作为企业的发展方向，把客户忠诚策略纳入企业发展策略。

3）加强员工忠诚的管理

有些客户之所以保持和某家企业的往来，主要是因为与之联系的企业员工的出色表现，因此，如果该员工离开了这家企业，客户对企业的忠诚就会产生动摇。为消除这种疑虑，企业要建立统一的员工形象，特别要强调企业所有的员工都非常出色。即使其中一个员工流失，其他员工也可以顺利接替他的工作，继续为客户提供优质的服务，而不至于导致客户跟着流失。

示范案例6-6

360公司是一家成功的创业公司，公司成立后第6年在美国纽交所挂牌上市，第8年市值过100亿美元，进入民企"百亿美金"俱乐部，位列中国民营企业海外上市公司第四名。

360公司的成功得益于极具战斗力的员工团队。"以公司为家"不仅是指员工对企业充满满足感、责任感，更要求企业为员工提供最大限度的物质保障、精神支持和个性化关怀，让员工有自豪感和归属感。

360公司建立了"薪资""福利""公司关怀"三位一体的员工保障体系。除提供行业领先的薪酬、福利外，公司还制订了长期激励计划，保持员工工资水平与企业经济效益水平相协调，使员工成为企业发展的受惠者。360公司员工是360公司的最大股东，持股比例达22%，甚至超过了创始人个人的持股比例，真正让员工成为公司的主人，这在国内外的互联网公司中也都属于首创。

"让办公室像家一样舒适"，在这一理念的指导下，360公司一直致力于改善公司的工作环境，从而有效提高员工的满意度和幸福感。他们在办公楼的7层和8层间建造了"南瓜屋"广场，在办公区中还设有滑梯、吊椅，真正集休闲、会议、娱乐、开放和创意于一体。公司特别招聘了一些下岗女工，作为"360妈妈"，每层有专人值守，为员工们解决各种生活上的琐碎问题，提供免费洗衣、缝衣钉扣、照看幼儿等人性化服务。在360公司2012年迁入的新址大楼中，设在办公楼6层的"儿童乐园"更是独特的风景线，"喜羊羊与灰太狼充气城堡"成为员工子女的最爱。

4）提升企业的信任度

客户信任关系到企业的发展，是企业的一种无形资产。诚信危机会导致我国电子商务发展困难。商业信用制约着电子商务的发展，提升商业信用是提高电子商务客户忠诚度的关键环节。一家好的电子商务企业，只有良好的信誉作后盾，才能吸引更多的忠诚客户。

（1）从客户角度，帮助客户改变传统的商业观念，提高其上网意识。通过媒体进行宣传和教育，改变客户的观念，对网上购物的消费模式予以肯定，提高客户对网络营销的认知和认同，同时提高全民的文化素质，形成守信的社会环境，促进电子商务的发展。

（2）从企业角度，企业作为经济活动的主体，良好的商业信用有利于形成良好的企业信用形象，赢得客户的信任。企业寻找一家具备法律效力的认证机构，对企业商业信用进行仲裁和保证，是提高可信任度和客户忠诚度的有力保障。在介入商务活动之前，企业应首先通过媒体加大宣传，努力建立有影响力的在线品牌。

课程思政

只有那些既有着过硬质量，又有着家国情怀的企业才能被历史记住，最伟大的商业必然是取之于民、造福于民，商业道德基本点就是正直诚信。只有站在人民之中才有未来，所以我们青年一代应该坦诚面对社会、融入社会，成长为富有诚信精神、为社会作贡献的有志青年。

（3）从政府角度，政府应出台相应的政策法规完善社会信用体系，解决电子商务法律建设问题。政府根据以往的经验和教训，制定电子商务法律来约束企业行为，研制和建设信息技术标准、信息安全标准、商品代码标准、服务代码标准、商务过程标准等，规范市场的运行规则，减少网络犯罪，防范和杜绝假冒伪劣商品，调动银行的积极性，完成交易过程中的电子支付问题，规范电子交易法规。

5）建立良好的品牌形象

电子商务企业要创建网络品牌。网络广告、信息发布能使客户对企业产生认知、认可，以便使企业的品牌在网上延伸。品牌是一个承诺，是让客户识别、认同、忠诚的承诺。品牌使客户认知价值大于或远大于商品价格，这样对客户来说，消费成本比收益低很多，自然容易形成客户满意。一个品牌的建立过程通常是品牌认知、品牌满意、品牌美誉、品牌忠诚4个过程。这个过程的建立需要企业从多方面来实现，尤其电子商务企业面临网络品牌众多、易于比较、客户易流失等问题，只有建立良好的企业品牌才能解决。

6）与客户良好沟通

电子商务企业要充分利用网络平台，利用网络信息通信便捷、信息收集快速等有利条件，及时地与客户沟通、交流。为客户创建在线社区，为客户提供免费的在线商品，定期与客户保持联系，都是很好地和客户沟通的途径，并且使客户便于和企业联系等。

例如，宝马通过品牌社区进行有效的客户关系管理。为更多地接触客户，宝马在公司网站上开设了一个专区——车主俱乐部。在这里，车主们可以对车辆进行登记，输入车辆的主要信息（型号、个性化、购买或租用、拥有日期、租用方式）及他们的个人爱好。有了这些资料，宝马就可以通过车主比较偏爱的电子邮件方式与车主沟通信息，包括车辆及其所需的服务、公司在相关领域举办的活动，以及车主们感兴趣的新车发布。正是因为这些沟通，使美国每年有超过2/3的旧宝马用户变成了新宝马用户。

7）建立完备的售后服务体系

售后服务已经成为电子商务最重要的环节之一。绝大多数客户对产品的售后服务体系非常重视。建立完备的售后服务体系，解决客户的后顾之忧，自然也就提高了客户忠诚度。

以网络购物为例，客户对购物过程的满意度对网络购物的发展尤为重要。艾瑞网络用户在线调研数据曾显示，52.2%的中国用户有过网购不满意的经历。艾瑞分析认为，虽然中国网购市场整体规模增长迅速，但一些购物网站在商品质量、页面体验、配送速度等方面却达不到用户要求，整体服务水平仍有较大的改进空间。在网络购物中，C2C电子商务的满意度较低，而B2C电子商务的满意度各项指标比例都高于C2C电子商务，满意度较高的都是B2C网站。

8）用户体验提升客户忠诚度

用户体验是指用户在访问网站的过程中对网站界面、功能、相关信息的可读性、操作方便性、交互性等方面建立起来的心理感受。随着各行各业电子商务的不断发展，基于电子商务平台的市场竞争日渐加剧，电子商务网站应该把提升用户体验放在一个非常重要的位置来考虑。

例如，用户在与网站接触的过程中产生的安全顾虑，以及网站烦琐的操作流程使用户不能顺利地完成购物等。以服装、鞋类市场的电子商务网站为例，随着服装、鞋类市场电子商务的开展和竞争的加剧，很多购物类型的B2C网站都有一个共同的疑惑：虽然通过各种形式的宣传推广使电子商务网站的访问量有所提高，但是有时成交量并没有增加。暂不考虑各个电子商务网站的产品和服务本身的差异，网站用户体验往往是决定客户订单成交转化率的最主要因素。

电子商务当前还处于发展摸索阶段，用户的部分需求及体验往往容易成为被遗忘或忽略的一个因素，而这一因素恰恰是决定一个企业产品服务成败的关键因素。用户体验的提升固然需要增加运营成本，但是在电子商务业务发展到某一阶段时，这是必需的。作为网站运营者，增加任何一个让客户方便的功能、提供优化的用户体验，都可能需要更多的技术支撑，甚至更多的网下配合，但为此付出的成本有可能最终从更多的客户身上收回，当然这需要更多的分析和评估。

▶▶ **想一想**

请你查找李宁的案例，结合书中客户忠诚管理的内容设计李宁的客户忠诚计划。

_____

_____

9）客户增值服务

用户，特别是中小企业用户，对计算机产品的需求发生了变化，用户需求方面的巨大差异要求企业从以产品为中心转向以客户需求为中心，同时还要求商家提供新的服务内容来适应不同的需求。而这种新的服务内容，通常也就是企业新的利润增长点。

增值服务的重要性由此突显出来。增值服务是企业在制定整个供应链战略中重要的一环，良好的增值服务既可以培育新的利润增长点，又可以改善供应链的效率，填补服务领域的市场空白，从而为企业带来多方面的收益。

企业可以通过提供与企业产品相关的增值产品和服务来赢得客户，例如，打印机厂商可以经销打印纸，并可提供照片打印的技术培训等服务，这种服务为企业提供重要的利润。企业可以通过提供组合的产品和服务来使客户总体支出最小化，从而使产品的效用最大化。企业只有建立一套完整有效的网络营销策略，才能赢得稳定的客户群，延长客户关系的生命周期。

示范案例6-7

阿里巴巴以免费为核心,提供交易平台和信息查询服务。会员注册门槛低,只需提交真实企业信息即可。网站上汇集了丰富的交易信息、市场供求信息、进出口信息,使买、卖双方可以迅速找到对方。同时,认真研究企业需求,将国内企业按行业进行综合的详细分类,扩大了企业宣传渠道,也就增加了成交概率。企业用户能免费获得第一手的有效市场信息、扩大盈利通道,自然是蜂拥而至。

诚信在市场交易中非常重要,特别是在一个完全虚拟的网络平台上进行交易,诚信问题就会更令企业担忧。而阿里巴巴精确地看到这一需求,打造了"诚信通"这一产品,以第三方的身份为企业提供诚信验证。这时,第一批在阿里巴巴上已经赚到钱的老会员们自然不会吝啬区区几千元,而新会员或者未赚到钱的企业会员,在交易时发现对方有"诚信通"而自己没有,自然是倍感焦虑。而且不购买"诚信通",阿里巴巴很多增值服务不能使用,自然也就不加思考、买为上策了。这时的阿里巴巴挖出了第一座金矿,而且可以说是纯度为99.9%的金矿。

从免费会员中提取出交费会员,利用交费会员和免费会员的直接联系,促使所有会员成为交费会员。而且"诚信通"不仅仅是一种盈利手段,更是一种品牌象征,从那一刻起,阿里巴巴其实就已经垄断了B2B的半壁江山。在任何一个行业中,都会有领头企业或者实力派企业,他们的市场需求与同行业的中小企业也不同。这时,阿里巴巴对收费会员进行"二次提纯"。针对多数企业热衷于"外贸"业务的聚焦点,阿里巴巴提供了一张有近6 000个外商采购企业的名单,可以说每一家外商企业都是影响中国进出口贸易的大鳄,可以切实有效地帮助企业会员实现巨额"外贸"业务。当然,这些名单不是免费提供的,在上万亿出口份额的吸引下,无数企业为这张名单买单。阿里巴巴因为投其所好,迅速挖出了第二座金矿。

阿里巴巴在外语网站上也开辟了B2B的先河,针对贸易业务较多的国家开发了不同语言版本的阿里巴巴,使阿里巴巴一跃成为国际品牌。由于会员量的激增,针对某些大企业或者新企业要快速打开市场、要"鹤立鸡群"的需求,阿里巴巴开始了"三度提纯",为稳定交费和未交费的会员们提供网站推广、贸易通等增值服务。但大多数增值服务都是在"诚信通"的基础上才能使用的,再一次刺激免费会员成为收费会员,并且花钱购买增值服务。这一模式使阿里巴巴成为中国电商领域当之无愧的B2B帝国,其巨人地位无人能撼动。

10)提高转换成本

转换成本不仅仅有经济上的,也有时间、精力和情感上的,它是构成企业竞争壁垒的重要因素。如果客户从一个企业转向另一个企业可能会损失大量的时间、精力、金钱和关系,那么即使他们对企业的服务不是完全满意,也会三思而行。

(1)提高客户转换的学习成本、时间成本、精力成本。例如,电商企业一开始为客户提供有效的服务支持,包括提供免费软件等,并帮助客户学习如何正确地使用软件。

那么，一段时间以后，客户学习软件使用方法所花的时间、精力将会成为一种转换成本，使客户在别的选择不能体现明显的优越性时自愿重复使用，成为忠诚客户，而不会轻易转换。

知识拓展

转换成本普遍存在于所有交易过程，无论是商业零售还是销售代理，原有的关系一旦建立，考虑转换新的交易对象都会付出转换成本，而下游的成本更会沿着供应链向上传导。要提高转换成本，可以采用以下方法：

用搜索成本低的优势构筑转换成本壁垒；用激励方案构筑转换成本壁垒；用特定品牌的培训构筑转换成本壁垒。

示范案例 6-8

大V店始终关注的是"妈妈的成长"，并且以"让天下没有难做的妈妈"为使命，为妈妈们提供一系列相关产品与服务。大V店最初以儿童图书为切入点，按不同年龄阶段将图书分类，妈妈们可以轻松地在孩子看图、认字、读诗等不同学习阶段挑选到合适的图书。发展到现在，大V店增加了母婴用品、个人护理，家用电器等产品。会员妈妈还可以在平台上购买"知识干货"，听一听育儿专家的经验分享，学一学家庭关系问题的处理方法，逐渐实现从"女孩"到"母亲"的角色转变。

大V店还为妈妈们提供了低成本、低风险的创业平台。在大V店平台上，妈妈们只要交纳239元会员费，通过简单注册即可拥有自己的店铺，并且只需要通过社交平台进行推广就有机会获得佣金。平台提供货源并保证所有商品均有PICC正品保证，以及有专门的物流和售后支持。同时，妈妈们也无须担心自己在社交平台上进行推广会让自己的好友产生厌恶感，因为它采取的是无痕迹销售方式。例如，妈妈们在自己的公众号上在自己擅长、有话语权的某个领域创作优质内容，同时将商品的购买链接隐藏其中。又如，妈妈和孩子选择大V店推荐的阅读物，然后通过朋友圈分享读书体验，吸引更多的家庭重视儿童阅读习惯的培养，从而引起他们对大V店的关注。

大V店积极打造学习型社群，通过教育专家提供开店及育儿的知识，为妈妈们提供持续性知识输出，同时鼓励妈妈们丰富社交活动，在交流中学习，在分享中实现自我价值。"妈妈商学院"是专门为妈妈们建立的虚拟学院。妈妈们能从中了解到大量专业的有关儿童教育、家庭关系的知识和技能。为提高妈妈们的课程完成率，大V店不仅会请名师授课，还督促学员听课、提交作业及参与答疑等。此外，大V店会定期开展"干货分享，自主创业"的沙龙活动，邀请优秀店主妈妈分享经验，让更多妈妈紧跟时代，学习互联网知识，同时利用所学知识开店赚钱。如今"妈妈顾问"也正式签约入驻，大V店会将平台数百万名妈妈直接"分发"给"妈妈顾问"提供一对一的服务。所以，妈妈们无论遇到什么问题都能够向"妈妈顾问"咨询并及时得到回复。大V店通过"互联网+"真正帮妈妈们实现了"在家带娃，轻松创业"的梦想。

大V店是国内首家以社群为主的母婴会员电商企业，由原先单一的童书微信销售平台，发展成为妈妈们提供购物、社交、教育、生活等服务的平台，现拥有数百万活跃妈妈用户。

（2）提高客户转换的财务成本。电商企业还可以通过提高客户转换的财务成本，即损失将要到手的经济利益来维持客户忠诚。

示范案例 6-9

当你走进 COSTA 咖啡点了一杯 36 元的拿铁咖啡，准备掏出钱包付款时，服务员告诉你："先生，这杯价格为 36 元的咖啡您今天可以免费得到。"

服务员接着说："您办理一张 88 元的打折卡，这杯咖啡今天就免费给您了，并且这张卡全国通用，您可以在任意一家 COSTA 咖啡消费，都可以享受 9 折优惠。"

调查表明，有 70% 左右的客户会购买这张打折卡。此策略真是一箭双雕之计。

第一，增加客户第一次消费的客单价。对于客户来说，咖啡的价值是 36 元，办一张打折卡 88 元，送一杯咖啡，然后有这张卡以后还可以持续享受折扣。但是，真实的情况是客户多花了 52 元，因为打折是建立在消费的基础上的，如果客户不消费，这张卡便没有用处。

第二，是锁住客户。当客户响应了 COSTA 咖啡的主张之后，就获得了一张打折卡，在办卡的一瞬间，其实他们已经锁定了该客户。

（3）提高客户转换的情感成本。例如，客户购买了一定数额的玛贝尔钻饰就可能注册成为"VIP 俱乐部"会员。公司要求员工必须定期通过电子邮件、电话、手机短信等方式和客户建立个人关系，这种个人关系无疑增加了客户的情感转换成本。此外，客户参与、客户定制在增加客户满意度的同时，也增加了客户的情感投入，即增加了转换成本，因而能够增加客户的退出障碍，从而有效地阻止客户流失。

示范案例 6-10

参与感是提升品牌黏性和忠诚度的重要手段。雷军曾经说过："从某种程度上讲，小米贩卖的不是手机，而是参与感。"

在小米眼中，客户不仅是产品的使用者，也极有可能成为小米手机的开发者，因此，在产品的设计中，小米创新性地引入了用户参与机制，给予"发烧友"用户参与产品创造和改进的机会，并且积极收纳海量的用户意见进行软件设计和更新，与粉丝一起做好手机。小米手机论坛每周都发布数千篇客户反馈的帖子，其中不乏来自粉丝的深度体验报告和心得。在部分重要功能的设计和确定上，小米的工程师们充分挖掘并利用隐藏在论坛中的强大的粉丝力量，通过网络问卷调查及投票的方式征询客户的意见。在小米，每周更新的众多功能中有 1/3 来源于"米粉"。小米借助微博、微信和论坛的力量使粉丝与手机开发者完成零距离互动，在娱乐化的互动过程中也增强了粉丝对产品和品牌的信任。

另外，小米从产品研发、营销、传播、服务各个环节充分激发粉丝的自组织参与和创造,先推出手机开发论坛MIUI,招募100个智能手机"发烧友"参与功能研发,再以这100个种子用户为中心逐步向外扩充,招募1 000个测试用户、1万个体验用户,进行新功能的测试体验和反馈,再带动10万个忠实粉丝和千万个普通粉丝进行口碑营销和持续消费。

小米以"和'米粉'做朋友"为己任,一方面,以MIUI论坛为平台聚集粉丝参与开发和传播,不断激发和满足粉丝需求,不断升级产品,保持粉丝参与热度;另一方面,充分利用社交互动进行营销服务,实时响应粉丝反馈,提供精细化服务体验,强化粉丝对小米品牌的参与度、认同感和忠诚度,从而使小米品牌在智能手机的红海大战中异军突起。

小米这种将终端客户的参与融入产品设计过程的做法使"米粉"们因自身的参与而加深了对小米的牵挂和忠诚。

以上策略在实现客户忠诚中所起的作用和效果会因行业的不同、电商企业的不同、客户的不同而不同,在实际工作中应当灵活应用。

6.4 客户的流失与挽回

随着电商企业经营水平的不断提高,市场上相似的产品或服务越来越多,竞争品牌之间的差异也越来越小,客户因改变电商品牌所承受的风险也大幅降低了,因此,当前电商企业普遍存在客户易流失的现象。

6.4.1 电子商务客户的流失

电子商务客户流失是指客户由于种种原因不再忠诚,转而购买其他电商企业产品或服务的现象。

1. 电子商务客户流失管理的概念

电子商务客户流失管理,顾名思义,就是在明确客户流失的根本原因的基础上,有针对性地制定各种层面的应对措施,通过电商企业的销售、营销、服务等部门及其渠道分销商,运用商务的、技术的手段从全方位进行客户挽留的管理。

> **知识拓展**
>
> 客户背后有客户,流失一位重复购买的客户,不仅使企业失去这位客户可能带来的利润,还可能损失与受其影响的客户交易的机会,并且会极大地影响企业对新客户的开发。

电子商务客户流失管理的目标:从浅层而言,是降低客户的流失率,提高电商企业的收益;从深层而言,是使其成为电商企业发展的核心战略之一,进而发展为企业的文化。

进行电子商务客户流失的管理,可以遵循一套可行的流程:首先,进行客户的流失分析,找出引发流失的根本原因;其次,构建客户流失模型,找出可能流失的客户;再次,通过各种营销活动和有针对性的服务来提升客户满意度、挽留客户;最后,引入各种度量体系来评估客户流失管理的有效性。

电子商务客户流失管理将通过流程的标准化、有效的度量、及时的改进和控制真正地帮助电商企业达到挽留客户、提高收益的目标。

> **知识拓展**
>
> 一个企业将其客户流失率降低5%,其利润就能增加25%至85%!开发一个新顾客的成本是留住老顾客的5倍,而流失一个老顾客的损失,只有争取10个新顾客才能弥补!

2. 电子商务客户流失的分类

电子商务客户流失一般包括两种情况:当客户主动选择转移到另外一家电商企业,使用他们的产品或服务时,我们称为主动流失的客户。而那些由于恶意下单等原因被电商企业解除订单的客户则是被动流失的客户。

(1)主动客户流失。现在的电子商务客户最关心的已经不是单纯的产品或服务的价格了,而是相应的产品或服务是否能够满足需求。只有在一切都能符合需求时,电子商务客户才可能会考虑价格。据调查,有些电子商务客户主动流失的原因是因为这部分客户不能充分理解电商企业所提供的产品或服务的特性,疑惑和迷茫导致这部分客户去选择竞争对手的产品或服务。如果电商企业的产品或服务的说明更加贴切客户,服务更加周到,并且帮助客户从售后服务、产品特性等多方面了解产品或服务的优势,客户也许会改变主意。

还有些电子商务客户选择主动流失是因为他们没有被告知电商企业新的产品或服务,或者给予明晰的关于采用新技术的产品的功能和特性方面的介绍。这使客户无法了解现有电商企业所能够提供的产品或服务的最新背景,转而选择其认为技术创新能力强的竞争对手。

可以说,随着新的服务、应用的增长,电子商务客户有了比以往更多的选择空间。这使现有电商企业不得不面临更大的挑战。

(2)被动客户流失。由于恶意下单或者累计差评等原因导致电商企业被迫终止其业务的用户被称为被动流失的客户。这是由于电商企业未能有效地监控到那些具有信用风险的客户,并且没有适时采取措施。那些被动流失的电子商务客户相对于其他正常用户应采取不同的服务使用模式,这都需要电商企业采取各种分析和跟踪手段来加以解决。有关机构对电商企业的调查表明,客户之所以离开企业,有60%~70%的原因是对电商企业的服务不满意。

虽然客户流失的原因不尽相同,各种原因所占的比例也不同,但是很突出的一点是,客户对电商企业的不满是造成其流失的最主要原因。如果将"对商品不满意""价格高""未能处理好投诉"等因素也考虑进来,那么由于电商企业自身原因造成的客户流失占了绝大部分,而因为竞争对手的原因造成的客户流失量则是很少的。

3. 电子商务客户流失的识别

对于电商企业而言,识别客户流失一般借助下列指标。

1)电子商务客户指标

电子商务客户指标主要包括电子商务客户流失率、电子商务客户保持率和电子商务客户推荐率等。

（1）电子商务客户流失率是电子商务客户流失的定量表述，是判断电子商务客户流失的主要指标，用公式表示：电子商务客户流失率＝电子商务客户流失数÷消费人数×100%，它直接反映了电商企业经营与管理的现状。

（2）电子商务客户保持率是电子商务客户保持的定量表述，也是判断电子商务客户流失的重要指标，用公式表示：电子商务客户保持率＝电子商务客户保持数÷消费人数×100%或电子商务客户保持率＝1－电子商务客户流失率，它反映了电子商务客户忠诚的程度，也是电商企业经营与管理业绩的一个重要体现。

（3）电子商务客户推荐率是指电子商务客户消费产品或服务后介绍他人消费的比例。

电子商务客户流失率与电子商务客户保持率、电子商务客户推荐率成反比。通过客户调查问卷和企业日常记录等方式可获得上述客户指标信息。

2）市场指标

市场指标主要包括市场占有率、市场增长率、市场规模等。通常情况下，电子商务客户流失率与上述指标成反比。电商企业可通过市场预测统计部门获得这方面的信息。

3）收入利润指标

收入利润指标包括销售收入、净利润、投资收益率等。通常情况下，电子商务客户流失率与这类指标成反比。电商企业可通过营业部门和财务部门获得上述信息。

4）竞争力指标

在激烈的市场竞争中，一家电商企业所流失的客户必然是另一家电商企业所获得的客户。因此，要判断电商企业的竞争力，可以了解该企业的客户流失率。竞争力强的电商企业，客户流失的可能性通常要小些。电商企业可借助行业协会所开展的各类排名、达标、评比等活动，或权威部门和人士所发布的统计资料获得上述信息。

> **课程思政**
>
> 忧患意识是一种清醒的危机意识，是对事情的矛盾性、曲折性保有的清醒认识和高度警觉，更是一种深重的责任意识，能激发强烈的责任感和担当精神。

4. 电子商务客户流失的原因

客户流失除了有企业自身的原因外，还有客户本身的原因。

1）电商企业的原因

（1）电商企业人员流动导致客户流失。这是现今客户流失的重要原因之一，特别是电商企业的高级营销管理人员的离职变动，很容易带来相应客户群的流失。

（2）竞争对手夺走了客户。在任何一个行业，客户都是有限的，特别是优秀的客户，更是弥足珍稀的，20%的优质客户能够给一个企业带来80%的销售业绩。所以，优秀的客户自然会成为各大电商企业争夺的对象。

（3）市场波动导致失去客户。任何电商企业在发展中都会遭受震荡，电商企业的波动期往往是客户流失的高频段位。另外，电商企业资金出现暂时的紧张，比如出现意外的灾害等，都会让市场出现波动，这时，嗅觉灵敏的客户也许就会出现倒戈。

> **知识拓展**
>
> 完全避免客户流失是不切实际的，企业应当冷静看待客户的流失，将客户流失率控制在一个很低的水平。

（4）细节的疏忽使客户流失。客户与电商企业是以利益关系纽带牵在一起的，但情感也是一条很重要的纽带，一些细节的疏忽往往也会导致电子商务客户的流失。一些电商企业客服响应不及时，发货前商品检查不够细致导致残次品流出，发货时间长、物流慢等，这种细节的疏忽也容易导致电子商务客户的流失。

（5）诚信问题让客户流失。有些电商客服喜欢向客户随意承诺条件，结果又不能兑现，或者返利、奖励等不能及时兑现给客户。客户最担心和没有诚信的电商企业合作，一旦有诚信问题出现，客户往往会选择离开。

（6）企业管理失衡导致客户流失。很多电商企业设立了大客户管理中心，对小客户则采取不闻不问的态度。广告促销政策也都向大客户倾斜，使很多小客户心理不平衡而离开。其实小客户的销售量累加起来也是很可观的，不容小觑。因此，电商企业同样应该重视小客户。

（7）沟通不畅自然流失。有些客户的流失属于自然流失，可能是因为电商企业管理上的不规范、长期与客户缺乏沟通等，关键问题就是电商企业的市场营销和管理不到位。现在的商业领域很广泛，电商企业也处在供大于求的状态，所以电商企业如果不能够很好地去维护自己的客户，那么流失客户资源就会成为常态。

2）电子商务客户的原因

（1）客户不满意是影响电子商务客户流失的重要因素。客户挑选商品时会选择高质量的产品，如果电商企业给客户提供的产品粗制滥造，造成客户利益受损，客户就不会满意，更不会建立较高的客户忠诚度。除此之外，缺乏服务意识也会引起电子商务客户的不满。服务意识不只是电商企业的服务态度，还包括解决问题的时效，工作效率低下等服务意识淡薄的行为是直接导致电子商务客户流失的重要因素。

（2）客户转移成本较低。转移成本又称为电子商务客户的跳槽成本，或者是客户离开电商企业而选用竞争对手或者同类别、同性质产品或者服务所需付出的代价。

（3）客户对电商企业的信任和情感不够深。客户往往愿意在熟悉的电商企业消费，倘若是第一次准备在某电商企业进行消费，也会一步步地试探，原因就在于信任度和情感还不够。当然，客户在和陌生的电商客服人员沟通时，一般不会说"这是因为我跟你没有情感，对你不信任"，而是以各种理由作为托词，主要表现为拒绝和电商客服人员沟通；电商客服人员讲解后，客户不赞同；拿同类产品打压比较，敷衍了事，如客户对电商客服人员态度不冷不热，沟通时心不在焉，无论电商客服说的是什么，客户总是敷衍式应答；担心购买后效果不理想，从而找各种理由推托，如电商客服人员介绍完产品后，客户对产品持怀疑态度，就会告诉客服人员"我再看看""我考虑考虑"等。所以电商客服人员要意识到这一点,也就是在没有取得客户的信任前不要过早地推销产品。因为电商客服人员说得越多,客户的防备心理越重,信赖感就越不容易建立,最终销售也就越不容易成功。

(4)电商企业在客户服务和管理方面不够细致、规范。电商企业管理波动和人力资源管理不力、员工跳槽等,都会导致客户流失。电商企业转型、资金暂时短缺、高层管理分歧等管理运营波动往往是电子商务客户流失的高频期。很多电商企业由于在电子商务客户关系管理方面不够细致、规范,而电商企业自身对客户影响相对乏力,一旦电商客服人员或电商销售人员跳槽,老客户就随之而去,与此带来的是竞争对手实力的增强。电商企业的管理团队一旦成了"流动大军",特别是公司高层营销管理人员的流失,如果控制不当,在他们流失的背后,往往伴随着电子商务客户的大量流失。

(5)客户不满企业的行为。并非所有的电商企业都能时时提供令客户满意的服务。电子商务客户拥有的选择权越多,对于低水平服务的忍耐度就会越低。在当今这样一个信息开放的社会化网络时代,电子商务客户转换服务提供商也变得越来越容易。服务容忍度是一个用于反映客户对电商企业提供服务的忠诚度和依赖程度的指标。例如,在客户越来越注重效率的时代,预订服务时的长时间等待就是一个致命的问题,这种长时间的在线等待就有可能使客户不满。

▶▶ 想一想

结合生活,谈谈自己失败的电子商务消费经历,并思考自己不满的原因。

_____
_____

示范案例6-11

凯瑟琳小姐一直以来都是澳洲某历史悠久的银行的忠实客户。有一年,她收到银行寄来的通知,告诉她可以到墨尔本分行领取新的信用卡。但是她已经在悉尼定居8年,期间她多次通知银行要求更改地址信息。

她拨通了银行通知信件上的服务电话,询问是否可以将墨尔本分行的信用卡寄到悉尼分行,但服务人员表示无能为力,告诉她必须自己打电话或者传真到墨尔本分行。凯瑟琳小姐告诉服务人员过去几年间她已经好几次要求墨尔本分行修正资料,这次不应该再浪费她的时间和金钱了,因为这是银行延迟处理造成的错误。此时,服务人员开始有点不耐烦:"但这件事我无能为力。"于是凯瑟琳小姐要求与其上司通话,没想到服务人员竟然直接挂断了电话。于是凯瑟琳小姐二话不说直接到那家银行把自己账户中的钱全部取出,转存到街角的另一家小银行去了。

这件事发生数月之后,凯瑟琳小姐突然对投资房地产感兴趣,便打电话给这家小银行询问相关的贷款方案。由于当时不方便亲自走一趟,所以她只是简单地在电话里告知银行她的资产、债务和收入情况。那时她其实只是想收集一点相关的信息,了解一下房地产投资市场而已。

服务人员礼貌地告诉她,她将会在24小时之后得到想要的信息。果然如服务人员所承诺的,凯瑟琳小姐在一天后接到服务人员的来电,告诉她一个远远超出她预期的贷款金额,并说明计算方式:"希望您不介意,我向几家市内的房地产公司查询了符合您条件的方案,并以此计算出最适合您需求的金额。"作为这家小银行的客户,现在凯瑟琳小姐感到十分愉快,并决定以后的所有银行业务都在这家小银行办理,因为该银行的服务态度给了她对其忠诚的理由。

6.4.2 电子商务客户的挽回

客户流失不断消耗电商企业的财力、物力、人力和企业形象,对电商企业造成巨大的伤害。优质客户的流失如同釜底抽薪,让多年投入客户关系维护中的成本与心血付之东流。当与客户关系破裂后,电商企业如不能尽快及时地修复客户关系,就可能造成客户的永远流失。流失的客户如成为竞争对手的客户,积少成多就会对电商企业产生威胁。

1. 电子商务客户关系的维护管理

在资源有限的情况下,电商企业应该根据客户的重要性来分配投入挽回客户的资源,挽回的重点应该是那些流失的优质客户,这样才能实现挽回效益的最大化。针对下列不同级别的流失客户,电商企业应当采取适当的管理措施。

(1)对"关键客户"要极力挽回。一般来说,流失前能够给电商企业带来较大利润的客户,被挽回后也将给电商企业带来较大的利润。因此,给电商企业带来较大利润的关键客户应是挽回工作的重中之重,失去他们,电商企业轻则造成重大的损失,重则伤及电商企业的根本。

所以,电商企业要不遗余力地在第一时间将"关键客户"挽回,而不能任其流向竞争对手,这也是电商企业必须做和不得不做的事情。

(2)对"普通客户"和"非常难避免的流失",要尽力挽回。普通客户的重要性仅次于关键客户,而且普通客户还有升级的可能,因此,电商企业对"普通客户"的流失要尽力挽回,使其继续为电商企业创造价值。

企业可根据自身实力和需要决定投入对"普通客户的流失"和"非常难避免的流失"的挽回努力。如果不用很吃力,或是举手之劳,则可以试着将其挽回。

(3)对"小客户"可见机行事。由于"小客户"的价值低,对企业又很苛刻,数量多且零散,挽回他们需要很多成本,甚至高于他们带来的利润,放弃这类客户对企业反而有利。因此,企业对这类客户可以采取冷处理态度,顺其自然。

(4)彻底放弃根本不值得挽留的劣质客户。新陈代谢是自然界的规律。企业的客户也有一个新陈代谢的过程,特别是在今天的市场企业应当冷静看待客户的流失,对于一些没有挽留价值的劣质客户可以彻底放弃。例如,不可能再带来利润的客户;无法履行合同约定的客户；无理取闹、损害员工士气的客户；需要超过了合理的限度，妨碍电商企业对其他客户服务的客户；名声太差，与之建立业务关系会损害电商企业形象和声誉的客户等，这些客户根本不值得挽回。

总之，对有价值的流失客户，电商企业应当竭力挽回，最大限度地争取与他们"重归于好"；对不再回头的客户也要安抚好他们，从而有效地阻止他们散布负面评价而造成不良影响；对没有价值甚至是负价值的流失客户则抱放弃的态度。

示范案例6-12

滴滴出行是北京小桔科技有限公司推出的一款打车软件，是涵盖出租车、专车、快车、顺风车、代驾及大巴等多项业务在内的一站式出行平台。

滴滴出行改变了传统打车方式，利用移动互联网的特点，将线上与线下相融合，从打车初始阶段到下车后线上支付车费，最大限度地优化了乘客的打车体验，也改变了传统出租车司机的等客方式，降低了空驶率，最大化地节省了司乘双方的资源与时间。

滴滴启动安全攻坚战，将安全作为核心考核指标，推出一系列保障措施，包括投入1.4亿元人民币提升客服支持体系，建立一支8 000余人的客服团队，和地区执法部门联动实现一键报警，还上线了强制性的行程间录音功能。过去，司机一天进行一次人脸识别，现在是全天内持续重复进行。自2018年9月以来，滴滴持续面向社会各界双向沟通，广泛征集意见、建议，陆续开展线上意见征求、线下意见调研，建设安全监督呼叫委员会、上线"公众评议会"和"有问必答"等多项社会共建行动。

2. 电子商务客户挽回策略

建立维护客户关系都需要使用"组合拳"，需要一系列组合策略，缺一不可，而客户关系的挽救则可以从"点"处着眼——找出客户流失的原因及关系破裂的症结，然后对症下药，有针对性地采取有效的挽回措施。

>> **想一想**

如何防止电子商务客户的流失？

_____

_____

（1）调查原因。如果电商企业能够深入了解客户流失的原因，就可以获得大量珍贵的信息，发现经营管理中存在的问题，就可以采取必要的措施，及时加以改进，从而避免其他客户的再流失。相反，如果电商企业没有找到客户流失的原因，或者需要很长的时间才能找到客户流失的原因，电商企业就不能及时采取有效措施加以防范，那么其还会不断地"得罪"现有客户而使他们最终流失。

因此，电商企业要在第一时间积极地与流失客户联系，了解客户流失的原因，弄清问题究竟出在哪里,并虚心听取他们的意见、看法和要求,让他们感受到电商企业的关心。电商企业只有充分考虑流失客户的利益,并站在流失客户的立场上,对不同特点的流失客户进行及时、有针对性、个性化的沟通,才可能挽救破裂的客户关系。

示范案例6-13

1982年,美国第一银行总裁库雷召集了300多名员工开会,说他收到许多不满客户的来信,他指示从现在开始要致力于取悦、维系客户。为了实现这个目标,第一银行开始针对流失客户询问一些问题,包括为何离开、有什么要求。银行将收集到的信息整理后制定出一个行动方案并开始执行,同时经常检查流程,以符合客户日益变化的需求。

8年后,第一银行的客户流失率在行业中最低,大约每年只有5%,是其他银行的一半。在没有多做额外工作的情况下,第一银行的产业排名由第38名上升到第4名,利润增加了16倍。

(2)对症下药。"对症下药"就是电商企业要根据客户流失的原因制定相应的对策,以挽回流失的客户。例如,针对价格敏感型客户的流失,应该在定价策略上采取参照竞争对手的定价策略,甚至采取略低于竞争对手的价格。这样,流失的客户才会回来;针对喜新厌旧型的客户的流失,应该在产品、服务、广告、促销上多一些创新,从而将他们吸引回来。

> **课程思政**
>
> 培育和践行社会主义核心价值观,贵在坚持知行合一、坚持行胜于言,在落细、落小、落实上下功夫,持续提升客户服务水平,减少客户流失。

电商企业要根据实际情况,参照流失客户的要求,提出具体的解决方案,并告诉他们正是基于他们的意见,电商企业已经对有关工作进行了整改,以避免类似的问题再次发生。如果流失客户仍然对整改方案不满意,电商企业可以询问他们的意见,向他们讨教。如果整改方案得到流失客户的认可,就要抓紧实施。电商企业的诚意会给流失客户留下很好的印象,他们会觉得电商企业很重视他们提出的问题,是真心实意地想解决问题,这样就可能打动他们,促使流失客户回头。

项目实训

(1)采用分组的形式进行实训,每3~5人为一组,设立负责人一名,负责整个任务的统筹工作。

(2)团队成员通过各种渠道进行信息收集整理(尽量让每个成员都从不同的渠道收集信息,以避免信息的重复搜索),最终汇总给团队负责人。

(3)团队成员对收集的资料进行整理、分析,采用头脑风暴的方式,总结出电子商务客户关系管理成功案例的启示。

(4)形成正式的调研报告上交教师,教师给予评价。

项目 6 客户关系管理

> 复盘反思

经过本项目的实施和相关知识点的学习，对比自己总结的内容与知识讲解部分内容是否契合，填写下表完成项目评测，并进行复盘反思。

姓名		班级	
学号		日期	
知识盘点	通过对本项目的学习，你掌握了哪些知识？请画出思维导图：		
任务完成自评	□优秀	做得好的地方：	
任务完成自评	□良好	需改进的地方：	
	□较差	做得差的地方：	
任务完成情况	按照服务类型分类	□熟练掌握，能够口述	□有所了解，能够通过资料进行总结
	按照商务形式分类	□熟练掌握，能够口述总结	□有所了解，能够通过相关信息进行总结

项目评价

经过本项目的分组实训演练,按实训项目评价指标进行学生自评与小组成员互评(按优秀为 5 分、良好为 4 分、一般为 3 分、合格为 2 分、不合格为 1 分五个等级进行评价),并填写下表完成实训项目评测,最后教师给出综合评价。

	评 价 指 标	得分
自评	团队合作精神和协作能力:能与小组成员合作完成项目	
	交流沟通能力:能良好表达自己的观点,善于倾听他人的观点	
	信息素养和学习能力:善于收集并借鉴有用资讯和好的思路想法	
	独立思考和创新能力:能提出新的想法、建议和策略	
组员 1	团队合作精神和协作能力:能与小组成员合作完成项目	
	交流沟通能力:能良好表达自己的观点,善于倾听他人的观点	
	信息素养和学习能力:善于收集并借鉴有用资讯和好的思路想法	
	独立思考和创新能力:能提出新的想法、建议和策略	
组员 2	团队合作精神和协作能力:能与小组成员合作完成项目	
	交流沟通能力:能良好表达自己的观点,善于倾听他人的观点	
	信息素养和学习能力:善于收集并借鉴有用资讯和好的思路想法	
	独立思考和创新能力:能提出新的想法、建议和策略	
组员 3	团队合作精神和协作能力:能与小组成员合作完成项目	
	交流沟通能力:能良好表达自己的观点,善于倾听他人的观点	
	信息素养和学习能力:善于收集并借鉴有用资讯和好的思路想法	
	独立思考和创新能力:能提出新的想法、建议和策略	
教师综合评价	优秀之处: 不足之处:	

项目 7
网店客服数据分析与应用

 学习目标

知识目标	• 初识客服数据； • 熟悉客服数据的分析方法； • 熟悉监控客服数据的各种渠道
能力目标	• 能够通过对客服数据的分析提高客服人员的工作效率； • 能够采用多种方法对客服数据进行有效监控
素养目标	• 运用客服数据分析与应用的相关知识分析问题、解决问题

 学习计划表

项　目		认知网店 客服数据	客服数据的分析	网店客服数据的监控
课前预习	预习时间			
	预习结果	1. 难易程度 □偏易（即读即懂）　　□适中（需要思考） □偏难（需查资料）　　　□难（不明白） 2. 问题总结		
课后复习	复习时间			
	复习结果	1. 掌握程度 □了解　　　□熟悉　　　□掌握　　　□精通 2. 疑点、难点归纳		

 项目导读

　　无论是有形商品的生产企业还是服务业企业，服务质量都是企业在竞争中制胜的法宝。那么，对于网店客服这一岗位，该如何评判其服务质量呢？对其服务质量的评判主要涉及客户购物的整个过程，包括售前、售中、售后，最终评判结果将反应在网店成交量、好评率等多个方面的数据中。数据具有客观、直观、真实的特征，能为客服服务质量的衡量提供科学的考核依据。

7.1 认知网店客服数据

电商时代也是大数据时代,任何电商客服都需要数据的支撑才能更好地挖掘用户需求、制订服务计划,以及发现服务过程中出现的问题并改正错误,更好地实现客户服务的最终目的。客服人员也可在数据分析的过程中发现隐藏的商机,先发制人,占据市场优势。

▶▶ **想一想**

谈谈你对客服数据的认识?

_____

_____

7.1.1 客服数据分析概述

数据分析贯穿在电商服务的整个过程中,做好数据分析工作可以达到及时调整服务方向、控制服务成本和提高服务效果的目的。

1. 客服数据分析的含义

数据分析是指有针对性地收集、加工、整理数据,并采用适当的统计分析方法对数据进行归纳,提取其中的有用信息形成结论。数据分析是电商客服不可缺少的环节,它通过分析各项服务数据得到具有参考价值的结论,从而对电商客服进行科学的指导。

2. 客服数据的类别

电商客服工作中会产生大量数据,但不同平台、不同形式的数据,其分析方式或统计方法都会有所不同。因此,学习电商客服数据分析,必须先掌握电商客服数据的类别及常见电商客服数据的形式,然后在工作中有针对性地使用。

电商客服数据包括数值型数据和图文型数据两种。

(1)数值型数据。数值型数据主要由数字组成。通过对大量数字进行统计与分析,可以总结并评价效果。

(2)图文型数据。图文型数据不是由数字构成的,而是由文字或图片等形式构成的。图文型数据主要通过问卷调查、结构化比较、分析汇总等形式获得,其研究目的不是评估量化的数据结果,而是找到服务方向。

7.1.2 客服基础数据分析

关键词、流量来源、访客地区、流量分布、访客退出率和流量变化等数据都是比较基本且关键的数据,通过对这些数据进行分析,可以帮助网店更好地找到方向,下面分别对这些数据的作用进行介绍。

（1）分析流量来源。通过分析流量来源，可以帮助经营者了解流量产生的效果，即哪些流量可以给网店带来更大的收益。此外，对不同来源的流量进行单独分析，更便于经营者对不同推广渠道进行跟踪，通过跟踪结果选择合适的推广活动。

> **课程思政**
>
> 电商客服人员应具备数据保密意识，尊重公民隐私，恪守职业道德。

（2）分析关键词。通过对不同搜索引擎、不同网站的关键词流量进行分析，可以使经营者了解不同搜索引擎关键词带来的流量情况，为搜索引擎推广方案提供准确的数据参考。

（3）分析访客地区。了解访客的地区也有助于运营者做出正确的营销引导，如分析流量高的地区的客户特征，可以更好地寻找目标客户群，也可对高流量地区的客户提供部分优惠，进一步扩大该地区的市场。同时，在跟踪客户信息时，还可以对新老客户进行区分，回访老客户，维护新客户，协同会员管理、邮件营销、自媒体营销等方式制定更好的营销策略，从而实现更好的营销效果。

（4）分析流量分布。分析网站中不同网页的流量情况，帮助经营者了解店铺中的热门页面，并将此作为店铺打造爆款、打造畅销品的依据之一，从而更精准地将营销费用用在合适的产品推广中。

（5）分析不同时段的流量变化。对不同时段的流量和销售情况进行监测与分析，可以帮助经营者了解网店销售的活跃期，从而更合理地安排商品的上下架时间，合理地安排运营人员的工作时间，提高网店员工的工作效率。

（6）分析访客退出率。分析访客退出率，即对客户离开原因进行分析，根据客户退出率和退出页面的数据对比，帮助经营者了解店铺产品的劣势，以便进行修正。

（7）分析着陆页质量。分析着陆页质量即对着陆页商品销售情况进行分析，着陆页效果的好坏不仅是推广效果好坏的一种体现，也是商品转化率高低的一种展示。

7.1.3 客服重点指标分析

客服重点指标主要包括退出率、跳出率、购物车、转化率等，这些数据从不同的方面反映了商品的各种问题，下面分别对其进行介绍。

（1）退出率。退出率是指从该页面离开网站的次数占该网页总浏览次数的比例，是对直接从该网页离开网站的流量数据进行的分析。退出率是一项综合衡量用户离开网站行为的重要指标，对于网上店铺而言，退出率高的网页就是存在问题的网页，需要重点关注，分析用户退出的可能原因。

（2）跳出率。跳出率是指当网站页面展开后，用户仅浏览了该页面就离开网站的比例。跳出率高对网店而言非常不利，需要及时找到跳出原因。影响网店跳出率的原因很多，如目标客户群定位不准确、访问页面内容不吸引人、页面访问存在问题、广告与访问页不符等因素都可能导致跳出率偏高。

（3）购物车。购物车收藏量也是反映商品情况的重要指标。购物车不仅可以反映买家选购商品的动向，还可以从侧面体现出商品受欢迎的程度。同时，将购物车信息与产品页面分析结合起来,还可判断产品的转化情况,如购物车指标高,但是最终的实际转化率偏低,说明产品在价格、产品描述等方面可能存在问题,需要对描述页或价格进行优化。

(4)转化率。转化率是指在店铺产生购买行为的人数与到店人数的比率。转化率直接体现为营销效果,转化率的分析需要结合多个渠道的因素,如结合商品页面进行分析时,适合观察热门商品、热门品牌、商品分类等转化效果,并针对低转化率的页面进行合理、完善的调整;当结合入口页面分析时,适合观察着陆页对网店销售的影响力,并可根据其数据评估相关促销活动的实际效果。

想一想

为什么要进行客服数据分析?

_____
_____

示范案例 7-1

某网店自开业以来业绩还不错,一旦遇到促销活动时就忙得不可开交,但从2022年6月开始网店销量呈现下滑趋势,于是店长张一把2022年和2021年6月以来的销量总额进行了对比,发现网店整体销量确实下滑得厉害,具体原因不明。为了弄清楚网店销量下滑的具体原因,张一找来了网店的客服主管,让他把近三个月内每一位客服工作情况的统计表发给他。经过分析,张一发现网店销量下滑与客服的工作情况有直接关系,客服响应时间慢而导致丢单是最主要的原因,除此之外,客服的询单转化率低于网店规定的最低水平、个别客服的退款率非常高等都是导致网店销售下滑的因素。此时,张一意识到再这样下去网店就会面临关闭的危机。张一通过分析询单转化率、响应时间等数据明晰了客服工作过程中存在的问题。只有读懂了这些数据,才能改变网店当前的销售状况。因此,张一根据这些数据对客服的工作做出了新的要求。另外,张一还通过"卖家中心"的子账号管理功能查看客服的聊天记录,使用数据监控软件"生意参谋"实时监督网店的经营状况。

作为一名客服,除了能够耐心解答客户提出的各种疑问并读懂客户的需求外,更重要的是将自己的服务转化为网店的实际盈利,而这些盈利可以通过各种客服数据体现出来。所以,客服数据是衡量客服工作的重要指标。

7.2 客服数据的分析

商家可对与客服工作相关的各个数据进行分析,如接待人员数、销售额、客单价、询单转化率等,从而进一步提高工作效率。服务洞察是生意参谋中的一个功能,主要用于监测子账号的各项服务数据,帮助商家从实际数据出发,不断提升服务质量。下面介绍如何通过服务洞察功能分析与监控客服数据。

想一想

需要分析的客服数据有哪些？

_____

_____

7.2.1 客服接待分析

通过服务洞察，商家可以监测自己店铺的客服团队的工作效率、了解同行业客服团队的工作效率水平，并通过后台数据沉淀完成单个客服人员的绩效考核，从而帮助商家提升对客服人员的管理与执行能力，全方位优化服务体验。

服务洞察功能能够展示每一位客服人员的贡献、接待压力情况，随时激励客服人员，让每一位客服人员都能轻松面对客户，取得好成绩。服务洞察功能可助力商家在各种大促、店铺活动中获胜。

客服接待分析主要是指对咨询人数、接待人数、支付买家数三个方面的内容进行分析，如图7-1所示。

图7-1　客服接待分析

（1）咨询人数是指所选时间段内咨询客服人员的客户总数，即咨询人数＝接待人数＋接待过滤人数。

（2）接待人数是指所选时间段内客服人员接待的客户数（不包括接待过滤的客户）。

课程思政

电商客服应拥有用数据分析缘由、明辨是非的意识；勿编造数据，强调数据的真实性、可靠性，提高诚信意识；养成尊重数据、务实严谨的工作态度。

（3）支付买家数是指所选时间段内客服人员接待后购买支付的客户数。

商家可快速查看客服接待效率，监测客服服务细节，提升整体服务能力。服务洞察功能还支持与同行同层的优秀服务进行对比。客服接待效率的重点监测指标包括客服平均响应时长、客服首次响应时长、客服回复次数、客服 30 秒响应次数、客服 10 分钟未响应次数等。

▶▶ 想一想

简述怎样进行客服接待分析？

_____

_____

7.2.2 客服销售分析

客服销售分析主要是指对销售额、销售量、销售人数、订单数、个人销售额占比等销售指标的分析。

1. 销售指标

下面将对网店销售指标的含义进行简单的介绍。

（1）销售额是指通过网店客服人员服务成交的客户在所选时间段内付款的金额。

（2）销售量是指通过网店客服人员服务成交的客户在所选时间段内付款的商品件数。

（3）销售人数是指通过网店客服人员服务成交的客户在所选时间段内付款的人数。

（4）订单数是指通过网店客服人员服务成交的客户在所选时间段内付款的订单数。

（5）个人销售额占比反映了个人对客服团队的贡献大小，个人销售额占比（即个人销售额占团队百分比）＝网店客服人员的个人销售额 ÷ 客服人员团队销售额。

影响网店销售指标的因素有很多，销售量是网店销售情况最直接的反映，是对客服人员销售能力的综合考查。除了要单独统计客服人员的个人销售量外，还要通过与网店总销售量及其他客服人员销售量的对比进行分析。

2. 客服人员销售量占网店总销售量的比例

网店总销售量是指在一定时期内网店交易成功的商品数量，由静默销售量和客服人员销售量两部分组成。

商家通过商品详情页将商品展示给客户，客户通过阅读商品详情页信息后，自行下单购买商品，这种以自助选购的方式销售出的商品数量称为静默销售量。而通过咨询客服人员、经客服人员推荐等销售的商品数量，则称为客服人员销售量。

一般情况下，客服人员销售量占比达到网店总销售量的 60% 是比较正常的水平。对于中型网店而言，客服人员的销售量占比应接近 60%，不能偏离太多。如果销售量占比不能达到这个数据指标，则说明网店的客服人员对客服的基础知识掌握得不是很好，且缺乏相应的责任心。

客服人员销售量占网店总销售量的比例是考核客服人员的一个重要指标，该指标主要用于考查客服人员的销售能力，包括客服人员对商品的熟悉程度、服务态度、沟通技巧和销售技巧等各个方面，是客服人员综合能力的表现。

3. 客服人员之间销售量的对比

对比客服人员之间的销售量，是衡量客服人员工作效率和工作态度的方法之一。将销售量作为对比客服人员的指标，可以更加准确地判断客服人员的工作效率和工作态度。除此之外，还可以通过客服人员之间销售量的对比来检查网店的客户分流是否科学、完善，客服人员的工作是否到位。客服人员之间销售量的对比是检查每一位客服人员工作情况的必要手段，对于检查客服人员的工作情况具有积极的效果。

通过客服人员的个人对比数据，商家可以看到店铺内的咨询客服人数、客服回复人数、客服未回复人数、客服回复率和咨询客服次数等。

4. 贡献转化

商家通过贡献转化数据可快速查看客服团队和客服人员个人的引导成交转化效果，以实时监测团队绩效，并支持对标同行同层优秀服务效果，如图7-2所示。

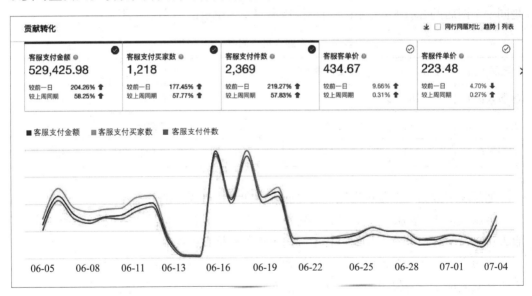

图 7-2 贡献转化数据

贡献转化的重点监测指标包括客服支付金额、客服支付买家数、客服支付件数、客服客单价、客服件单价等。

▶▶ 想一想

怎样进行客服销售分析？

7.2.3 客单价分析

客单价是指网店成交客户平均每次购买商品的金额，即平均交易金额。

客单价的计算公式：客单价 = 销售总金额 ÷ 成交客户数。例如，某个网店有 10 位客户前来购买商品，他们的总成交金额是 3 000 元，那么客单价就等于总成交金额 3 000 元除以成交客户数 10 的结果，即 300 元。客服人员客单价的概念与之类似，即某一位客服人员服务后的成交金额与成交客户数的比值。客服人员客单价决定了网店客单价，所以在考核客服人员的工作中，客单价是一个极为重要的指标。

> **知识拓展**
>
> 　　一个网店的客单价比较高，那么网店的利润也会相对较大。客服人员在提高客单价方面起着重要的作用，比如对于做母婴类商品的店铺，很多妈妈在第一次购买母婴商品时，一般会想到什么就买什么，这时如果客服人员主动向其推荐商品，她就有可能购买更多的商品，从而提高网店的客单价。

表 7-1 所示为某男装店的 3 名客服人员一周成交量统计。通过对比，可以看出即便是同一个网店的客服人员，由于销售技巧不同，客单价的差别也是很大的。

表 7-1　客服人员一周成交量统计

客服人员	接待人数/人	成交件数/件	成交笔数/笔	成交额/元	客单价/（元/人）
客服人员 1	289	230	210	6 780	32.29
客服人员 2	432	380	330	7 540	22.85
客服人员 3	358	295	260	7 102	27.32

通过表中数据可以分析出这 3 位客服人员在销售过程中的一些特点。

客服人员 1：客服人员 1 的成交笔数是最少的，但客单价反而是最高的，这说明客服人员 1 在向客户推荐商品的过程中倾向于推荐价格高的商品。

客服人员 2：客服人员 2 的成交笔数是最多的，每个订单拍下的商品件数也最多，说明客服人员 2 有着较强的销售能力，能在较短的时间内说服客户购买更多的商品，但客服人员 2 的客单价是最低的，这就说明客服人员 2 可能向客户推荐的都是价格低的商品。

客服人员 3：客服人员 3 的成交笔数较多，但每个订单拍下的平均商品件数不多，说明客服人员 3 的商品关联销售能力有所欠缺。如果客户购买的件数较多，其客单价还有上升的空间。

综合 3 位客服人员的销售特点和客单价情况，可以看出客单价的高低可能和客服人员的引导购买销售能力、关联销售能力、商品价位选择等有关。下面将从三个方面介绍客服人员提高客单价的方法。

> 想一想
>
> 试总结提高网店客单价的方法有哪些?
>
> _____
>
> _____

1. 激发客户的购买需求

很多时候,客户的购买需求是潜在的、隐性的,他们的购买诉求并不明确。这时就需要客服人员对其进行引导,甚至在很多时候,客服人员要引导客户进行购买。除了通过商品知识的介绍突出商品的优势外,客服人员还要向客户介绍网店活动,从价格方面引导客户进行购买。

(1)促销活动。常看到一些网店选择在节假日对商品进行促销,常见的形式有在商品原价上直接打折、买满包邮、买一送一等。客服人员需要向客户介绍网店活动,让客户认为这个活动是难得的,再加上对商品优势的解说,可激发客户对商品的购买欲望,增加客户的购买量,从而实现客单价的提高。图7-3所示为促销活动的展示页面。

图7-3 促销活动的展示页面

(2)权威推荐。客服人员在销售商品的过程中会发现,有时自己对商品优势的各种介绍还不及权威人士的一句话。由此可见,客户对权威人士的认可已经转移到了对商品的认可上。既然客户有这样的购买心理,那么客服人员的销售工作就变得简单多了。图7-4所示为权威人士推荐的商品。

图7-4 权威人士推荐的商品

(3)限时限量抢购。为了提高商品的销售量,网店往往会参加电商平台组织的一些规模较大的商品特卖活动,如聚划算、天天特卖等。客户往往会被这些活动中较低的商品价格所吸引,此时客服人员要做的就是不断向客户讲解活动力度的前所未有、活动时间的紧迫性、库存数量的有限性等,以激发客户的购买欲望。图 7-5 所示是一款纯棉长袖睡衣的限时限量抢购活动。

图 7-5　限时限量抢购活动

2. 合理搭配销售

客单价是通过客户的订单价格来计算的,如一位客户在下单时拍了 4 件商品,总共 650 元,那么客单价就为 650 元。客单价与客户所购商品的平均价格是没有关系的。所以通常认为,客户买的东西越多,客单价就越高,这就要求客服人员在销售过程中进行合理的搭配。商品的关联性越强,组合越合理,就越能激起客户进行关联购买的欲望。

商品之间的关系可以分为互补型商品、同类型商品、没有关系的商品三种。销售商品时,客服人员一般要进行关联销售的是互补型商品和同类型商品。除此之外,价格型的商品关联和数据型的商品关联也是常见的商品关联方法。

（1）互补型关联。商品的互补型关联是指互补型商品进行搭配销售,免去了客户对"搭配"的困扰。这类关联适合采用嵌入式关联,可放在商品详情页中的各个地方,抓住客户最初的购买意向。图 7-6 所示为网店在羽绒服的销售页面中加入了裤子的推荐,那么客服人员在向客户推荐羽绒服的同时,也可以附加推荐裤子,二者搭配得体美观,从而提高客单价。

图 7-6　互补型关联

（2）同类型关联。同类型关联是指关联商品在内在属性、使用方法、美观性等各个方面具有相似性。客服人员需要对这类商品进行组合分类,当客服人员清楚地了解客户的需求后,向客户推荐商品时才更具针对性,相关示例如图 7-7 所示。

（3）价格型关联。一些客户购买商品时会有求廉心理,他们习惯在商品的价格上精打细算。所谓价格型关联,就是指客服人员在搭配商品时注重商品价格的搭配,较为理

 +

图 7-7 同类型关联

想的搭配方式是"高价位商品＋低价位商品 ≈ 高价位原价"。这样的搭配方式会让客户感到非常实惠。这样一来，客户一次购买的商品数量就会变多，客单价自然也会提高。

（4）数据型关联。数据型关联是指根据客户之前的浏览记录、购买情况等数据信息，推测商品搭配的可能性，站在客户的角度对商品进行关联销售。一般可采用以下两种方法进行数据型关联。

① 根据客户的购买记录。在千牛—卖家工作台导出商品的销售记录，统计购买了 A 商品的客户同时购买了哪些商品。如果发现购买了 A 商品的客户同时购买 B 商品、C 商品、D 商品、E 商品的概率较高，那么就把 A 商品与 B 商品、C 商品、D 商品、E 商品关联起来。客服人员在推荐商品时要以商品搭配起来销售的销量和客户的喜爱程度为依据向客户进行推荐。

② 按照客户的浏览习惯。客服人员要关注正在浏览 A 商品的客户是否同时浏览了 F 商品、G 商品、H 商品，这也能成为商品关联的依据。

3. 适当推荐高价位的新商品

对于客服人员来说，影响客单价的另一个因素就是商品的价位。如果一位客服人员在销售过程中总是推荐特价、低价的商品，那么客单价就上不去，如果商品单价比较高，那么客单价自然也会提高。下面介绍客服人员如何通过与客户的沟通来促进客户购买高价位商品，以此来提高客单价。

1）分析消费群体

客服人员不能随意向客户推荐高价位的商品，要因人而异，对客户的价格需求与购买力进行合理分析。客户如果说"我不喜欢太便宜的，质量没保证""价格高低都无所谓，只要商品安全系数高、质量好就行""我买东西就图个放心，"客服人员就可以为这类客户推荐一些高价商品。

客服人员可以从客户的需求表达中挖掘出客户购买商品时最在意的一些因素，当获知客户考虑最多的不是价格因素后，就可以向客户推荐一些价格略高的商品。

2）突破销售高价位商品的心理障碍

客服人员要敢于推荐高价位的商品。销售低价位商品和销售高价位商品所付出的时间和精力是一样的。既然这样，客服人员在销售过程中可以在适当的时候把销售重心放在高价位商品上。

首先，客服人员要知道商品给客户带来的价值不可以用客户为商品支付的金额来直接衡量。其次，客服人员要相信客户的购买能力永远比自己想象的要强，如果没有帮客户选到真正想要的好商品，那是客服人员的失职。最后，客服人员在销售过程中给客户着重推荐的第一款商品的价格尽量要高。如果客户接受不了这样高的价格，客服人员可以换别的商品或通过议价来达成一致，这是客服人员想要达到较高客单价所必须做的。

3）合理引导劝说

客服人员一定要让客户有"一分钱，一分货"的概念，选准理由劝说客户下单付款是很重要的，客服人员在劝说客户接受高价位的商品时常使用的理由如下。

（1）耐用程度。价格高的商品在质量和售后服务方面有一定的保障，也就是商品的耐用性更强。客服人员可以以此为卖点，以商品的耐用程度说服客户购买。

（2）商品的魅力。商品的魅力也是客户选择高价位商品的原因，客服人员可以从品牌的知名度、评价等方面介绍商品独有的魅力，以吸引客户购买。

（3）高档次。客户有时是因为要送礼才去购买商品的，这时客服人员重点宣传商品的高档次是让客户购买高价位商品的好方法。如"亲，这个价格的礼物可是很划算的，而且我们准备的礼品盒也是非常精美的，送亲朋好友很有面子。很上档次哦"。

（4）质量有保障。商品的价格越高，其质量可能就越有保障，让客户在购买与使用的过程中更加放心、更加安心是客服人员提高客单价的着手点之一。如"亲，既然是给宝宝选用的玩具，那么安全肯定是第一位的。我们这款玩具的材料、配件等都经过了严格检查，我们还可以为您提供质量证明书。这款玩具的价格虽然比其他玩具略贵一些，但为了孩子的安全着想，也是很值得的呀"。

7.2.4 客服询单转化率分析

转化率是考核客服人员销售服务能力的重要指标，成功率的高低直接影响店铺对高质量流量的转化能力。询单转化率是指客户进入网店后，通过咨询客服人员完成的商品交易的情况，即咨询客服人员后下单成交的客户数与询问的总客户数的比例，具体公式为

$$询单转化率 = 咨询后付款人数 \div 咨询总人数。$$

影响询单转化率的因素有很多，客服人员可以从坚定客户的购买意愿和紧跟客户使其完成付款两个方面着手，提高询单转化率。

知识拓展

客服人员的询单转化率一般要达到60%左右才算合格，不合格可能是因为客服人员的主动性差、对商品不熟悉或对催付技巧与时间点掌握不当。此时，就需要客服人员加强服务意识，进行催付技巧与注意事项的学习。

1. 坚定客户的购买意愿

当客户主动向客服人员咨询时，说明客户已经产生了购买意愿，只要对客户进行正确的引导，成交的概率就会很大。那么如何才能将客户的购买意愿变为最终的成交订单

呢？客服人员可以从坚定客户的购买意愿入手。所谓坚定客户的购买意愿，是指尽可能地让客户放弃各种拒绝理由，不让客户产生拒绝购买的想法。

客户拒绝购买的理由通常有价格太贵、货比三家、担心等，客服人员可以从客户拒绝的理由着手，说服客户购买商品。

客服人员在工作过程中要善于体现自己的专业精神，在客户购买的过程中不断给他们心理暗示，坚定客户的购买欲望，促进询单转化率的提高。

1）价格太贵

价格太贵是客户拒绝购买的理由中被运用次数最多的，也是较为敏感的拒绝理由。这时客服人员要仔细权衡，议价是一些客户的习惯性行为，这类客户可能购买意愿很强，但他们故意找借口说"太贵了，不买了"，目的是让客服人员主动降价，当然还有一类客户是确实觉得太贵了，如果能便宜点就下单付款。

对于客户的议价心理，客服人员很难准确判断，在面对这些拒绝理由时，客服人员首先要了解与价格有关的一些问题。

（1）网店的商品价格在整个行业处于什么水平？

（2）店的竞争对手定价在哪个区间？

（3）商品的最低价是多少？

（4）利润空间有多大？

（5）商品对于客户而言是必需品吗？

弄清楚以上几个问题后，客服人员在面对因价格因素而拒绝购买的客户时，就可以利用商品的定价规则、价格的市场竞争力、定价面向的消费人群等知识来说服客户了。

2）货比三家

电商平台上的商品种类繁多，同类同款商品的数量很多。对客户而言，可以对同类同款商品在价格、质量等方面进行比较，从而挑选出自己最满意的商品；对客服人员而言，这是更大的挑战。

网购使客户有了更多的选择，购物的自主性更强，但对于客服人员来说，好不容易迎来咨询的客户，客户却总以"我想看看其他家的商品"为借口拒绝购买，中途跑单，买了其他网店的商品。这无疑给客服人员的工作带来了巨大的挑战。

客服人员把选择权留给客户，可以让客户感受到客服人员对他的尊重。因为客户在整个购物环节中不仅仅有购买商品的需求，还有对服务的体验。必要时，客服人员还要与客户约定联系的时间，让客户有一种被重视的感觉。即便客户看了无数件同类商品，而且这些商品在价格上更优惠，但若服务能让客户满意，那么客户最终也会在这家网店下单。

3）其他网店也有相类商品。

当客服人员热情地向客户介绍自己的商品质量、售后服务等优势时，有时客户会说"我看其他网店也有一模一样的商品"，将客服人员的热情浇灭了。遇到这种情况时，客服人员应该怎么应对呢？

在购买商品时，客户对于商品的了解只局限于某一方面或某一项功能。客服人员对商品的了解则是全方位的，挖掘商品的潜在功能，突出商品独特的优势，这是客服人员应对这类拒绝购买的借口最有力的办法，能在一定程度上坚定客户的购买决心。

客服人员在思考自己所售商品的独特优势时，可以从以下几个方面进行描述。

（1）我们网店的商品的卖点在哪里？会给客户带来什么好处？

（2）我们网店的商品与其他网店的商品有什么不同？或在客户服务上有什么不同？

（3）拿出证据，证明自己的商品是值得购买的，这需要客服人员掌握商品的生产数据和事实证据。

4）客户的担心

客户拒绝购买的另一个原因是客户的担心。客户的担心多集中在对商品质量不放心、对网购不信任，无法亲自检验商品等方面。客服人员在面对客户的担心时，首先要了解客户为什么不想买，找到原因后对症下药，消除客户的担心。

知识拓展

如果网店的发货速度不能满足客户的需求而使客户拒绝购买该网店的商品，那就太可惜了。那么，网店在什么时间发货才最为合适呢？大多数网店为了规避"延迟发货"的投诉，将发货时间定为付款后72小时，或24小时之内，也有个别客服人员为了提高询单转化率，对客户做出了"优先发货"的承诺。客服人员在做出承诺时一定要量力而行，一定要将发货时间拿捏得当。如果达不到客户的发货时间要求，客服人员不如提前诚实告知客户，否则会导致询单转化率没上去，投诉和售后服务数量反而上升的情况。

2. 紧跟客户，使其完成付款

前面主要讲述了怎样鼓励客户下单，但最终成功付款才是订单有效的关键，所以客服人员要在客户下单后紧跟客户，使其完成付款。

很多客户在拍下商品后迟迟未付款，时间一长就忘了付款，或者购买欲望降低了，直接关闭了订单，这是让客服人员最为头疼的事了。因此，在面对客户下单未付款的情况时，客服人员需要紧跟客户，使其完成付款。这时，适当的催付必不可少。下面提供了几种常用的催付范本，供客服人员参考，如图7-8所示。

7.2.5 客服响应时间分析

每一个进店的客户的时间都是很宝贵的，特别是着急咨询的客户，更需要客服人员抓住机会，促成订单，这时客服人员的回复速度很重要，一旦回复速度过慢，客户就会流失。千牛回复率和响应时间考核的是客服人员的工作态度及状态。千牛回复率即客服人员回复客户咨询人数的比例，如当日所有客户的咨询，客服人员都回应了，那么千牛回复率就是百分之百。

客服响应时间的长短是客服是否在线、是否以最佳状态迎接客户最有力的证据。通常把客服响应时间分为客服首次响应时间和客服平均响应时间：客服首次响应时间是指客服人员在接待过程中，从客户咨询到客服人员回复第一句的时间差；客服平均响应时间是指客服人员每次回复客户所用时间的平均值。

> 😀 "亲，您在15:00之前完成付款，客服就可以今天为您安排发货，最近仓库发货紧张，先付款先发货哟！"
>
> 😀 "亲亲您好，我是×××店的客服小曼，是这样的，您在我们店拍的商品还没有完成付款呢，这款商品很热销的，容易断货，不知道什么原因没有付款，有没有什么需要我帮助的呢？"
>
> 😀 "亲，我们店铺的周年庆活动马上就结束了哟，今天是活动的最后一天，商品的库存不多啦，抓紧付款哟~~嘻嘻~"
>
> 😀 "亲爱的，我们这款商品是特价限时限量的哦，拍下就抓紧时间付款，我们尽快给您发货哦，若是对我们商品有任何疑问随时问我😊"
>
> 😀 "亲，您在×××店拍下的×××商品还没有付款，您是我们店的老顾客了，我跟店长申请了这次VIP的价格，比您拍的少了不少呢！"
>
> 😀 "亲，在吗？您的订单还没有付款哦，亲核对信息无误后请及时付款，以免影响给您发货时间，谢谢亲的光临，祝亲购物愉快！"
>
> 😀 "亲，咱们家现在有新品回馈调查哦，您方便说下没有选择这款商品的原因吗？我们会结合广大消费者的建议来完善我们的商品哟，期待您的回复，萌萌哒~"
>
> 😀 "挑中喜欢的就带回家吧，亲亲若是犹豫了很久，回头再购买的时候不一定还有您要的尺码呢，现货活动都是供不应求随时断码，手慢无呢！"

图7-8 常用的催付范本

知识拓展

客服人员的首次响应时间应控制在20秒左右，平均响应时间应控制在50秒左右，响应时间越短，留住客户的概率就越大。响应时间过长的客服人员，需学习回复技巧，提高打字速度、掌握快捷回复的使用，以及加强对网店信息等知识的学习。

7.2.6 退款率分析

退款率是指网店在近30天成功退款笔数占近30天支付宝交易笔数的比例，其计算公式：退款率 = 近30天成功退款笔数 ÷ 近30天支付宝交易笔数 ×100%。客服人员的退款率就是客服人员服务成交后的退款订单数与客服人员总成交订单数的比例。

当客户提出退款申请时，就需要提高客服人员的沟通积极性，从而降低退款率。我们已经讲解了如何通过售前服务降低客户的退款率，如明确说出商品可能出现的瑕疵，降低客户的期望值；结合网店的实力，量力而行做出承诺。如果客户已经提交了退款申请，客服人员可以通过以下三个步骤来降低退款率。

▶▶ **想一想**

遇到客户要求退款的情况时，客服人员应该如何解决？

_____

_____

1. 询问原因

客服人员一定要主动、耐心地询问客户想要退款的原因，分析客户所提出的问题是否能够解决。不能客户一提出退款要求，客服人员就立刻答应，可以多采用以下回复。

（1）您好，方便告诉我您想要退款的原因吗？

（2）没能为您创造完美的购物体验，真的非常抱歉，您能告诉我们退款的原因吗？

2. 尽量弥补

对于一些因为不满意商品质量而提出的退款要求，客服人员可以采取一些物质、精神补偿来平衡客户的心理。

（1）物质补偿。物质补偿的方式很多，主要有支付宝直接返现补偿，赠送小礼物或升级会员、享受专属特权等方式。

（2）帮忙转让。对于一些价位较高的商品，客服人员可以充当中介的角色，将客户购买后觉得不合心意的商品按照客户的要求，以稍低的价格放在网店页面上，并列出客户的联系方式，帮助客户寻找下一位买家。

3. 总结经验

客服人员应每个月按时整理出退货的订单及每单退货的真实原因，总结每个月的退货原因，并找出问题，逐一解决，退款率自然也就下降了。比如，因为商品本身的质量问题而退货，那么就需要考虑对商品进行升级。

示范案例 7-2

周周原来是开线下服装店的，最多时开有5家服装店。受电子商务的影响，传统服装店的生意每况愈下。2021年年底，他关了最后一家实体店，同时在淘宝上注册了自己的店铺，刚开始卖一些名牌服装的尾货，如今他在淘宝上开的品牌男装旗舰店已经是3皇冠店铺，好评率达99.01%。周周注册了自己的男装品牌，通过专门的服装设计师对服装板型、纹样等进行设计，并交由代工厂商生产后，利用网络渠道销售。

但最近网店的销量出现了下降的趋势，网店销量下降的原因有很多，但总的来说，还是要从访客数、转化率和客单价等方面进行分析。只有在找到店铺销量下降的真正原因并加以改正后，才能把店铺经营得越来越好。于是周周在跟客服人员沟通、查阅客服人员与客户的聊天记录后，发现访客数、转化率、客单价及响应速度等各个数据的情况都很差，以前他从来没有看过相关数据，这次他决定对客服数据中的每类数据逐一展开分析，以解决网店的危机。

7.3 网店客服数据的监控

客服数据能提供科学化的考核标准，直观体现客服人员的问题所在。那么，这些客服数据可以从哪几方面进行监控呢？一般可以通过使用赤兔名品绩效软件、查看聊天记录及查看网店数据报表进行监控。

7.3.1 赤兔名品绩效软件监控

赤兔名品绩效软件是一款能够统计客服绩效并进行客服管理的软件，是所有想提升客服绩效的商家的必备工具之一。用户可以通过查看询单客户明细，有针对性地对客户进行跟进，不断提高客服人员的工作积极性，从而提升业绩。

（1）登录"千牛卖家工作台"首页，单击左侧列表"…"中找到"服务"模块，在服务市场里找到"电商一站式解决方案"—"开店必备"，单击"更多"按钮，如图7-9所示。

图7-9 单击"开店必备"按钮

（2）打开"服务市场"页面，在页面顶端的搜索框中输入软件名称"赤兔名品"，然后单击"搜索"按钮，在显示的搜索结果列表中单击"赤兔名品"软件，然后在打开的页面中选择该软件的服务版本和使用周期，最后单击"立即购买"按钮，根据提示成功付款后便可以使用了，如图7-10所示。

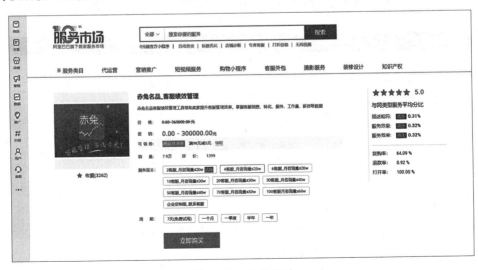

图7-10 购买软件

（3）进入"赤兔名品"软件首页，其中有店铺绩效、客服绩效和绩效明细等多个功能。单击任意一个按钮，便可查看该功能模块的详细信息，如图7-11所示。

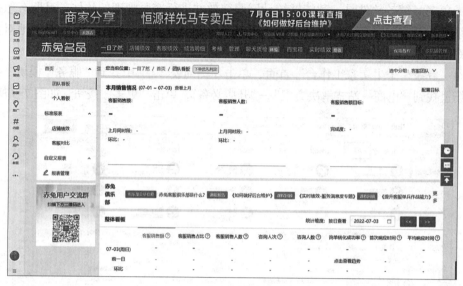

图7-11 "赤兔名品"软件首页

（4）登录赤兔名品软件后，通过单击顶部导航栏中的"客服绩效"，在左侧"综合分析"下选择"汇总"选项，可以查看销售额和个人销售额占比，如图7-12所示。客服个人销售额是商家最关注的客服业绩指标之一，它综合反映了客服人员的业绩。客服个人销售额占比则反映了客服人员个人对客服团队的贡献大小。

> **知识拓展**
>
> 赤兔名品的登录方法很简单，在浏览器中搜索并打开赤兔名品首页，单击"立即使用"按钮即可成功登录；也可以在"卖家中心"页面中单击"我的服务"模块，在展开的列表中找到"赤兔名品"按钮，单击即可使用。

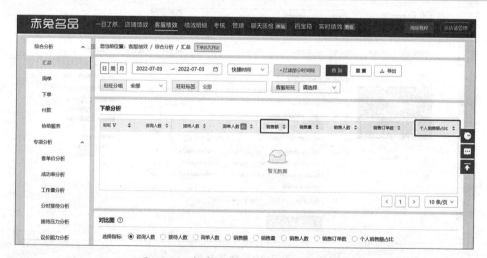

图7-12 查看销售额和个人销售额占比

（5）成功率是考核客服人员销售服务能力的重要指标，成功率的高低直接影响店铺对高质量流量的转化能力。通过单击顶部导航栏中的"客服绩效"，在左侧"专项分析"下选择"成功率分析"选项，单击"询单到付款"可以查看客服人员当天回复咨询后并且最终付款的成功率，如图7-13所示。

图7-13 成功率分析

（6）通过单击顶部导航栏中的"客服绩效"，在左侧"专项分析"下选择"客单价分析"选项，可以查看客单价、客件数、件均价等数据，如图7-14所示。

图7-14 客单价分析

（7）通过单击顶部导航栏中的"客服绩效"，在左侧"专项分析"下选择"工作量分析"选项，可以查看客服人员的工作量，如图7-15所示。

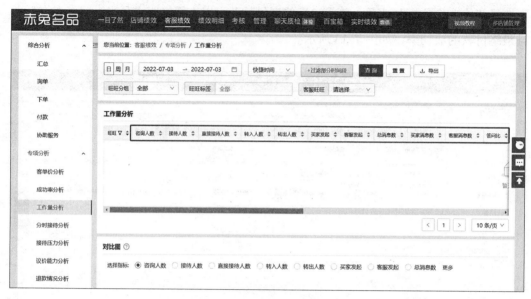

图 7-15　工作量分析

（8）通过单击顶部导航栏中的"客服绩效"，在左侧"专项分析"下选择"接待压力分析"选项，可以对客服人员一天内服务客户的时间分布情况进行分析，对在每个时间点同时服务的客户数进行统计，如图7-16所示。

图 7-16　接待压力分析

7.3.2 聊天记录监控

客服人员可以通过淘宝的子账号功能来查看客服与客户的聊天记录。子账号功能不仅能够对管服人员进行管理，而且还可以对聊天记录、服务评价及操作日志等进行实时监控。使用子账号功能查看聊天记录的具体操作如下。

（1）进入"千牛卖家工作台"首页，将鼠标指针移至左侧列表中的"店铺"—"店铺管理"模块上，在展开的列表中选择"子账号管理"选项，如图7-17所示。

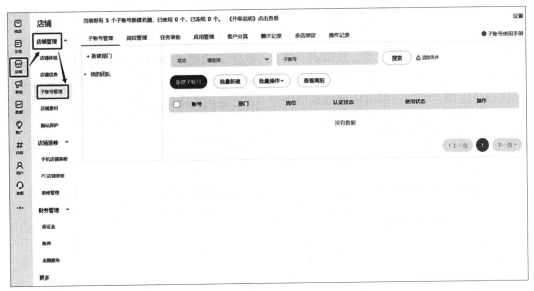

图 7-17　选择"子账号管理"选项

（2）由于子账号体验升级，"子账号"页面已于2021年5月下旬下线，因此不能直接单击"子账号"页面进入，但可以选择在"子账号管理"选项中单击顶部导航栏中的"客户分流"或"多店绑定"跳转至"子账号"页面，然后单击上方导航栏中的"监控查询"按钮，如图7-18所示。

图 7-18　单击"监控查询"按钮

（3）在打开的页面中单击"聊天记录"按钮，然后在"员工账号"文本框中输入要监控的员工账号，最后单击"查询"按钮，如图7-19所示。

（4）在"聊天记录详情"栏中将显示该客服人员的聊天详情。通过查看客服人员的聊天记录，客服主管或店长可以了解客服人员工作中的不足之处，然后使其有针对性地进行改进。

7.3.3 网店数据报表监控

电子商务最大的优势是数据跟踪，数据跟踪最直接的方式是通过数据报表来体现。数据报表分为周报表、月报表、季报表和年报表四种类型，通过对数据报表的执行与反馈，可以总结出店铺存在的问题，然后采取相应的措施进行补救。

> **课程思政**
>
> 电商客服人员应能够在数据分析过程中坚持正确的道德观；具备法律意识，保护商家机密，遵守法律，具有保护知识产权等相关法律意识。

图 7-19 搜索要监控的员工账号

项目实训

（1）采用分组的形式进行实训，每3~5人为一组，设立负责人一名，负责整个任务的统筹工作。

（2）通过查看聊天记录详情和使用赤兔名品绩效软件监控网店的客服人员数据。

（3）在"子账号管理"页面中，通过员工账号查看客服人员的聊天记录，并对聊天内容进行分析。

（4）使用"赤兔名品"绩效软件查看网店绩效。

（5）形成实训报告上交教师，教师给予评价。

复盘反思

经过本项目的实施和相关知识点的学习,对比自己总结的内容与知识讲解部分内容是否契合,填写下表完成项目评测,并进行复盘反思。

姓名		班级	
学号		日期	
知识盘点	通过对本项目的学习,你掌握了哪些知识?请画出思维导图:		
任务完成自评	□优秀	做得好的地方:	
	□良好	需改进的地方:	
	□较差	做得差的地方:	
任务完成情况	按照服务类型分类	□熟练掌握,能够口述	□有所了解,能够通过资料进行总结
	按照商务形式分类	□熟练掌握,能够口述总结	□有所了解,能够通过相关信息进行总结

项目评价

经过本项目的分组实训演练，按实训项目评价指标进行学生自评与小组成员互评（按优秀为 5 分、良好为 4 分、一般为 3 分、合格为 2 分、不合格为 1 分五个等级进行评价），并填写下表完成实训项目评测，最后教师给出综合评价。

	评 价 指 标	得分
自评	团队合作精神和协作能力：能与小组成员合作完成项目	
	交流沟通能力：能良好表达自己的观点，善于倾听他人的观点	
	信息素养和学习能力：善于收集并借鉴有用资讯和好的思路想法	
	独立思考和创新能力：能提出新的想法、建议和策略	
组员 1	团队合作精神和协作能力：能与小组成员合作完成项目	
	交流沟通能力：能良好表达自己的观点，善于倾听他人的观点	
	信息素养和学习能力：善于收集并借鉴有用资讯和好的思路想法	
	独立思考和创新能力：能提出新的想法、建议和策略	
组员 2	团队合作精神和协作能力：能与小组成员合作完成项目	
	交流沟通能力：能良好表达自己的观点，善于倾听他人的观点	
	信息素养和学习能力：善于收集并借鉴有用资讯和好的思路想法	
	独立思考和创新能力：能提出新的想法、建议和策略	
组员 3	团队合作精神和协作能力：能与小组成员合作完成项目	
	交流沟通能力：能良好表达自己的观点，善于倾听他人的观点	
	信息素养和学习能力：善于收集并借鉴有用资讯和好的思路想法	
	独立思考和创新能力：能提出新的想法、建议和策略	
教师综合评价	优秀之处：	
	不足之处：	

项目 8
科学管理客服人员

 学习目标

知识目标	• 掌握制定客服管理制度的方法； • 掌握客服的激励机制； • 掌握客服的绩效考核； • 掌握客服人员的团队管理
能力目标	• 能够利用科学的考核与绩效管理提高客服人员的工作效率； • 能够学会提高网店客服团队的凝聚力； • 能够学会组建优秀的客服团队
素养目标	• 运用科学管理客服人员的相关知识分析问题、解决问题

 学习计划表

项 目		客服人员管理制度	客服人员的招聘与培训	客服人员的激励机制与绩效考核	客服人员的团队管理
课前预习	预习时间				
	预习结果	1. 难易程度 □偏易（即读即懂）　　　　□适中（需要思考） □偏难（需查资料）　　　　□难（不明白） 2. 问题总结			
课后复习	复习时间				
	复习结果	1. 掌握程度 □了解　　　　□熟悉　　　　□掌握　　　　□精通 2. 疑点、难点归纳			

项目导读

对卖家而言，除了要让网店拥有稳定的客户群外，还需要多花些心思来管理客服，如通过多方面的培训、激励、考核等机制来提升客服的服务技能，这样才能够真正把网店的生意越做越好。客服管理是非常重要的，若是网店能够搭建一支优秀的客服团队，这将为网店的快速发展提供强有力的保障。

8.1 客服人员管理制度

为加强对客服人员的管理，保持良好的团队氛围及工作环境，充分展现客服人员的整体形象，同时提高客服人员的整体素质，培养客服人员良好的工作习惯，需要制定客服管理制度。

▶▶ **想一想**

为什么要制定客服管理制度？

8.1.1 处理客户投诉的流程

客服人员遇到客户的投诉是很正常的。处理客户投诉的流程如下。

1. 倾听

在发生客户投诉事件时，客服人员一定要倾听客户的抱怨，以便进行投诉处理，切忌在客户刚开始倾诉时就打断其说话或立即加以反驳，这将会使客户更加不愉快。

2. 沟通交流

任何时候的沟通交流都是必要的，尤其是在客户投诉时，当客户因店铺处理不当而感到愤怒时，沟通能缓和对方的不满和怒气。客户之所以会投诉，通常是因为其认为自己所信赖的客服人员的服务态度不好，或者对所买的商品不满意。因此，客户产生情绪上的不满也是无可厚非的事，要想消除这些不满与怒气，就必须站在客户的立场上想问题。有些客户也许比较敏感、任性、喜欢小题大做，遇到这种客户千万不能太直接地指出他的错误，应该仔细而温和地向他解释，使他了解商家解决问题的诚意，在沟通中要始终都有耐心。

> **课程思政**
>
> 客服人员服务的对象千差万别，服务过程要细致入微，服务追求要尽善尽美，这就要求客服工作人员不仅需要高超的职业技能，更需要有较高的道德修养及高尚的思想情操。

3. 分析

分析客户投诉的原因是解决问题的关键。客户投诉的原因通常是商品质量差或客服人员的服务欠佳。分析出客户投诉的原因，就能够对问题进行妥善的解决。

4. 道歉

在道歉时，应注意客服人员自己代表着整个店铺的形象，所以应诚恳地向客户表示自己完全理解他的委屈。

5. 解释

客服人员应诚恳地向客户解释问题出现的原因，并且在解释过程中注意观察客户的反馈，了解客户的心思。在解释过程中，客服人员一定要充分地和客户沟通，尽量让客户了解商家的想法及解决办法，找出合适的方式来满足客户的要求。

6. 处理

在处理问题时，基本的方法是首先承认在使客户感到不满的问题上自己有一定的责任，然后根据具体情况安慰客户或予以赔偿，如提出更换新商品等处理方法。但在解决问题时，通常会因为客户的期望与商家能够给予的无法达成一致，从而产生一连串的矛盾，遇到这种情况时，商家应积极地找出合适的方式来满足客户的要求。

7. 改善

问题处理完毕后，商家应在店内对导致此次投诉发生的责任进行清查，找到问题出现的原因和环节后，应立即进行一系列的改进工作，以杜绝此类事件及相关事件的再次发生。

8.1.2 客服工作管理机制

无论是新客服还是老客服，电商企业都应建立完善的工作管理机制。一方面，便于保证客服工作的顺利展开；另一方面，可将奖惩落到实处。为了公平、公开、公正，电商企业可借助数据软件来评价客服的工作。

1. 了解岗位分配机制

客服岗位可根据人员多少来分类，如客服较多的电商企业可详细分为客服主管、售前客服、售中客服、售后客服；客服较少的电商企业可简单分为售前客服和售后客服。分类后即可制定相应的岗位工作内容，如售前客服严格处理售前事务；售后客服严格处理售后事务，既不能越岗做事，也不能推诿责任。在严格划分岗位后，还应注意以下问题。

（1）电商企业分配原则。在多个电商平台开店的电商企业，应将电商企业归属落到实处。如售前客服甲和售后客服乙主要负责天猫、京东平台；售前客服丙和售后客服丁主要负责云集和达令家的微店平台。实现各平台专人负责，将责任和奖励都落实到专人。

（2）排班原则。为了保证客服的休息时间，电商企业应对客服进行排班，如分为白班和夜班，每个人轮流上白班和夜班。

2. 明确客服的权责并制定标准操作流程

客服部门是电商联通外部市场和内部环境的窗口与桥梁，客服的工作性质主要是与人打交道，其繁杂性和重要性不言而喻，因此，客服工作必须能够高效、灵活和有序地进行，而要保证这几点，必须明确客服团队的岗位权责。

如果客服工作权责不清，就容易产生各种不良的工作作风，如人浮于事和拈轻怕重等。没有明确的权责划分，就意味着一旦出现问题大家可以相互推卸责任。如果形成了不良的企业风气，即使裁员和更换管理者，也很难再扭转形势。

> **知识拓展**
>
> 标准化操作流程是指将某一事件的标准操作步骤和要求以统一的格式描述出来，用于指导和规范日常的工作。

在前面的内容中已经详细解析了售前、售中和售后岗位的工作内容。但很多时候即使明确了各岗位的权责，某些客服仍然会在具体工作中感觉没有头绪，出现各种遗漏和差错。出现这种情况的原因是管理人员没有为客服岗位制定好清晰、明确的标准化操作流程（standard operating procedure，SOP），导致客服工作起来没有依据，全凭感觉，自然就会错漏百出。

表 8-1 是某电商企业制定的售后客服工作 SOP 表，表中将客服投诉的处理过程划分为四步操作，每步操作又有各自的细化标准。

表 8-1 售后客服工作 SOP 表

处理流程	标　　准	是否执行
确认问题	① 记录客户投诉	
	② 找到客户投诉的原因	
	③ 确认客户投诉信息	
	④ 态度诚恳，并且真诚道歉	
评估问题	① 站在客观角度去评估问题	
	② 清楚客户投诉的内容	
	③ 让客户心情平复	
	④ 准备好客户投诉处理资料	
	⑤ 确定客户投诉项目的负责人	
协商处理	① 确定解决方案的上下限条件	
	② 确定相应的处理人员	
	③ 明确客户投诉处理的权限	
	④ 处理人员是否明确客户的真实需求	
	⑤ 处理人员是否明确客户表达的处理建议	
	⑥ 为客户提供多个解决方案	
	⑦ 处理人员是否主动询问客户对解决方案的意见	

续表

处理流程	标 准	是否执行
协商处理	⑧ 处理人员是否确认投诉问题的责任归属方	
	⑨ 处理人员是否向客户做出合理解释	
	⑩ 在合理范围内给予客户满意答复	
	⑪ 处理人员是否向上级报告客户要求	
	⑫ 取得相关部门的处理意见	
	⑬ 有效解决客户的投诉	
后续跟踪	① 在规定时间内处理完客户投诉问题	
	② 详细记录投诉及其处理过程	
	③ 回访客户	
	④ 询问客户对处理投诉的结果是否满意	
	⑤ 制订预防方案,避免出现类似情况	

从表8-1中可以看到,每个标准后都带有"是否执行"栏,客服在处理投诉时,按照表格一一比对,已完成的项目在其后面填上"是"即可,未完成的项目在其后面填上"否"或不填。只要按照表格对每个细化标准进行逐一确认,客服就能按照标准流程完成工作,而不会出现各种纰漏。

3. 制定成长机制

客服在工作中可以不断成长,最终是成长为资深销售专家,还是客服经理,又或者是改行,与客服自身的成长历程有很大的关系。管理人员应该帮助客服设立短期、中期、长期的成长目标,帮助客服成长。典型的短期、中期、长期的客服成长目标如表8-2所示。

表8-2 客服成长目标

培训期（短期）目标	3个月（中期）目标	6个月（长期）目标
① 了解电子商务基本概况； ② 熟悉电商企业商品； ③ 熟悉电商企业商品的相关行业基本知识,如服装行业要求了解面料、尺码测量、洗涤等知识； ④ 熟悉电商企业工作流程,掌握相关软硬件操作； ⑤ 进一步提高打字速度； ⑥ 掌握客服所用的基本语言技巧	① 如果是售前客服,应了解商品卖点,熟练所用的语言技巧,能针对客户询问解答问题,会简单地推销；如果是售后客服,应熟悉售后流程,并能与客户进行电话沟通,解决问题； ② 进一步提高普通话水平； ③ 进一步提高打字速度； ④ 能顺畅地与仓库沟通	① 咨询率、询单转化率进一步提高； ② 客单价进一步提高,熟悉搭配套餐,善于推荐关联商品及单价高且利润也高的商品； ③ 付款率进一步提高,熟练掌握催付技巧； ④ 深入了解商品的知识,对于商品周边知识也有相当程度的了解,如推销服装时,可根据客户特点推荐最佳服装搭配； ⑤ 进一步强化打字速度； ⑥ 进一步提高普通话水平,如能达到二级甲等证书水平更好； ⑦ 遇到特殊的售后问题能主动跟进并解决,提高客户满意度； ⑧ 能主动回访客户,提高客户回购率

有了成长目标，客服才能有方向、有意识地朝着目标努力，按照电商企业需要将自身一步一步"塑造成才"。

▶▶ 想一想

请围绕客服人员成长的短期、中期、长期目标，建立一套为期一年的客服成长机制，并以客服成长目标表的形式呈现。

_____

_____

4. 制定执行力机制

商品的销量与电商企业的很多方面息息相关，如客服、美工、文案等，其中影响因素较大的就是客服。客服面对客户时如何推销直接关系到商品的销量；客服如何解决客户的售前、售后问题，也会间接影响商品的销量。因此，客服的执行力是非常重要的一个考察方面，电商企业应重点进行关注。

电商企业对客服执行力的考查可以通过客服的销售任务完成度、聊天内容抽查、商品熟悉程度等多方面进行。

例如，某客服连续两个月没能完成销售目标，管理人员对他的销售数据、客服交谈记录等多方面进行检查，发现该客服对客户问题的回复速度太慢，常常导致客户流失，其原因在于他对商品的熟悉度不够，遇到问题不能快速回答，需要花时间去翻看笔记或者询问同事。管理人员认为这是因为该客服的执行力不够，于是有针对性地对他重新进行培训，提高他对商品的熟悉程度，从而让他的执行力得到提升。

5. 做好数据监测

在电商平台中，可以说每项工作都有相应的数据可供参考。客服工作的数据主要包括响应时间、响应速度、纠纷率、退款速度、询单转化率、客单价、支付转化率等。通常，各个平台都有相应的工具提供数据支持，如在淘宝平台的千牛软件或生意参谋中都可以查看这些数据。通过电商企业中的数据，可以方便地制定客服工作的KPI考核表格。当然，也可以用于为其他工作岗位制定KPI考核表格。

8.1.3 客服管理原则

由于网店客服工作的特殊性，客服团队的管理原则与一般的企业管理原则有所区别，主要体现在网店分配、排班、数据监督三个方面。

1. 网店分配原则

网店分配原则是指网店管理人员对客服人员工作的分配原则，分配时应遵循以下两个原则。

（1）根据类目和咨询量来分配，遵守专属服务原则。

（2）控制每个客服人员的日咨询量，如300个，若超量则应增加人员。

2. 排班原则

为了保证客服人员有充沛的精力投入工作，保障各部门有序、高效地正常工作，网店管理人员在排班时应遵循以下三个原则。

（1）每人的休息时间要均匀，不要有太大的差异。

（2）优先考虑专人做专事，每个客服人员负责自己熟悉的模块。

（3）每个客服人员的咨询量尽量均匀，避免出现严重的失衡情况。

3. 数据监督原则

数据是最能直观体现客服人员的工作状态的，客服管理人员应学会通过监督数据来观察客服人员的工作情况。客服管理人员在进行数据监督时应遵循以下三个原则。

（1）优先挑选网店重点类目进行监督。

（2）定期监督数据，可以一周统计3次左右。

（3）数据一定要落实到个人，紧抓个人问题并落实改善。

示范案例 8-1

小李的网店开了5年，也成了皇冠店铺，网店事业蒸蒸日上。但是小李发现这几年员工流失比较严重，且流失的员工很大一部分都是客服人员。客服人员往往在工作三四个月时流失的概率最高。新员工到了某网店，先接受一些制度、流程方面的培训，就开始上岗实习。因为客服的门槛较低，比较容易上手，很多人在工作一段时间后就会有自己当店主的想法，再加上客服工作强度大，工作内容比较复杂，这样很容易造成客服人员的流失。

小李意识到这个问题后，有针对性地调整了自己管理客服人员的策略，不会过于限制他们的"工作自由"，让他们在相对放松的状态下工作。而且，小李还调整了客服人员的薪酬，实施收入和能力挂钩的工资制度。

正是因为小李建立了完善的客服激励机制、制定公平的客服绩效考核标准、提高客服人员的团队管理水平，所以增强了客服人员的留存率。

8.2 客服人员的招聘与培训

小型电商企业可能只需要几名客服来服务客户，而大中型电商企业则需要一支专业化、规范化的客服团队专门负责营销与售后的工作。无论规模如何，建立一支专业的客服团队必须要有专业的招聘流程、完善的管理体系及相应的岗位培训。

8.2.1 客服人员的招聘

要建立一支完善的客服团队，应先了解客服团队的架构，并按照具体的需要来进行规划,增加或删除某些岗位。如对小型电商企业而言,可能不会专设客服主管,而由企业经理兼任;而大型电商企业可能会有更复杂的多层结构,管理人员更多。规划好客服团队的架构以后,再招聘并培训客服,让客服符合工作岗位的需要。

1. 了解客服团队的组织框架

客服团队是一个共同体,利用队伍里每个成员的知识和技能协同工作,一起解决问题,以实现一个理想的目标。换言之,团队组织框架建设就是梳理团队成员,让大家各司其职,做好自己的事情。

客服团队从运营角度出发,可设置客服经理、客服主管、客服组长和客服组员(客服A、客服B),如图8-1所示。

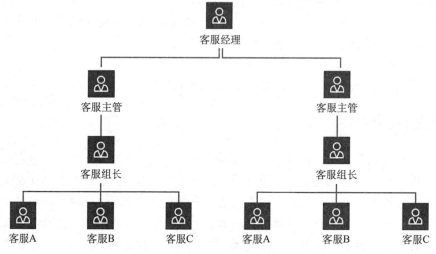

图 8-1 电商客服团队的组织框架

电商客服团队的组织框架最终可根据电商企业的规模增加或者减少层级。各个岗位都肩负着不同的职责。

(1)客服经理。客服经理是整个客服团队的领头人,负责整个团队工作的正常进行。客服经理的主要职责包括客户关系及客服关系的协调、管理,贯彻落实电商企业的客户关系管理理念,管理客服团队人员的新进及流出,制定与实施电商企业客服管理制度,不定期抽查下属的工作。

(2)客服主管。客服主管的职位仅次于客服经理,其主要职责包括培训、管理客服组长和客服,如进行工作职责、工作流程、系统操作、工作绩效等考核;组建客户关系管理系统,负责客户满意度的调查、分析和优化。

(3)客服组长。客服组长的主要工作是对客服组员进行监督、管理,如检查客服组员的日报、周报、月报,及时发现组员在工作中存在的问题,并协助解决。另外,客服组长还应配合客服主管完善规章制度、工作流程等。

(4)客服组员。客服组员是客服岗位中人数基数最大的一个群体,负责把上级制订的计划、制度落到实处。其主要职责是解决电商企业来访客户的售前、售中和售后问题。

管理人员要明确不同岗位人员的工作职责，明确划分工作内容，将客服团队搭建得更加完善、高效。

> **知识拓展**
>
> 客服经理必须对公司的目标、服务理念有很深入的理解，才能够指导一线客服人员做出正确的决策。客服经理个人的管理行为及风格往往对客服团队文化的形成起到十分重要而又微妙的作用。因此，合理分配管理层职责就成了管理中的重头戏。除了对组员、组长、主管、经理的职责进行严格的标准化设定外，也要给予其相应的权利。

2. 确定电商客服的工作模式

电商客服的工作模式按不同的划分方式可以有不同的分类：按所在地划分，可分为集中型工作模式和分散型工作模式；按雇佣性质划分，可分为全职型工作模式和兼职型工作模式。

1）按所在地划分

（1）集中型工作模式是最常见的模式，即客服团队在固定办公场地办公。集中型工作模式在大中型电商企业中较为常见，由于电商企业已经形成一定的规模，在招聘客服时要求也更高。采用这类工作模式的电商企业一般通过网络渠道发布招聘信息，通过面试、笔试进行招聘，整个招聘过程较为专业。

（2）分散型工作模式则以远程团队为主，客服可能分布在天南海北，无法集中也没有必要集中，而是通过同一网络平台进行联系和工作。特别是一些小型电商企业，为控制成本常常通过贴吧、论坛等平台招聘时间充足的人员，远程完成客服工作。在招聘分散型工作模式的客服时，必须确保应聘者有充足的时间，如全职家庭主妇、城镇待业青年等。这种招聘方式的优点在于成本低廉，缺点则是不易管理。

> **知识拓展**
>
> 在一些经济不发达的地区，平均工资水平不高，同时生活节奏相对较慢，人员流动性不大，当地有很多年轻人希望不用离乡背井就能找到一份还算体面的工作，分散型工作模式的客服岗位正好合适他们。虽然他们无法到电商企业所在地上班，商家不能随时监督他们的工作状态，但通过远程打卡、随机抽查、业绩评比等方式，仍然可以让他们高效地工作。同时，商家付出的工资又不会太高，算是一种两全其美的方案。在招聘这类客服群体时，要注意考查对方的自制力。因为远程客服没有上级随时监督，自制力就显得非常重要了。

2）按雇佣性质划分

（1）全职型工作模式的客服通常按照企业规定的时间，在相对固定的地点进行工作。例如，全职客服应按照客服组长或客服主管制定的排班表去企业上班。全职型工作模式的客服更有组织性，有固定的工作时间、固定的工作地点和固定的工作内容。

（2）兼职型工作模式的客服一般是在本职工作之外兼任客服工作职务。如有的兼职客服每天9：00—18：00有一份全职工作，但每天20：00—22：00又在一家电商企业担任兼职客服，月底根据在线时长和销售额等KPI指标领取兼职工资。

大型电商企业一般以全职型客服为主，以兼职型客服为辅。只有小部分小电商企业，在开店初期，因资金紧张，会招聘兼职客服来完成客户接待工作。

> **知识拓展**
>
> 电商平台常常会组织大促活动，届时对于客服有很大的需求，此时商家可以考虑招聘兼职型客服。兼职型客服可以只在网购的高峰时间段工作，工资也比全职型客服低，用于应急非常不错。

3. 客服团队招聘的目标人群

在招聘客服时，客服主管需要精挑细选，找到与电商企业需求相匹配的雇员。客户购买商品时追求性价比，商家在雇用客服时也追求性价比，总是希望客服的工作能力强，但底薪要求不太高。客服团队的工作特点如下。

（1）适应不同的工作时间。电商企业的客服服务一般从早上八九点一直持续到晚上十点甚至十二点，这至少需要两班客服进行倒班。招聘的客服要适应这样的工作时间。

（2）善于交际与表达。客服工作归根结底是一项与人交流的工作，不善于交际与表达的人，可能就无法胜任这项工作。这里需要注意的是，有的人在现实中不太善于言语交流，但在网上交流时却能够很好地表达自己的意思，这样的人也是可以做电商企业客服工作的，毕竟电商企业客服是以网上交流为主。

> **知识拓展**
>
> 客服在日常工作中需要足够的耐心和勤奋，所以行业里的客服都以女性、年轻人（20~30岁）为主。这是因为女性心更细，在处理问题上也有足够的耐心；年轻人有勤奋好学的特点，在接受新事物上更具优势。当然，也有部分男性青年备受商家的青睐，这类客服思维活跃，从客服岗位转岗到运营岗位的也比比皆是。所以在招聘时，商家可根据自己店内的环境招聘客服人员，总体而言以年轻女性为主，优秀男青年为辅。

（3）能够接受低底薪。固定的收入无法刺激客服的工作积极性，销售提成才是他们的工作动力。要让销售提成的效果最大化，底薪就不能设置得太高。如果不能接受这一点，可能就不太适合做电商企业客服的工作。

（4）记忆力好、领悟能力强。电商企业客服要熟记各种工作流程，以及各种商品的特点，这就对客服的记忆力和领悟力提出了较高的要求。

根据客服的工作特点，招聘客服的目标人群主要有四种，这些群体适合做客服的原因以及招聘时的注意事项如表8-3所示。

表 8-3　招聘客服目标人群的原因和注意事项

招聘对象	招聘原因	注意事项
应届毕业生	应届毕业生对计算机、网络和网购都不陌生，打字速度快，对新技能有着极强的学习能力，能很快适应工作环境，也愿意接受低底薪、有上升空间的客服工作	在招聘应届毕业生时，要多和对方谈销售提成、职务上升通道及公司前景等比较能够打动对方的因素，让对方产生憧憬和希望，他才愿意加入到团队中来
已有客服工作经验的年轻人	这个群体有相应工作经验的年轻人是店铺急需的人才，因为他们不但能够较快地上手工作，还能为其他员工传授经验	已有客服工作经验的年轻人对薪资的要求比较高，看重眼前利益，和他们要少谈前景和职业规划，而应适当地提高福利待遇
全职家庭主妇	这个群体的时间比较自由，但只能待在家里，因此比较适合做兼职客服	在招聘这类群体时，要和对方确认好工作时间能否覆盖到店铺进客的高峰期
城镇待业青年	这个群体急需一份正常的工作，向亲朋好友证明自己有养活自己的能力，所以这类群体对工作要求不太高，比较适合做客服	在招聘这类群体时，首先要排除只是迫于家庭压力来应聘的人，对于那些真正想找到一份工作的待业青年，可以多和他们谈销售提成

4. 客服团队的招聘工作

由于电商企业规模不一，因此在招聘客服时需求也有所差异，具体的招聘方案应围绕店内需求制订。负责招聘的人员应熟悉招聘途径，掌握面试方法，还要事先确定好客服薪金待遇，这样才能较为顺利地招聘到合适的客服。

1）制订招聘方案

为更好、更快地完成客服招聘工作，在展开招聘工作之前，通常需制订招聘方案。招聘方案由三要素构成：招聘负责人、招聘文案及发布渠道。

（1）招聘负责人因电商企业实力而定。一般大企业、大电商企业，由客服主管制定招聘要求，发送给公司的行政人员，由行政人员发布招聘信息、邀约面试、组织初试，再由客服主管进行复试。小企业、小电商企业则由老板负责撰写招聘文案、发布招聘信息、邀约面试。

（2）招聘文案。招聘文案一般包括四个方面的内容，即招聘岗位（客服）、工作内容、应聘要求、福利待遇。在撰写招聘文案时，简单扼要地说明这四个方面即可。为吸引更多人关注，可在福利待遇方面多下功夫。如公司员工享有带薪年假、年底双薪等福利，一定要在招聘文案中有所体现。

（3）发布渠道。根据招聘范围选择发布渠道。如果一次性招聘的客服较多，可在人才市场进行现场招聘；如果是小范围招聘，可通过招聘网站或社交平台进行招聘。

2）熟悉客服招聘的途径及流程

通常，在招聘客服之前应制定相应的招聘流程。招聘电商客服的流程主要分为四步，如图 8-2 所示。

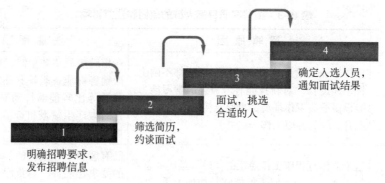

图 8-2　招聘电商客服的流程

招聘渠道包括线上渠道和线下渠道，大型企业一般采用线下渠道招聘，如通过招聘会、校企合作的形式招聘；电商企业如果实力一般，可以选择线上渠道招聘。

线上渠道招聘有选择面广、招聘渠道多等优点，常用的线上渠道有智联招聘、前程无忧、58同城、猪八戒网等。图 8-3 所示为某招聘网站招聘客服的信息页面。

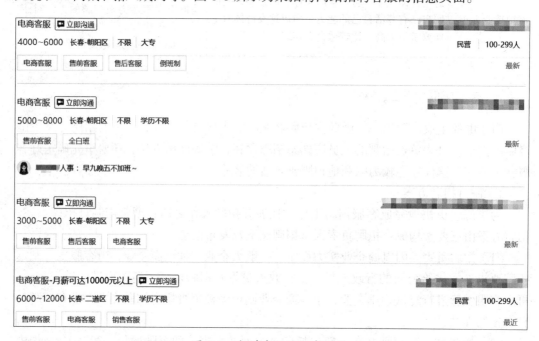

图 8-3　招聘客服的信息页面

积累粉丝较多的电商企业的社交网络工具也可用来发布招聘信息。如某电商企业长期用微信维护老客户，在招聘客服时可在微信群、朋友圈等发布招聘信息。在招聘客服的同时也加深客户对电商企业的印象。

3）面试客服的常用方法

面试是一个相互考察的过程。电商企业在面试时主要考察应聘者的工作能力、工作态度、职业规划、发展潜力及身体状况等，以判断对方是否能够胜任客服的工作。

态度好、能力强的应聘者当然是首选；态度好、能力差的应聘者也不错，因为能力可以培养，态度较难改变；至于那些态度不好的，不管能力强不强，都基本不用。怎样才能准确地判断应聘者是否胜任客服工作呢？客服主管可以通过望、闻、问、切四种方法来进行"诊断"。

> **知识拓展**
>
> 通过"望"得到应聘者的第一印象，可以作为一个参考，但不要以此作为是否录用应聘者的唯一依据。这是因为很多信息还需要在交流中进一步了解。例如，应聘者面带倦容，可能只是因为昨晚在院照顾病人，而非长期熬夜造成的。因为错误的第一印象而错失优秀的应聘者是很可惜的事情。

（1）望。一个应聘者进入面试办公室，在开始交谈之前，招聘者可以从他的穿着打扮、行为神态等方面看出一些信息，如打扮后进入时，表明应聘者注重自己的外貌，生活态度也相对比较积极；如穿着随意而干净，表明应聘者可能喜欢比较宽松的工作氛围；如衣着随意但不整洁，表明应聘者可能不拘小节，喜欢我行我素；如应聘者说话干脆利落，表明应聘者性格上是比较果断的；如应聘者面带倦容，表明应聘者可能经常熬夜，在自制力方面或许存在问题；等等。

应聘者的精神面貌需要重点予以观察。精神面貌对于客服来讲是十分重要的，客服要长时间保持高昂的情绪，用自己的活力与热情来感染客户，没有一个良好的精神面貌是做不好客服工作的。如果应聘者容光焕发，神采奕奕，反应敏捷，则是一个适合做客服的人；反之，如果应聘者一脸倦容，有气无力，反应迟钝，则会让人怀疑他（她）能否胜任客服工作。

（2）闻。在应聘者坐定以后，招聘者通常会要求应聘者做一个简短的自我介绍。应聘者需要在这短短的几分钟时间内将自己的工作经历、技能特长、期望薪资、兴趣爱好等信息清楚无误地传达给对方，让对方对自己有一个初步的了解。此时，招聘者除了倾听应聘者的自我介绍之外，还要通过应聘者的话语判断对方表达能力是否较强，思维是否有逻辑性，语调是否有感染力等。

（3）问。应聘者自我介绍完毕后，招聘者应该就对方的情况询问一些问题，对应聘者进行深入的了解。例如，询问对方对客服工作的理解、对自己的职业规划、能否接受加班或轮班等。此外，还可以对应聘者的身体健康情况、居住地点等进行了解，甚至可以准备一些突发问题来考验应聘者的应变能力。

（4）切。"切"在中医里是切脉的意思。在这里，"切"就是通过考试来了解应聘者的工作能力。针对客服的考试通常有打字速度、普通话朗读、常用英语单词的识别与阅读等。此外，还有针对交易规则、客服技能等方面的笔试考试。一份典型的笔试试卷如图8-4所示。

4）为客服制订合适的薪金方案

客服的薪金一定要与销售额或销售量挂钩，不能只有固定的工资，否则客服会没有积极性，而且很容易会认为收入和工作强度不成比例。如果掌握电商企业的资料，辞职后成为竞争对手，将对电商企业非常不利。

```
客服人员笔试试卷-淘宝规则
一、选择题
1. 自买家拍下或卖家最后修改交易条件之时起____天内，买家未付款的，交易关闭。
   A 1天    B 5天    C 3天    D 10天
2. 买家自____起即可申请退款。
   A 付款之时    B 付款后1天    C 付款后3天    D 收到货后
3. 自卖家在淘宝确认发货之时起，买家未在以下时限内确认收货且未申请退款的，淘宝通知
   支付宝打款给卖家，以下描述中错误的是____。
   A 自动发货商品1天内              B 虚拟商品3天内
   C 快递、EMS及不需要物流的商品10天内    D 平邮商品15天内
4. 淘宝网的客户评价计分是____。
   A 一个好评计一分，中评不计分，差评扣一分
   B 一个好评计一分，中评扣一分，差评扣两分
   C 一个好评计两分，中评计一分，差评不计分
```

图 8-4　某电商平台客服的笔试试卷

客服的合理薪金应该包括底薪、销售提成与奖励。销售提成最好设计成阶梯形，销售额每提高一档，销售提成比例就提高一档，这样比固定的销售提成比例更能刺激客服工作的积极性。一个常见的阶梯形客服销售提成方案如表8-4所示。

表8-4　阶梯形客服销售提成方案

销售额	销售提成
10 000元及以下	2%
10 001~20 000元	超出10 000元的部分 ×3%
20 001~40 000元	超出20 000元的部分 ×4.5%
40 001元及以上	超出40 000元的部分 ×6.5%

底薪需要根据各地的消费水平来定，因为当地消费水平最能反映当地的经济发展情况，所以各电商企业在招聘客服前要仔细地了解当地的经济情况，了解当地常见的服务行业的工资标准，把底薪定在一个平均水平即可，因为底薪太高会养懒人，底薪太低则会招不到人。

知识拓展

客服主管在制订销售提成方案时，不要只针对个人销售额。如果有多个客服，按个人销售额提成，客服们会各做各的，很难互相帮助，互相传授经验。可以将多名客服分组，按组计算销售提成。这种方式特别适合有新客服入职的时候，将新客服和老客服编为一组，老客服为了达到较高的销售提成，会竭尽全力帮助新人提高业务能力，使新客服在短时间内快速掌握基本的工作技能。

8.2.2 客服人员的培训

电商企业在新客服入职后应做好岗前培训工作，使其对电商企业、商品、规章制度、工作流程、工作要求等都有初步的了解，然后在老员工的带领下正式展开工作。客服岗前培训内容一般包括以下四个方面。

1. 了解电商企业

客服首先要对自己的电商企业有一个全面的认识，包括电商企业简介、电商企业定位、电商企业人员结构、相关的工作内容等，这有利于新客服建立团队意识，迅速融入工作环境，加强员工对电商企业的认同感和归属感。

> **课程思政**
>
> 敬业是社会主义核心价值观的基本内容之一，也是社会主义职业道德的核心理念。宋代理学家朱熹说："敬业者，专心致志，以事其业也。"我们应该用一种恭敬严肃的态度对待自己的工作，认真负责、一心一意、任劳任怨、精益求精。

（1）电商企业简介。电商企业简介包括电商企业的创始人、电商企业成立的时间、电商企业的业务范围、电商企业的规模和电商企业的变迁历史等信息，不仅要让新客服了解电商企业的过去和现在，还要看到电商企业的未来。此外，还应让新客服学习电商企业文化，通过考试等方式加强新客服对电商企业价值观的认同。

（2）电商企业定位。电商企业定位包括电商企业的风格、面向的销售人群等。如果电商企业是经营服装的，那么电商企业的风格定位就比较好描述，如休闲、萌系、中国风、欧美风等。电商企业销售人群的定位即要把商品销售给哪些人群、这些人群有什么样的爱好特点、支付能力如何等。

（3）电商企业人员结构。对电商企业的各个部门进行介绍，使新员工熟悉同事和领导，知道自己的工作应该对谁负责，与各部门协调时应该找谁。

（4）相关的工作内容。相关的工作内容包括工作制度、工作流程、工作要求等。其中，工作制度是指电商企业的规章制度等，如日常工作规范、上下班时间、轮班方式、请假轮休奖惩等。工作流程包括客服日常所做的各种工作。工作要求是指评审和考核客服工作的完成是否良好的标准。了解了这些内容，新员工才能知道自己将要做什么，以及不能做什么。

2. 学习与商品相关的专业知识

客服在工作中被客户询问得最多、最频繁的是关于商品本身的问题，包括商品细节使用方法、外观尺寸、型号、颜色等，这就要求客服必须对店内数十甚至上百种商品的相关资料非常熟悉，才能迅速回答客户的问题。

为了让客服在培训期内能系统地掌握商品知识，电商企业要事先编制好商品资料、介绍商品的范本、客户异议预防的语言技巧及各种售后解决方案，供客服学习。客服可以不用死记硬背所有的资料，但至少要清楚哪个问题在哪里能找到答案，方便在回答客户问题时快速定位并复制、粘贴答案。

每个商品的知识点都是很多的，而不同客户对于同一商品的疑问也是不同的，那么在编制商品资料时，需要侧重于哪些方面才能方便客服工作呢？一般来说，可以侧重以下几个方面。

（1）列出商品的规格、尺码，教客户如何选择适合自己的商品。

（2）列出商品的材质。一些商品非常注重材质，如服装、鞋类、家具等。如果商品是由多种材质组成的，也要分别列出关键部位使用的材质。

（3）列出商品的使用方法、保养方法及各种相关技巧，如服装搭配技巧、烤箱烹饪美食技巧等。

（4）列出商品使用中可能出现的问题，并给出客服可以操作的解决方案和预防方案，列出如何辨别商品真假的方法。例如，如何鉴别真皮和人造革，如何鉴别天然水晶和人造水晶。

（5）列出商品可能出现的售后问题及问题类型，并给出简单明了的处理原则。列出商品的认识误区或购买误区，最好附有图片说明，既方便理解又方便展示给客户。

（6）列出商品的常见品牌，并与其他品牌商品对比，说明本品牌商品的优点。如果是非品牌商品，则可以与其他电商企业的同类商品进行对比，说明本店商品的优点。

（7）列出经营商品的大小分类，如健身器材可以分为有氧类、无氧类。

（8）列出本类商品有哪些类型，如无氧类健身器材有哑铃、握力器、腹肌板等。

（9）列出本类商品优缺点的对比，如同样是有氧类健身器材，跑步机、踏步机与椭圆机各自的优缺点是什么。

以常见的羽绒服为例，在编制羽绒服相关的商品知识资料时，可以列出以下的条目：羽绒服的定义，羽绒服的填充物及填充物的价格排序，羽绒服的充绒量和含绒量（此处也可以加上充绒量和含绒量的定义和区别），羽绒服的蓬松度，如何辨别羽绒服的优劣，如何挑选羽绒服，羽绒服有哪些购买误区，羽绒服的洗涤保养方法和注意事项，羽绒服如何与其他服装进行搭配，羽绒服有哪些大品牌及各自的优缺点，羽绒服的售后服务，羽绒服可能会引起人过敏的症状，等等。通过这样的信息罗列，客服很快就能掌握商品的相关知识。

3. 学习电商平台交易规则

在电商平台扎根驻营，就要遵守平台的相关规则，不然就可能会因触犯规则而受到处罚，造成不必要的损失。客服在处理与商品相关的问题时，也要注意不能触犯电商平台的交易规则，这就要求客服对电商平台的交易规则有全面的了解。

通常，电商平台都针对不同的处理事项制定了不同的规则条款，并公布在电商平台的规则页面。图8-5所示为京东平台的规则页面。仅仅是POP规则一项，就包括《京东开放平台农资园艺类目商家销售激励政策（2022.1.1—2022.12.31）》《京东开放平台时尚居家类目招商激励政策（2022.1.1—2022.12.31）》《重磅必读|2022年京东3·8节大促规则解读》等。新客服应了解电商平台的规则，尤其是交易规则、售后规则等。

项目 8 科学管理客服人员

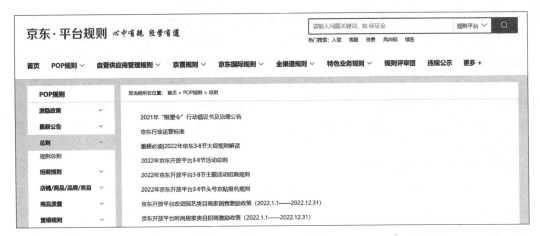

图 8-5 京东平台的规则页面

为督促客服学习电商平台的交易规则，客服主管可定期组织客服学习并进行考核，考核成绩计入 KPI，直接和收入挂钩。例如，可用每个月最后一个工作日来进行学习、交流，由各负责平台的白班客服讲解自己平台更新的规则，以及有哪些需要重点关注的变化，并将交流发言记录下来，供未到会的客服学习。

4. 轮岗培训

轮岗培训是指让新客服在入职培训期间到各个工作岗位去工作一段时间，使其对各个岗位有直接的体验和感受，这样可以让新客服对整个电商企业的各个工作环节都有所了解，在以后的工作中才不会因为想当然而出现各种问题。

如果电商企业较大，客服细分为售前、售中和售后三个小组，那么新客服的轮岗培训可以集中在售前、售中、售后岗位。售前客服的工作重点在于销售，售中客服的工作重点在于跟踪处理订单，售后客服的工作重点在于售后服务，在三个岗位之间轮岗培训，可以让新客服掌握不同的岗位技能，当电商企业需要时，他（她）可以调配到售前、售中或售后任何一个小组进行工作。

知识拓展

在入职初期的轮岗培训中，客服也可以到库房体验工作，重点了解退货、换货的基本流程。在今后的工作中，如遇到退换货问题，才能更好地与库房沟通。

示范案例 8-2

作为中国文化体制改革的首批成果企业之一，新华文轩出版传媒股份有限公司（以下简称"新华文轩"）于 2005 年由四川新华发行集团主发起成立，2007 年 5 月在香港联交所主板上市，成为国内出版行业首家 H 股上市公司。2010 年 8 月，新华文轩以市场化方式，整合四川出版集团下属 15 家出版单位，打通出版发行产业链。2016 年 8 月，新华文轩成功回 A（中国香港或海外的上市公司与国内上市公司合并），成为国内首家"A+H"出版传媒企业。

新华文轩以传承中华文明、引领产业发展为使命，聚焦出版传媒主业，在图书出版、报纸传媒、印制生产、物流配送、门店经营、电子商务、教育服务等领域谋篇布局，实施全产业链经营，积极发挥文化服务主力军、传播先进文化主阵地作用。除了切入需求场景外，产品本身过硬、团队善用工具协助也为企业快速成长保驾护航。新华文轩是逸创云客服的老朋友，从2012年开始就持续建立合作伙伴关系，到孵化文轩优学优教需要用到客服系统工具的时候，逸创云客服就第一时间配合团队梳理服务流程，建立服务标准，协助打造高效、高质量的服务团队。

（1）智能客服。因为优学优教的业务为教辅资料，会有大量的学生及家长咨询，需要投入大量的时间和精力，但是现在机器人客服加入编队，常见的问答由机器人直接完成服务，机器人无法回复的问题再转接给人工客服，确保人工客服团队的经理更有精力投入更需要的服务中。机器人无法解决的问题也可以由服务团队再次更新编辑发布解决方案，完成机器人学习，让机器人更加智能，成为更加得力的助手。

（2）多渠道客服。因为大量的家长同时涉及付费交易，这就需要提供更加全面的可信赖的服务渠道：从传统的400呼叫中心，到更加便捷的移动端微信、APP等的服务。逸创云客服整合多个客服通道，并整合信息，无论家长及学生从哪里来，都能够快速同步不同渠道的服务信息，并快速提供精准、有针对性的服务，让用户更加满意。

（3）区域专人客服。因优学优教的业务融合线上线下，而各个线下区域的业务、政策、服务等都存在差别，这就需要每个区域都有专门的专业服务人员，所以在逸创云客服的解决方案中，家长及学生在咨询前系统会获取其区域，并自动为其分配对应区域的服务专员，获取最直接的针对服务。而专员只需要在各区域的分公司中办公，对区域转接、服务联动等都能轻松搞定，打造高效协作的跨区域服务团队就是这么简单。

客户服务工作需要建立一支高效运作的团队提供支持，没有一个出色的服务职能部门做支撑，就不可能取得好的效果，所以企业必须组建高效的客户服务团队。

8.3 客服人员的激励机制与绩效考核

科学管理客服人员的目的在于通过激发员工的工作热情，提高员工的能力和素质，以达到提高网店业绩的效果。

▶▶ 想一想

为什么要制定客服人员的激励机制？

_____

_____

8.3.1 客服人员的激励机制

在大量枯燥无味的工作中，客服人员需要不断地被激励，才能对目前的工作保持热情。那么，建立怎样的激励机制才能让客服人员保持工作热情呢？

1. 竞争机制

优胜劣汰是永恒的规律，制定竞争机制是商家科学管理客服人员的手段。竞争机制在网店中一旦发挥良性作用，对网店的客服团队管理就会产生不可小觑的力量。

> **课程思政**
> 当下是一个挑战的时代，也是一个机遇的时代。自然界遵守适者生存、优胜劣汰的法则。因此，电商客服也要努力工作，要专业化，跟上时代革新的脚步，否则就会被淘汰。

良性的竞争会使客服成员之间进行比较，从而不断发现自身的不足，和其他客服人员的比较会在工作中产生一种动力，促进客服人员通过不断提高自己的技能来获得客户的满意。可一旦这种竞争机制失衡，则会产生客服人员之间勾心斗角、心理压力增大等各种负面影响。

那么，店长应该从哪些方面来引入这种良性的竞争机制才较为科学呢？科学有效的竞争机制一定要以有说服力的数据为支撑，也只有科学合理的竞争才能让客服人员不断督促自己做出更好的成绩。表 8-5 所示为某网店客服人员工作数据对比表。这些数据如实地反映了客服人员的工作能力和状态。以这些数据为依据，不仅可以在客服人员之间形成良性竞争环境，还可以及时发现客服工作中的不足。

表 8-5　客服人员工作数据对比表

客服人员	销售额/元	咨询人数	成交人数	询单转化率/%	平均响应时间/s	客单价/元	退款率/%
豆豆	32 500	500	200	40	45	162.5	1.2
依依	10 850	600	400	67	28	27	0
萌萌	25 680	500	300	60	36	85.6	0.8
潼潼	25 638	800	300	37.5	40	85.46	2.3
小天	2 200	100	50	60	32	44	3

2. 晋升机制

在网店运营过程中，商家为了使工作流程更加顺畅、劳动分配更加合理，在网店内部按照专业划分了许多职位。这些职位形成层级序列，员工便有了晋升的空间。

员工晋升是指员工由较低层级职位上升到较高层级职位的过程。

为了充分调动客服人员的主动性和积极性，打造团结互助、战斗力卓越的团队，真正实现客服人员在网店中的个人价值，商家在网店内部营造公平、公正的晋升机制是很有必要的。客服人员的晋升应遵循以下五点。

（1）规范管理人才培养、选拔和任用制度，推动管理人才水平的不断提高。

(2)根据绩效考核结果,员工职位可升可降。

(3)职位空缺时,首先考虑内部人员,在没有合适人选时再考虑外部招聘。

(4)树立员工学习的标杆,不断引导其他客服人员学习,保持公司的持续发展。

(5)建立管理人员晋升通道,激励员工不断提高业务水平,以卓越的现场管理能力推动网店的发展。

客服人员的晋升主要分为逐级晋升和薪酬晋升,二者不可拆分。当客服人员的职位提升时,相应的待遇也应得到改善。当然,客服人员的晋升要有一定的制度和条件,而晋升的制度和条件需要商家根据自己的实际情况进行确定。图8-6所示为客服人员晋升可参考的职位及考核标准,可供商家参考。

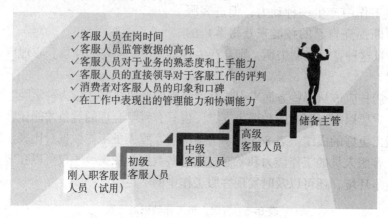

图8-6 客服人员晋升等级

除了图8-6的层级性晋升机制以外,设立不同的维度来管理客服人员也同样重要。例如,以时间或贡献为基准来晋升基础客服人员,可以将基础客服人员分为见习客服—正式客服—资深客服—客服主管几档。整体晋升和局部晋升相统一的原则可以使晋升机制更加完善。

▶▶ 想一想

怎样制定良好的客服人员激励机制?

_____

_____

3. 奖惩机制

网店客服人员的能力参差不齐,有的认真负责、热情踏实,有的则缺乏耐心、粗心大意。为了让整个客服团队保持积极向上的工作作风,商家需要制定客服奖罚机制。商家一般会采取精神奖励和物质奖励两种形式。在调动人的积极性方面,精神奖励和物质奖励缺一不可,一般以精神奖励为主,以物质奖励为辅。

(1)精神奖励。精神奖励可满足人们的精神需要,激发人们的荣誉感、进取心、责任感和事业心。从心理学的角度看,奖励可使每个人都产生愉悦的感受,任何人都希望得到他人的赞赏，这是一种普遍的心理状态。商家可以根据一定的原则对客服人员进行奖励。表8-6所示为某女装网店对客服人员的精神奖励标准。

表8-6 客服人员精神奖励标准

奖项名称	精神奖励标准
最佳新人奖	➢ 工作时间未满3个月，但已转为正式员工 ➢ 在职期间出勤率高，无迟到、早退、旷工等现象 ➢ 工作态度认真，注重服务礼仪 ➢ 具有较强的工作能力，能保质保量地完成本职工作 ➢ 维护网店形象，能妥善处理各种关系 ➢ 客户对其满意度高，销售业绩在整个客服人员排名的前30名内
优秀员工奖	➢ 工作6个月以上，且为正式员工 ➢ 在职期间出勤率高，无迟到、早退或旷工等现象 ➢ 具有较强的工作能力，尽职尽责，询单转化率、客单价及平均响应时间等指标均在整个客服人员排名的前30名内 ➢ 客户对其满意度较高，维护网店形象，能妥善处理各种关系
杰出员工奖	➢ 工作1年以上，且为正式员工 ➢ 曾获优秀员工奖或最佳新人奖奖励 ➢ 熟练掌握网店的商品知识、营销知识和沟通技能等 ➢ 工作能力突出，考核综合指标在员工中排序前三分之一 ➢ 在工作中献计献策，能够提出一些建设性意见

（2）物质奖励。物质奖励是指基于员工良好的工作表现而增加其薪酬、福利待遇等。物质奖励对调动客服人员的积极性有显著作用。奖励的金额是多少，达到怎样的标准才给予奖励，这些都需要商家根据自身的实际情况进行设置。

（3）惩罚制度。不能只有奖励没有惩罚，当网店出现不合格的客服人员时，一定不要抱着"睁一只眼闭一只眼"的态度，发现问题要及时解决。可以根据客服人员的工作失误、违规的严重性、销售额和询单转化率来权衡惩罚的轻重。参考的惩罚措施一般有警告、通报批评、降低级别、工资降级，甚至辞退等。这些压力会让客服人员改变现状，更热情地工作。

知识拓展

惩罚是必不可少的，但它终究是一种消极手段，任何形式的惩罚都会对受惩罚者造成一定程度的物质损失或精神伤害。因此，采取惩罚时要特别慎重，而且应"对事不对人"。惩罚也要用于教育客服团队的全体客服人员。

4. 监督机制

监督机制是对客服人员工作情况的跟踪监督，从客服人员的工作状态、工作成效、客户满意度、员工认可度等方面进行监视、督促和管理，促使客服人员的工作达到预定的目标。

在对客服人员进行监督时，网店可以采用数据监控和问卷调查两种方式。其中，数据监控可以对客服人员的工作成效和进度、质量进行评估；问卷调查则是从客户的反馈中对客服人员的工作进行有效监督。网店也可以制作客服人员服务情况问卷表，不定期发送给客户，让客户填写，再根据客户反馈的信息分析客服人员的工作状态，对客服人员的工作进行监督。

8.3.2 客服人员的绩效考核

客服人员的绩效考核通常也称为业绩考评或"考绩"，是针对店铺中每个客服人员所承担的工作，应用各种科学的定性和定量的方法，对客服人员行为的实际效果及其对店铺作出的贡献或价值进行考核和评价。

1. 客服人员绩效考核的原则

客服人员绩效考核不是制定条条框框来管理限制客服人员，而是为客服人员制定目标和方向，帮助客服人员获得更为丰厚的收益。客服人员绩效考核的一般原则如下。

（1）公平原则。公平是确立和推行绩效考核制度的前提。不公平，就不可能发挥绩效考核应有的作用。

（2）严格原则。绩效考核不严格，就会流于形式，形同虚设。绩效考核不严格，不仅不能全面地反映客服人员的真实情况，还会产生消极的后果。绩效考核的严格性包括要有明确的考核标准，要有严肃认真的考核态度，要有严格的考核制度与科学严格的程序及方法等。

（3）直接上级考核的原则。对客服人员的考核，必须由被考核者的"直接上级"进行。相对来说，直接上级最了解被考核者的实际工作表现（成绩、能力、适应性），也最有可能反映被考核者的真实工作情况。

（4）结果公开原则。绩效考核的结果应对被考核者公开，这是保证绩效考核民主性的重要手段。一方面，可以使被考核者了解自己的优点和缺点、长处和短处，从而使考核成绩好的人再接再厉，继续保持；也可以使考核成绩不好的人心悦诚服，奋起上进。另一方面，还有助于防止绩效考核过程中可能出现的偏见及误差，保证考核的公平性与合理性。

（5）结合奖惩原则。依据绩效考核的结果有赏有罚，而且这种赏罚不仅与精神激励相联系，还必须通过工资、奖金等方式同物质利益相联系，这样才能达到考核的真正目的。

（6）客观考核的原则。绩效考核应当根据明确规定的考核标准，针对考核资料进行客观评价，尽量避免加入主观思维和感情色彩。

（7）差别的原则。考核的等级之间应当有鲜明的差别界限，针对不同的考核结果在工资、晋升等方面应体现明显差别，使考核带有刺激性，激发客服人员的上进心。

2. 客服人员绩效考核的注意事项

真正的客服管理其实不是单靠人情就能进行的，还需要科学的薪酬结构、合理的工作安排。为了激发客服人员工作的积极性，要制定完善的客服绩效考核制度。客服人员的绩效考核主要根据每个人每天的订单量来确定，因此要做好客服人员每天的工作量统计，并为每个客服人员单独设立绩效档案，记录绩效考核的结果。同时，以客服人员的绩效考核指标为参照，为其设立合理的任务额度，这样还可以了解客服人员工作时是否尽心尽力。

3. 如何进行客服人员的绩效考核

店铺越做越大，需要招聘越来越多的客服人员，有些店主会对应该给客服人员发多少工资感到束手无策，对客服人员的工作能力无从了解。因为一直拿捏不准客服绩效考核标准，就统一给所有客服人员同样的待遇。

如果给所有客服人员都发同样的工资，做得好的客服人员会认为别人做得不好却能得到一样的待遇，心里不平衡；做得不好的客服人员会认为怎样做都有跟别人一样的待遇，自己没有压力。这就会形成一个恶性循环，从而影响店铺的发展。

> **课程思政**
> 客服人员应具备改革创新、开拓进取的精神，深切践行以"脚力深入基层"、以"眼力明辨真伪"、以"脑力深入思考"、以"实力服务客户"的职业价值观。

一般情况下，客服人员的绩效考核标准应根据客服人员所创造的订单价值、商品推荐技巧、咨询转化能力、接待反应效率及售后处理能力等几个方面来制定，各方面所包含的数据都非常烦琐。有一种简单的方法分享给大家，中小型商家更关心的是自己的客服团队给自己带来多少营收及客服人员的工作态度如何，那么可以重点查看以下几个数据。

（1）客服人员的咨询转化率：客服人员接待的客户实际下单的比例。

（2）客服人员的日/月订单数量：客服人员落实下单的订单数。

（3）客服人员的日/月销售金额：客服人员落实下单的订单金额。

（4）客服人员的订单流失率情况：客服人员落实下单但最终订单关闭的比例。

（5）客服人员的平均响应时间：客服人员对客户发起的咨询的响应时间。

（6）咨询未回复数：客服人员对客户发起的咨询未回复的总数。

通过对这几个数据的单独对比可以发现每个客服人员的薄弱环节，综合对比则能发现团队中的精英人员。例如，通过对订单总数、咨询转化率的分析找出目前客服人员面临的问题是咨询量过少，还是销售能力不足。商家通过对比这些数据可以很快找出店铺客服团队中每个客服人员的短板，为客服人员制订合理且具有针对性的培训方案。

4. 制定客服人员的工作考核表

制定完善的绩效管理体系，不仅可以起到制定合理的薪资制度、分配绩效的作用，而且能通过这些绩效数据发现客服团队中存在的销售能力问题、服务意识问题及工作态度问题，从而能及时、有针对性地对这些问题进行逐个排查解决。

客服人员的绩效考核指标是怎样的？可以适当参考表8-7所示的客服人员工作考核表。

表 8-7　客服人员工作考核表

指标及任务	分值	评定标准计算公式	分数描述	完成情况	考核得分
日常纪律	5	全勤满分，迟到、早退、旷工按次数扣除	迟到、早退每次扣2分，旷工每次扣5分		
工作态度	10	通过网络、电话与客户交流时态度亲切和蔼、耐心真诚、不可与客户发生冲突	咨询中回答不够耐心每次扣2分，与客户发生冲突每次扣5分		
询单转化率	10	咨询后付款人数÷咨询总人数×100%	当月考核＜均值扣2分		
平均响应时间	5	客户第一问至客服人员回复之间的时间÷总咨询数	当月考核＞均值扣2分		
差错扣分	10	当月出错率即实际扣除分数。出错率出错次数÷订单数×100%	四舍五入后的差错率＜0.5%为满分		
平均客单价	5	平均客单价=交易金额÷订单数×100%	按照数据考核		
咨询未回复数/留言回复数	10	客户询问而没有回复的次数（有效询问，包括0:00—9:00客服人员不上班时间的留言）	未回复1次扣3分，不设上限		
满意度调查	10	咨询完毕，由客户打分	出现不满意一次扣3分，不设上限		
当月差评统计	10	主管失误造成的中差评率，差评率：中差评数÷订单数×100%	四舍五入后的差错率＜0.5%为满分		
团队配合	5	与部门内部及其他部门同事之间的配合度	由主管考核		
销售业绩	10	完成公司下达给个人的销售任务	参考全部门完成情况，2/3以上的人数未完成任务的不扣分，否则扣分，按照比例扣分		
退换统计	10	退换率=当月退换订单数÷订单数×100%（不含因质量、运输问题、7天无理由退换等造成的退换）	退换率在4%以下为满分，4%~8%扣5分，8%以上扣10分		

8.4 客服人员的团队管理

店铺之间的竞争归根到底是人的竞争。如何有效地激发客服团队的积极性，使员工对公司更加忠诚，尽心尽力地完成工作呢？

8.4.1 培养客服文化

随着电商市场的不断发展，网店之间的竞争不仅表现在商品质量和价格上，最高层次的竞争是网店内员工做事方式的竞争——也就是客服文化的竞争。文化是一种无形资产，作为店长，如何才能完善网店的服务，让客户产生宾至如归的感觉呢？

1. 团队意识

团队意识是指整体配合意识，包括团队的目标、团队的角色、团队的关系及团队的运作过程四个方面。店长要想培养客服人员的团队意识，就要让客服人员明白，团队是一个整体，是拥有不同技能的人员的组合，他们致力于共同的工作目标。通过协作、组成战术小组达到共同目的，每个人在团队中都发挥着不可替代的作用。

> **课程思政**
> 时代需要英雄，但更需要优秀的团队。拥有优秀的团队，才能使一个企业、一个组织、一个国家朝着更高和更远的目标不断迈进。

团队意识是一种主动性的意识，要将自己融入整个团体后思考问题，想团队之所想，从而最大限度地发挥自己的作用。

2. 以客户为中心

以客户为中心是以买方（客户）的要求为中心，其目的是从客户的满足中获取利润，是一种以客户为导向的营销理念。

以客户为中心的营销理念对客服人员的服务方式有严格要求——切忌冷漠，要以饱满的热情迎接每一位客户，尽最大可能让客户满意。以客户为中心的营销理念包括以下三个方面的内容。

（1）客服人员不能生搬硬套商品详情页面中的内容，要以自己的生活经验和真实体验为基础，给客户提出贴心的、有建设性的意见或建议。

（2）客服人员在确认客户的购买需求和个性化要求时，要尊重客户的选择，不能一味地推荐介绍，而不管商品是不是客户所需要的，要有针对性地提供不同的服务。

（3）客服人员要全程满足客户的个体需求，使客户产生良好的购物体验。

3. 文化理念

文化理念是指淘宝网店所形成的具有自身特点的经营宗旨、价值观念和道德行为准则的综合。文化理念的确定与店长的创业经历有着密切的关系。

首先，文化理念是网店经营价值观的核心，决定了客服人员的思维方式和处理问题的法则；其次，文化理念决定了网店的发展方向，而经营目标代表着网店的发展方向，客服人员就是在这一目标的指导下从事销售服务活动的；最后，文化理念具有无形的凝聚力，能在客服人员中形成团结友爱、相互信任的氛围。由此可见，文化理念支撑着网店的发展，也对调动客服人员的工作积极性起着关键性的作用。

▶▶ **想一想**

如何提高客服人员的积极性？

_____

_____

8.4.2 调动客服积极性的有效手段

如何调动客服的积极性，增强店铺的凝聚力？这是店铺亟须解决的一个突出的实际问题，也是店主工作中的一个难点。

调动客服的积极性，这是一个老生常谈的话题，很多店主都有不同的方法。只要客服的积极性得到了提高，他们就是店铺的高效润滑剂，工作效率也会大幅提高。调动客服积极性的有效手段主要有以下几种。

1. 薪酬福利

物质刺激是调动客服人员积极性的最有效方法。客服人员的收入是他们生活的保障，如果基本的生活质量都无法保证，何来精力面对工作呢？因此，在设定客服人员薪酬时，要注意公平、公开，网店要制定合理、科学的薪资结构。表8-8所示为两类客服人员的工资方案。

表8-8 两类客服人员的工资方案

客服人员	工 资 方 案
售前客服人员	底薪＋业绩提成＋绩效奖金＋各类补贴＋全勤奖。特别备注：完成目标值，提成点数为0.5%，超出目标值部分按照0.7%，未完成目标值提成点数为0.2%，吃住不在公司的有住房、膳食补贴，全勤奖为200元。试用期客服人员底薪为1 500元，初级客服人员底薪为1 800元，中级客服人员底薪为2 000元，高级客服人员底薪为2 300元，资深客服人员底薪为2 600元。绩效分数第一名奖金为500元，绩效分数第二名奖金为800元。季度业绩第一名奖金为1 000元，第二名奖金为800元（3个月评定1次）
售后客服人员	基本工资（按对应级别）＋绩效工资（按绩效得分）＋公司业绩完成率奖（按公司总业绩完成百分比）＋各类补贴＋全勤奖。试用期客服人员底薪为1 500元，初级客服人员底薪为1 800元，中级客服人员底薪为2 000元，高级客服人员底薪为2 300元，资深客服人员底薪为2 600元。绩效工资基数为1 000元，公司业绩完成率基数为400元。除此之外，根据公司月营业额变化幅度适当调高绩效基数和业绩奖金

2. 职位升迁

职位升迁是指客服人员由原来的岗位升迁到另一个较高的岗位，这样既能挖掘客服人员工作的潜力，又能增加客服人员在网店中的存在感。

3. 工作环境

客服人员的工作环境会对其工作状态产生直接的影响。竞争环境会刺激客服人员不断努力攀登；而在消极环境中，客服人员对于工作往往会表现出消极怠工、尽量推诿的状态。因此，网店管理者一定要营造出积极向上、轻松愉快的工作环境，这对于客服人员的工作开展有很大的帮助。

4. 职工关怀

作为商家，要时时刻刻让自己的职工感受到温暖，为职工考虑，如进行职工生日慰问等。当职工感受到来自网店的温暖后，才会以感恩的心面对自己的工作，自然会取得事半功倍的效果。

>> **想一想**

除上述手段外，调动客服积极性的有效手段还有哪些？

_____

_____

8.4.3 缓解客服人员压力的方法

压力是一把双刃剑，合理的压力能够促使人不断进步，但如果压力太大，就会带来很大的负面影响，甚至引发一些严重的身心疾病。这就要求客服人员将压力控制在一个适度的水平。

有些客服人员反映，现在的工作越来越没有清晰的目标，自己越来越茫然，不知道自己要做些什么。每个人每天都在处理一些没有尽头的乱七八糟的事情。压力具有感染性，任何由于压力而导致工作出现问题的员工都可能给同事、上级、下级增加压力。

对于客服人员来讲，其所从事的工作是枯燥和重复的，对他们来说，几乎随时都存在压力。目前客服人员很大一部分都是二十来岁的年轻人，很多客服人员对工作的认识还不是很成熟，再加上年轻，初入职场，情绪也不是很稳定。在提供服务的过程中，在客户期望不断增长的前提下，客服人员不仅要严格遵守店铺的各项工作规章制度及流程，还必须通过不断的培训来熟悉各种新商品，同时不得不面对大量的商家投诉甚至是无理的骚扰，这些都给很多客服人员带来了很大的压力。

作为一名店主，其首要工作是创造一种轻松愉悦的工作氛围，调动和协调组织内外的各种资源，通过客服团队的高效工作，实现店铺的经营目标。既然在工作中压力是无法避免的，而且压力带来的负面影响如此之大，那就应该去正视和面对。压力管理需要理性、技巧和方法。

那么如何帮助客服人员缓解压力呢？建议从以下两个方面着手。

1. 了解压力的来源

压力简单地说就是任何能影响人们心理、生理健康状态的干扰，压力会危害个人、家庭、团队甚至社会。随着时间的累积，压力会让人感到精神抑郁、精疲力竭、周身不适，甚至危及生命。

> **知识拓展**
>
> 压力与压力的来源成正比，与个人身心的承受能力成反比，个人的心理承受能力越强，压力的缓解速度越快。所以要缓解员工的压力，就必须对他们的内心状态加以引导和调节，使其能够对压力有一个客观的认识。从改变员工对压力的看法开始，进而改变其对工作的看法，最终增强其对工作及其压力的承受能力。

对客服人员来说，主要的压力来源有以下几个。

（1）工作城市较大，上班路途较远，通勤要花费大量的时间。

（2）部分客服人员在上班时要努力工作，回家还有繁重的家务要做。很多客服人员下班后还要学习其他知识。

（3）内部运营方式、服务方式及制度、流程、文化的变化。

（4）工作领域的变化、工作职位的变化、工作关系的变化。

（5）工作环境拥挤、空气流通不好。

（6）没完没了的新业务，部分客户的投诉，接到骚扰电话，以及公司没有提供必要的培训及指导等。

▶▶ 想一想

缓解客服人员压力的方法有哪些？

_____

_____

2. 进行有效的压力管理

（1）创建良好的工作环境。在工作区域摆放一些绿色植物，保持良好的通风、充足的光线、适宜的湿度和温度，为员工提供舒适的座椅、宽敞的休息室、会议室，及时维修或置换有故障的办公设备，如耳麦、计算机、键盘、鼠标等。

（2）明晰的工作职责。通过分析，制定明晰的工作说明书，确定员工的工作职责和权利，避免由于职责不清引发组织内部的冲突。

（3）通过制定相应的策略帮助员工缓解压力。制定完善的绩效管理制度、工作流程，及时对员工进行相应的培训、指导和反馈，帮助员工缓解压力；通过培训提高全体员工对压力管理的认识，使其掌握一定的压力管理技巧；为员工提供适当的运动设施、定期体检，从长远的角度出发，提高员工的整体健康水平。

（4）提升员工技能。通过有针对性的培训，帮助员工提升对自我角色的认知，掌握必要的工作技巧，如时间管理、有效沟通、团队建设等。

（5）帮助员工进行职业生涯规划。通过职业生涯规划，帮助员工客观地认识自己，让员工抛弃不切实际的、期望太高的目标，使员工找到最合适的定位，处于一个最佳的平衡状态，既不会因为定位过高而面临过大的压力，也不会因为定位过低而缺乏动力。

知识拓展

通过压力管理，不仅能够有效地为客服人员减轻压力，而且能够增加团队的凝聚力，拉近客服人员和店铺之间的距离，促进员工满意度和客户满意度的提高，有效地提升店铺的服务水准，并树立服务品牌。

（6）团队及文化建设。通过团队及文化建设不仅能够有效地提高团队的凝聚力，而且可以创造出一种轻松、上进的工作氛围，使员工在努力实现自我目标的同时，有力地促进组织目标的实现，从而缓解压力。具体的团队及文化建设包括集体活动、聚会及文体活动等。

（7）顺畅的信息传递渠道。通过加强与员工间的沟通，及时了解员工的心声，如定期与员工进行沟通或设立意见箱（图8-7）等。

图8-7　意见箱

项目实训

（1）采用分组的形式进行实训，每3～5人为一组，设立负责人一名，负责整个任务的统筹工作。

（2）团队成员通过各种渠道进行信息收集整理（尽量让每个成员都从不同的渠道收集信息，以避免信息的重复搜索），最终汇总给团队负责人。

（3）团队成员对收集的资料进行整理、分析，采用头脑风暴的方式思考，假如你是一家网店的店主，如何通过制定合理的竞争机制、晋升机制和监督机制来提高客服人员的积极性。

（4）形成正式的研究报告上交教师，教师给予评价。

复盘反思

经过本项目的实施和相关知识点的学习,对比自己总结的内容与知识讲解部分内容是否契合,填写下表完成项目评测,并进行复盘反思。

姓名		班级	
学号		日期	
知识盘点	通过对本项目的学习,你掌握了哪些知识?请画出思维导图:		
任务完成自评	□优秀	做得好的地方:	
	□良好	需改进的地方:	
	□较差	做得差的地方:	
任务完成情况	按照服务类型分类	□熟练掌握,能够口述	□有所了解,能够通过资料进行总结
	按照商务形式分类	□熟练掌握,能够口述总结	□有所了解,能够通过相关信息进行总结

项目评价

经过本项目的分组实训演练,按实训项目评价指标进行学生自评与小组成员互评(按优秀为 5 分、良好为 4 分、一般为 3 分、合格为 2 分、不合格为 1 分五个等级进行评价),并填写下表完成实训项目评测,最后教师给出综合评价。

	评 价 指 标	得分
自评	团队合作精神和协作能力:能与小组成员合作完成项目	
	交流沟通能力:能良好表达自己的观点,善于倾听他人的观点	
	信息素养和学习能力:善于收集并借鉴有用资讯和好的思路想法	
	独立思考和创新能力:能提出新的想法、建议和策略	
组员 1	团队合作精神和协作能力:能与小组成员合作完成项目	
	交流沟通能力:能良好表达自己的观点,善于倾听他人的观点	
	信息素养和学习能力:善于收集并借鉴有用资讯和好的思路想法	
	独立思考和创新能力:能提出新的想法、建议和策略	
组员 2	团队合作精神和协作能力:能与小组成员合作完成项目	
	交流沟通能力:能良好表达自己的观点,善于倾听他人的观点	
	信息素养和学习能力:善于收集并借鉴有用资讯和好的思路想法	
	独立思考和创新能力:能提出新的想法、建议和策略	
组员 3	团队合作精神和协作能力:能与小组成员合作完成项目	
	交流沟通能力:能良好表达自己的观点,善于倾听他人的观点	
	信息素养和学习能力:善于收集并借鉴有用资讯和好的思路想法	
	独立思考和创新能力:能提出新的想法、建议和策略	
教师综合评价	优秀之处:	
	不足之处:	

参考文献

[1] 刘建珍，刘亚男，陈文婕. 网店金牌客服 [M]. 2 版. 北京：人民邮电出版社，2022.

[2] 白东蕊. 网店客服理论、案例与实训（微课版）[M]. 北京：人民邮电出版社，2021.

[3] 王华新，赵雨. 电子商务基础与应用（慕课版）[M]. 北京：人民邮电出版社，2021.

[4] 权小妍，杨林. 电子商务案例分析（慕课版）[M]. 北京：人民邮电出版社，2021.

[5] 徐奕胜，刘雨花，杨慧桢. 电子商务客户关系管理 [M]. 北京：人民邮电出版社，2021.

[6] 汪楠，王妍. 电子商务客户关系管理 [M]. 4 版. 北京：清华大学出版社，2021.

[7] 苏朝晖. 电商客户关系管理 [M]. 北京：人民邮电出版社，2021.

[8] 盘红华. 电子商务客户服务 [M]. 2 版. 北京：北京理工大学出版社，2020.

[9] 李彪. 新电商客户服务 [M]. 北京：人民邮电出版社，2020.

[10] 郑广成，黄英. 网店客服实战教程（微课版）[M]. 北京：人民邮电出版社，2020.

[11] 江南北商学院. 金牌电商客服实战 [M]. 北京：机械工业出版社，2019.

[12] 天猫. 玩转天猫系列宝典——快速养成金牌客服 [M]. 北京：清华大学出版社，2018.

[13] 新突破电商. 淘宝客服把任何东西卖给任何人 [M]. 北京：电子工业出版社，2017.

[14] 电商运营研究室. 淘宝网店运营使用教程（客服篇）[M]. 北京：人民邮电出版社，2016.